말하기 지도와 말하기 연구의 방법

Teaching and Researching Speaking
(Second Edition)

언어교육 **15**

Teaching and Researching Speaking
Teaching and Researching Speaking
Teaching and Researching Speaking

말하기 지도와 말하기 연구의 방법

Teaching and Researching Speaking
(Second Edition)

Rebecca Hughes 지음
최숙기·박영민 옮김

Teaching and Researching Speaking
Teaching and Researching Speaking
Teaching and Researching Speaking

글로벌콘텐츠

편집자 서문

응용언어학의 실천(Applied Linguistics in Action)은 그 이름에서 알 수 있듯이 응용언어학의 다양한 영역에서 교사와 연구자가 직면해 있는 여러 쟁점과 어려움들을 본격적으로 다루고자 구성된 것으로 구성되어있으며 이 책의 독자와 사용자들에게 실천적인 연구를 수행하는 데에 필요한 다양한 방법들을 제공하기 위한 시리즈입니다.

이 시리즈에 의해 발간된 여러 도서들은 독자들에게 최신의 권위 있는 연구 방법이나 교육 방법 등에 관한 다양한 분야의 자료들을 매우 명확하고 접근하기 쉽도록 안내하고 있습니다. 시리즈 도서들은 해당 분야를 전체적으로 조망하는 것에서부터 시작하여 주요 아이디어와 개념, 쟁점과 여전히 해결되지 않은 연구 문제들을 독자들에게 폭넓게 제공해 주고 있습니다.

이 책을 통해 독자들은 연구나 교육에 관한 폭넓은 쟁점과 의문들의 실제적 연구의 적용 범위를 탐구하고, 상세하고 명시적인 연구 절차에 따라 스스로 연구 과제를 수행해 갈 수 있습니다. 더불어 각 책에서는 교육이나 연구를 위한 다양한 자원(resources)들이나 정보 자료들, 그리고 심도 깊은 읽을거리를 제공해주고 있습니다. 이 외에도 각 연구 영역의 주요 개념들에 관한 핵심 정보들 역시 제공해주고 있습니다.

이 혁신적인 도서 시리즈들은 언어 교육을 다루는 교사나 연구자들에게 다음과 같은 질문을 제공합니다.

- 언어 연구들이 우리에게 설명해주고 있는 것과 그렇지 않은 것, 그리고 설명해주어야 할 것들은 무엇입니까? 이 언어 연구 분야들은 어떻게 조망되고 설명될 수 있습니까? 이 연구 분야의 지형은 어떠합니까?
- 연구들은 어떻게 이루어져 왔으며, 흥미로운 연구 가능성들이 연구로 실제 이어진 것들은 어떠한 것들이 있습니까? 더 탐색 되고 설명되어야 할 연구 주제들은 무엇이 있습니까?
- 교사나 교수와 같은 언어 교육 분야의 실천가들이 다룰 수 있는 주요 연구 문제는 무엇이 있습니까? 어떻게 연구가 실제로 수행될 수 있습니까?
- 교사와 연구자가 필요한 중요한 연구 자료는 어디에 있습니까? 누가 이러한 정보를 가지고 있으며 이 자료에 어떻게 접근할 수 있습니까?

시리즈의 각 책은 독자가 최대한 쉽게 접근할 수 있도록 구성되었습니다. 원하는 연구 주제를 신속하게 찾고 핵심 문제에 관련된 주제를 찾을 수 있도록 주제를 찾을 수 있도록 기본적인 기능을 제공합니다.

이 책의 구조는 질문의 과정 속에서 해당 영역에 대한 이해를 증진시키며 실천에서 이론으로 또 다시 실천으로 이어지도록 구성되어있습니다.

시리즈의 각 저자들은 각 분야별 권위자들로, 언어 교사와 언어 연구자들이 보다 많은 아이디어와 관련 지식을 쌓을 수 있도록 폭넓은 지식과 경험을 제공해 줄 수 있습니다.

이 시리즈의 제1판은 저자와 책의 내용, 책의 구성 측면에서 각 분야별 독자들에게 널리 인정을 받았을 뿐 아니라 연구나 실제 교육에 폭넓게 적용되었습니다. 제1판의 성공과 더불어 최신의 연구들이 빠르게 진행되고 상황에서 이 최신 연구들을 제1판에 반영하여야 한다는 공유된 인식을 바탕으로 제2판을 출간하게 되었습니다. 제2판은 초판 발행 이후에 진행된 추가 연구들과 추가 자료들을 바탕으로 개정된 책입니다. 우리 편집자들은 학생과 교사, 그리고 연구자들이 이 책을 통해 언어 교육에 관한 자신의 연구와 교육에 필요한 영감을 얻을 수 있을 것이라 기대합니다.

편집자 Chris Candlin와 David Hall 씀

감사의 글

이 책을 쓰는 과정에서 저를 도와주셨던 모든 분들께 감사드립니다.

제 남편인 Kieron O'Hara은 여느 때처럼 매우 친절하고 실질적인 지지를 해주었습니다. 영어 언어 교육 센터의 제 동료들과 특히 Liz Hamp-Lyons는 말하기 평가와 관련한 부분에서 저에게 중요한 조언을 해주었습니다. 이와 더불어 이 책이 발간되기까지 인내심을 갖고 이 책에 대한 깊은 통찰력에 기반한 조언을 해준 편집자 Chris Candlin과 David Hall에게도 깊은 감사를 전합니다.

또한 제2판의 상당히 많은 부분을 실제로 다시 작성하게 되는 과정에서 그와 관련한 복잡한 일들과 탈고 단계에 편집 조수 역할을 맡아준 Xu Jun 박사에게도 특별히 감사의 마음을 전합니다.

Longman의 편집팀에 진심으로 감사를 전하고 싶습니다.

저를 도와주신 모든 분들에게 감사의 인사를 드리며 책의 내용 중 오류나 누락된 것이 있다면 모두 저의 책임으로 여겨주시길 바랍니다.

발행인 감사의 글

다음과 같이 저작권 자료를 사용할 수 있도록 허가해주신 것에 감사의 마음을 전합니다.

그림(figure)

70쪽의 표는 *Everyday Listening and Speaking*, Oxford University Press (Cunningham, S. & Moor, P. 1992)에서 Oxford University Press의 허가를 받았습니다. 표 4.2는 *Automated Scoring of Spontaneous Speech Using SpeechRater* vl., (Xi, X., Higgins, D., Zechner, K. & Williamson, D.M. 2008) 29쪽에서 저작권 소유자인 Educational Testing Service의 허가를 받아 복제하였습니다. 그러나 이러한 자료들은 Pearson Education에서 전체적으로 제공한 것이며 Educational Testing Service가 이 출판물에 대해 승인을 하지는 않았음을 밝힙니다. 이해를 위한 말을 점검하는 말하기에 관한 표 5.1은 Elsevier의 허가를 받아 *Journal of Memory and Language*, 50, pp. 72, 2004, Clark, H.H. & Krych, M.A에서 복제하였습니다.

도표(table)

도표 4.1은 https://www.ets.org/Media/Tests/TOEFL/pdf/Independent

_Speaking_Rubrics_2008.pdf에서 저작권자인 Educational Testing Service의 허가를 받아 개작하였습니다. 그러나 이러한 자료는 Pearson Education에서 전체적으로 제공합니다. 이 출판물에 대한 Educational Testing Service의 승인은 이루어지지 않았습니다. 목록 4.2는 http://www.ielts.org/PDF/UOBDs_SpeakingFinal.pdf 에서 Cambridge ESOL의 허가를 받아 개작하였습니다.

텍스트(text)

인용 3.2, 3.4, 4는 Exploring Spoken English, Cambridge University Press (Carter, R. & McCarthy, M. 1997)을 참고하였습니다. 인용 3.3은 Discussions A-Z, Intermediate: A resource book of speaking activities, Cambridge University Press (Wallwork, A. 1997)을 참고하였습니다. 인용 3.12는 Making Polite Noises, Evans (Hargreaves, R. & Fletcher, M. 1979)를 참고하였습니다.

인용 3.16은 *Study Speaking: A course in spoken English for academic purposes*, Cambridge University Press (Lynch, T. & Anderson, K. 1992)의 저자와 발행인의 허락 아래에서 재사용되었습니다. 인용 3.17은 Barron의 *How to Prepare for the IELTS*, Barrons Educational Series Inc(Lougheed, L. 2006)에서, 인용 4.17은 http://www.ets.org/toefl/ibt/scores/improve/speaking_familiar_fair로부터 Educational Testing Service과 저작권자의 허락 아래에서 재사용되었습니다. 그러나 이러한 책들은 Pearson Education의 소유 하에 제공되었습니다. 이 출판물은 Educational Testing Service의 허락없이는 사용될 수 없습니다. 인용 4.18은 International English Language *Testing System Handbook*, IELTS

역자 서문

 레베카 휴즈의 『teaching and researching: speaking』(제2판)은 화법 교육을 담당하는 교육자나 화법 교육을 담당하는 연구자들을 위해 말하기와 관련한 폭넓은 연구 방법을 소개하고, 다양한 말하기 연구 사례를 통한 실천적 연구 방안을 체계적으로 안내하고 있는 책입니다. 이 책은 응용언어학의 측면에서 수행되어 온 연구 사례를 통찰하고 화법 이론과 화법 교육의 영역에 어떤 영향을 미치는지를 제시하고 있습니다. 뿐만 아니라 이 책은 연구 사례에 대한 상세한 소개와 후속 연구를 위한 다양한 연구 아이디어를 제공하고 있어 언어학이나 언어 교육학에서 연구 주제와 연구 방안을 새롭게 탐색해야 할 연구자들에게 유의미한 도움을 제공해 줄 수 있을 것입니다.

 구체적으로 이 책에서는 언어학과 응용언어학의 분야에서 다룰 수 있는 구어 데이터의 활용과 구어 데이터를 토대로 한 담화 분석, 대화 분석, 화용론, 코퍼스 언어학과 신경언어학 분야에서의 접근 가능한 연구 방법들을 대표적 연구 사례를 통해 제시하고 있습니다. 특히, 이 책은 연구 방법과 연구 결과로부터 도출된 내용들을 기존의 언어 이론이나 말하기 이론과 연결하여, 기존 이론의 범주를 보다 더 보완하고 구체화하고 있습니다. 또한 말하기의 본질이나 성격에 관한 이론적 토대를 보다 더 공고히 하는 동시에 이러한 결과를 다시 말하기 수업이나 교재,

평가로 환원하여 실제 말하기 교육에 환류될 수 있는 아이디어를 풍부하게 제공해 줍니다.

이 책의 구성을 살펴보면 다음과 같습니다. 제1장에서는 말하기의 개념과 말하기의 역사를 다루면서 언어 이론에서 다루어 왔던 말하기 연구에 대한 논의를 탐색하고 담화의 유형이나 특징을 상세히 다룸으로써 말하기 연구에 대한 기본적 이해를 돕습니다. 제2장에서는 말하기 연구에서 실제 현실에서 구현되는 구어 데이터를 어떻게 다룰 것인지 그리고 이 구어 데이터를 연구에서 어떤 지위와 역할을 부여할 것인지를 둘러싼 쟁점을 소개합니다.

제5장에서는 말하기 연구 방법과 관련하여 다양한 질적, 양적, 이론적 기반의 연구 방법들을 소개하고 다양한 말하기 연구 프로젝트를 수행하기 위해 필요한 연구 방법들을 대표적인 연구 사례를 토대로 하여 소개합니다. 코퍼스 자료를 활용한 언어 분석을 양적 분석을 통해 접근하는 방법, 대화 분석을 통한 연구 방법, 학문 목적이나 직무 목적 상황에서의 전문적인 말하기 장르에서 화자의 주요한 특질을 전문적 공동체의 화법 측면에서 민족지학적 접근법을 통해 수행하는 질적 연구 방법, 특정 언어 교수 프로그램이 화자의 유창성에 미치는 영향을 분석하기 위한 실험 연구법을 실험 집단과 통제 집단 설정 혹은 단일 실험 집단의 설정을 하는 실제적 방법, 영상 자료를 활용한 다중 모드 분석 연구법을 상세히 소개합니다. 더불어 이 장에서는 과학 기술 발전에 따라 fMRI를 활용한 연구 방법이나 대단위 코퍼스 자료 기반 분석 방법에 대하여 소개합니다.

제7장과 제8장에서는 연구 프로젝트의 아이디어와 체계를 제시함으로써 현장 연구나 혹은 본격적인 연구를 실행하고자 하는 현장 교육 전문가나 신진 연구자, 연구의 기초를 획득하고 싶은 대학원생들에게 유

의미한 정보를 제공해줍니다. 제7장에서는 실제 구어 담화 연구 프로젝트의 다양한 사례로부터 도출할 수 있는 후속 연구의 아이디어를 제공하고 앞서 살펴본 다양한 연구 방법을 적용하는 절차적 방법을 상세히 제공해줍니다. 제8장에서는 말하기에 관한 교차 문화적 연구, 언어심리학이나 신경언어학을 연계한 연구, 말하기와 코퍼스 언어학, fMRI를 활용한 뇌 스캐닝 연구, 음성 인식, 전자 문서, 로봇 공학과의 연계를 통한 말하기 연구의 아이디어를 충분히 제공해 준다. 제9장에서는 연구자들을 위한 엄선된 연구 자료의 다양한 사례를 제공해줍니다. 전통적인 도서 자료들, 주목해야 할 학회나 단체, 코퍼스나 음성 아카이브 자료들, 말하기 코퍼스들, 음성 인식 및 텍스트 음성 변환(TTS)의 정보들, 온라인상에 탑재된 발음, 혹은 음성 자료들, 언어학자를 위한 다양한 웹사이트의 출처를 제시합니다.

제3장과 제4장 그리고 제6장은 말하기 교육과 관련하여 각각 교재나 평가, 교수학습의 방법의 측면에서 역사적 측면에서의 세부적 변천 혹은 현재 축적된 연구 결과를 교육에 연계시키는 다양한 방안들을 폭넓게 논의합니다. 제3장에서는 실제 구어 데이터를 말하기 교육을 위한 교재나 평가 상황에서 어떻게 다루어야 할 것인지 여러 언어 교수법의 관점과 연계하여 논의합니다. 제4장에서는 말하기 평가의 일반 원리와 국제 영어 평가에서 말하기 평가를 다루는 방식이나 말하기 평가의 요소들에 대하여 살펴본다. 제6장에서는 언어 발달 이론이 실제 말하기 교실에 어떤 영향을 미치는지, 언어 교수법의 다양한 유형에는 어떠한 것들이 있고 효과적인 말하기 교수법은 무엇인지에 대한 논의를 포함합니다.

이러한 구성이 알려주는 바와 같이, 이 책은 명확한 연구 방법에 대한 설명과 풍부한 사례, 완전히 새로운 기술 발전을 소개해주고 있기 때문에 언어학 혹은 언어 교육에 관심을 가진 독자들뿐 아니라 이 분야에 관한 연구를 실천해야 할 다양한 수준의 학생들, 연구자들에게도 영감을 줄 수 있을 것입니다. 이 책에 대한 이러한 기대는 이 책의 번역을 기획하게 된 배경과도 일치한다. 이 책을 번역하는 과정에서 많은 분들의 도움이 있었습니다. 번역을 기획하고 출판이 이루어지는 전 단계에 걸쳐 글로벌콘텐츠 출판사의 홍정표 대표님의 손길이 미치지 않은 곳이 없습니다. 책의 출판이 이루어지는 동안 믿고 기다려주신 그 마음에 감사의 마음을 표하고 싶습니다. 또한 번역의 과정에서 꼼꼼히 원고를 검토해주고 독자의 입장에서 조언을 해준 여러 선생님들께 감사의 마음을 전합니다. 특히, 김승주 선생님, 김세화 선생님, 김지현 선생님께 깊은 감사의 마음을 전하며 이 밖에 함께 번역의 과정에서 지속적으로 검토에 참여해준 우리 대학원 학생들에게도 역시 감사의 마음을 전하고 싶습니다. 무엇보다 연구의 길로 이끌어주신 한철우 교수님, 그리고 번역의 지난한 과정을 물심양면으로 지원해준 어머님과 남편에게도 진심 어린 감사의 마음을 전하고 싶습니다.

2018년 12월
대표 역자 씀

이 책에 대한 개관

〈인용 0.1〉 말하기 연구의 목적

진정한 학문 분야로 인정받기 위해서는 반드시 고유한 코퍼스가 존재해야 하며 다른 학분 분야와 변별되는 고유한 지식의 체계가 구축되어 있어야 한다. 오늘날의 화법 연구 분야는 진정한 학문 분야로서의 이러한 조건에 모두 충족하고 있는가? 말하기 코퍼스로 정의될 수 있는 것은 누구인가?

—Auer, 1959: 22

이 책의 독자는 누구인가?

이 책은 화법 연구 및 화법 교육 분야와 관련한 최신 연구와 연구 상의 쟁점들을 상세히 소개하면서도 간명한 연구 개요를 화법 교육을 담당하는 교사나 화법을 연구하고자 하는 학위 과정의 학생들을 위해 소개하고 있습니다. 이 책은 그간 이루어진 화법 이론이나 연구의 결과들이 화법 연구자, 화법 교육을 담당하는 교사, 그리고 화법 학습자 간에 상호 연결되고 소통될 수 있도록 하는 것을 목적으로 합니다. 이에 이책에서는 화법 연구를 통해 다루어진 논의들이 실제 화법 교육이 이루어지는 교육의 맥락 속에서 적용되고 확산될 수 있도록 하는 다양한 연구 관점들을 제시하고 있습니다.

특히, 이 책은 이 책을 접한 독자들이 연구 현장에서 자신만의 연구 프로젝트를 자신감을 갖고 수행할 수 있도록 연구 방법이나 연구의 체계에 관한 지식들을 제공합니다. 이에 이 책에서는 학술 논문이나 저서들의 아이디어들을 단순히 요약 제시하기보다 각 연구 방법의 상세한 설명, 연구 과정에서 반드시 고려되어야 할 연구 방법 상의 쟁점이나 개념들을 풍부하게 제공하고 있습니다.

이 책의 구성

이 책은 4부로 이루어져 있습니다. 여기서는 다음의 주요 쟁점들을 각각 다룹니다.

1부: 여기서는 최근까지 논의된 말하기 교육과 말하기 연구의 맥락과 그에 대한 기본적 배경 지식들을 제공합니다. 1부는 다시 1장과 2장으로 구성되어 있습니다. 1장에서는 말하기 연구의 역사적 배경과 말하기 교육에 관한 태도들을 다룹니다. 2장에서는 말하기 연구에 대한 최근까지의 연구 동향이나 연구 패러다임을 둘러싼 쟁점들을 다룹니다.

2부: 여기서는 말하기 연구의 적용, 평가, 교실에서 일어나는 말하기와 관련된 문제들을 보다 상세히 다룹니다. 2부는 3장, 4장, 5장으로 구성되어 있습니다. 3장에서는 말하기 교육을 위한 교재와 교수법에 대해 간략히 설명하고 말하기 교육이 이루어지는 교실 장면에서 '실제' 말하기 데이터가 다루어지는 방식들에 대해 소개합니다. 4장에서는 말하기 평가를 다루며 5장에서는 다양한 말하기 연구 방법들을 소개합니다. 5장에서는 사례 연구를 통해 말하기 연구 방법의 실제 사례를 요약하고, 현재의 말하기 양상에 기초한(mode-based) 연구와 새로운 연구의 방향에 대해 소개합니다.

3부: 여기서는 6장을 통해 말하기 연구의 주제 중에 후속 연구를 위해 필요한 논의들을 제시합니다. 7장에서는 말하기 교육을 다루는 현장 교사들이나 학생들이 수행할 수 있는 다양한 연구 프로젝트의 실제 사례나 연구 제언들을 소개합니다.

4부: 여기서는 말하기 연구를 둘러싼 학제 간 관련성에 관한 간명한 개요와 학제 간 관계에 대한 개요와 말하기 교육 및 말하기 연구와 관련된 전통적인 매체인 참고 문헌이나 신문을 포함하여 혹은 온라인 자료, 네트워크 그리고 인터넷 사이트를 제공합니다. 또 여기서는 주요 용어 사전을 함께 제시합니다.

목차

제1부
말하기 교육과 연구의 문제

제3부

말하기 연구

제4부
연구 자원들과 추가 정보

제1장
말하기의 개념과 말하기의 역사

이 장에서는

- 구어 담화의 유형별 특징을 탐색하고 기술할 것이다.

- 화법 연구와 화법 지도에 대한 역사적 맥락을 제공할 것이다.

- 언어 이론에 만연해 있는 말하기에 대한 사고방식이 발생시킨 말하기 지도 및 연구 상의 몇가지 문제점들을 강조할 것이다.

1.1. 도입

이 책을 통해 말하고자 한 주요 쟁점은 20세기 언어 과학 분야에서 구어 형식이 중요한 지위를 획득했다는 점, 그리고 언어에서의 화법 개념의 연구 범위가 확장되었으며 이러한 연구의 범위가 응용언어학과 통합되었다는 사실이다. 이러한 연구 분야의 변화는 구어 형식의 평가, 지도, 연구 방식 등에 영향을 미쳤다. 이에 대해서는 다음의 장들에서 살펴볼 것이다. 이 장에서는 화법의 중요성에 비해 언어학 이론 영역에서 화법에 대한 관심이 부족했던 이유를 설명하고자 한다. 또한 이 장에서는 화법의 개념과 역사적 배경을 살펴봄으로써 다음 장에서 자세히 다루어질 언어 교수 이론과 실제에 대한 이해를 돕고자 한다.

1.2. 말하기의 기능

〈인용 1.1〉 말하기 지도에 대한 오래된 요구

발음과 관련한 어려움은 실로 대단하며, 현재 상태에서 발음과 관련한 문제는 극복하기 어려운 것으로 여겨진다. 그러나 이러한 모든 명확한 어려움은 실제 우리의 말하기를 연구하고 조사하는 것을 간과했기 때문에 발생한 것이다. 화법을 올바로 가르치는 방법에 대한 개인적 또는 사회적 차원의 시도는 전혀 없는 것처럼 보인다.

—Sheridan, 1781: v-vi

1.2.1. 말하기는 개별적인 기능(skill)이 아니다

화법 연구가 어려운 이유 중 하나는 말하기 연구가 다른 학문 분야나 영역에 상당히 많이 관련되어 있기 때문이다. 예컨대, 화용론과 민족지학에서 '대화(conversation) 구조는 문화에 의해 어느 정도로 결정되는가?'를 다루고, 통사론(syntax)과 의미론에서 '화법의 문법(grammar)과 어휘(vocabulary)는 문법의 다른 부분들과 얼마나 차이가 나는가?'를 다루며, 운율 및 음성학, 음소론에서는 '무엇이 화법 흐름에서 가장 결정적인 요소인가?'를 다룬다. 이 책은 화법의 고유의 영역인 총체적 수준 또는 담화의 수준, 구조 수준 그리고 발화 생산 수준을 명료하게 구분하기 위해 시대별로 화법 연구가 구축한 일련의 논의를 다루고자 한다.

이 세 가지 영역은 폭넓게는 담화, 어휘와 문법 그리고 음운학/음성학의 기존의 영역의 연구 활동과 관련이 있고, 이론 및 응용언어학의 연구 맥락과도 중첩된다.

이러한 관련성들은 〈그림 1.1〉에 나타나 있다.

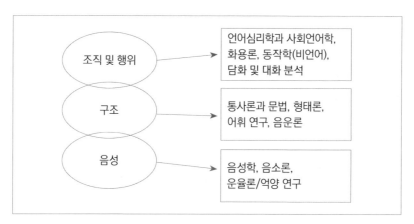

〈그림 1.1〉 화법과 대화에서의 연구 수준과 분야

1.2.2. 말하기 지도는 다른 목적들과 쉽게 구분되지 않는다

교실 활동에서의 구어(spoken language)는 교사가 가진 목적에 따라 종종 그 초점을 달리한다. 예컨대, 특정 과제(task)는 학생이 언어 지식(문법 규칙이나 그들에게 안내되었던 음소 규칙의 적용과 같은)의 일부를 연습하거나 인식하도록 하기 위함이거나 또는 생산적 기술(productive skills)(예를 들면 운율, 억양, 모음과 모음을 연결하기와 같은)을 개발하기 위함이거나 또는 사회언어학이나 화용론적 지점(예를 들면 자신이 이해한 바를 나타내기, 칭찬에 적절하게 응대하기, 상대방의 말을 공손하게 중단시키기)에 대한 인식을 촉진시키기 위함일 수도 있다.

1.2.3. 말하기 교육 vs 말하기를 활용한 교육

중요한 것은 교사가 '언어의 구어적 형식을 가르치는 것'에 집중하는지 혹은 '말하기를 통해 언어를 가르치는 것'에 집중하는지에 달려있다. 이러한 구분은 언뜻 보기에 사소할 수 있으나 중요한 것이다. 언어의 구어적 형식에 대한 연구는 문법 연구나 장르 기반 연구들에서 이루어져 왔다. 필자는 이러한 연구의 경향이 언어학 이론에서 언어 자료(data)를 다루는 태도에 기인한 것이라고 본다. 교사나 교재 집필자는 에세이, 업무용 편지, 실험보고서와 같은 규격화된 문어체와 장르를 잘 다루고, 또한 전자우편(e-mail)이나 문자, 채팅방 에티켓과 같은 새로운 담화에서의 적합한 언어에 대해서도 깊은 이해를 가지고 있다. 그러나 구어 장르가 어떻게 구조화될 수 있는지, 그리고 구어 장르의 가장 전형적인 형식이 무엇인지에 대한 개념은 정립되기 어렵다.

또한 교실에서 말하기가 상당하게 이루어지고 있지만, 이것은 총체적 기능으로써 말하기가 효과적으로 지도되는 것과는 별개라는 것을 제시하고자 한다. 필자는 특히 6장에서 형식(문법 및 어휘)과 전달(발음 및 유창성(fluency))이 지나치게 분리되어 왔음을 주장할 것이다. 이는 구어 양식(spoken mode)의 근본적인 조직-담화와 문체를 정교하게 아우르는 유창성과 명료성이 여타의 언어적 특징들이 분리되어 다루어지는 효과를 가져왔다. 이것은 전달 목적의 말하기를 수행하기 위해 필요한 말하기 기능을 개별적으로 가르쳐왔다는 것을 통해 알 수 있다. 이와 관련된 간단한 예는 관용구(idioms)에 대한 지도일 것이다. 관용구의 사용 시기, 정확하고 유창한 관용구의 전달, 대화 상황에서 관용구를 언제 사용할 것인가에 관한 문화적 지식들은 관용구를 지도하는데 있어 핵심적인 요소들이다. 이러한 관용구들은 비공식적, 비형식적 대화에서 나타나는 언어적 특징의 예들이지만, 일반적으로 학습자들은 관용구를 혼동하지 않고 성공적으로 전달하는데 필요한 생산적 발화 능력이 너무 낮은 수준일 때 관용구에 대해 배우곤 한다. 이와 관련하여 보다 적절한 방식은 자신이 이해했음을 나타내기 위해 '음(mm)'과 같은 삽입어(filler)를 적절한 타이밍과 적절한 억양으로 사용하는 간단한 대화 전략을 가르치는 것이다.

1.2.4. 코퍼스로부터의 통찰

자연어 처리와 담화 코퍼스(speech corpora)가 말하기란 실제로 무엇인지에 대해 우리가 이해할 수 있도록 도움을 줌으로써 제공하는 통찰력은 향후 10년 동안 말하기 교실에서의 목표에 급진적인 변화를 가져다줄 수 있다. 〈인용 1.2〉와 〈인용 1.3〉은 이러한 접근을 예증한다. 먼저 코퍼스 연구 결과 구어적 학문 담화에서 조동사가 폭넓게 사용된다는 것을 알 수 있었다. 둘째로 학습자가 전치사를 사용할 때 일반적으로 제시하는 발화('like')가 간접 화법(reported speech) 혹은 강조를 나타내는 담화 표지로 사용되는 맥락에서 실제적으로 나타난다는 사실이 코퍼스를 통해 드러났다. 3장은 이러한 조사 결과와 수업 교재의 상업적 출판 간의 복잡한 관계를 논의할 것이다.

〈개념 1.1〉 코퍼스(corpus) / 코퍼스들(corpora(pl.)) / 코퍼스 언어학(corpus linguistics)

언어학적 맥락에서 가장 단순하게 보자면 코퍼스는 언어 표본을 모아놓은 것이다. 예컨대, 교사가 학생 일기를 복사한 것은 코퍼스라고 할 수 있다. 그러나 이 용어는 언어의 컴퓨터 기반 분석과 강하게 관련되어 있고 코퍼스 언어학(corpus linguistics) 에서 단어의 구조적 빈도(덜 빈번하게)를 통계적으로 분석하는 것과도 강하게 관련 되어 있다. 교사들이 학생들이 직면하고 있는 일반적인 어려움을 살펴보기 위해 수 업을 계획하기 전 학생들의 에세이 모음을 살펴봐야 할 때, 코퍼스 언어학자들은 언 어 자료들 사이에서 수백만 개의 단어의 빈도나 패턴을 발견할 수 있다. 코퍼스 설계 를 위한 발화 자료의 수집에 있어 특정한 문제가 있는데, 이는 자연적으로 발생하는 발화의 엄청난 양을 컴퓨터로 전사하거나 녹음해야 할 필요가 있다는 것이다. 이는 자동화하기 어렵고 시간 소모적인 과정이며 구어 코퍼스가 문어 양식으로 변환될 때 편향된 경향성이 발생할 수 있음을 의미한다.

〈인용 1.2〉 예상과 어긋나는 말하기의 결과를 보여준 *Longman Grammar of Spoken and Written English*의 저자들

여러 측면에서 LGSWE에서 기술된 활용의 패턴은 교재 집필자들을 놀 라게 할 것이다. 그 이유는 이러한 패턴들이 ESL/EFL 교재(coursebooks) 에서 발견되는 패턴들과 직접적으로 대조되기 때문이다. 예를 들어, 진행 상의 동사(verbs)는 영어 대화 지도를 위한 대부분의 책에서 기준으로 제 시된다. 그러나 실제 대화에서 화자에 의해 생성된 언어를 분석해 보면 기 본 동사(simple aspect verbs)가 진행형 동사보다 20배 이상이 공통적 으로 관찰된다. 이와 유사하게 대부분의 ESP/EAP 교수자들은 조동사가 학술적인 글보다 대화에서 훨씬 더 공통적으로 쓰인다는 사실을 배운다 면 매우 놀랄 것이다. 단지 조동사 may만이 학술적인 글에서 더 일반적 으로 사용된다.

—BIver et al., 1999: 46

*Like*는 선행 진술을 한정하기 위해 맨 끝에 위치할 수 있다. 또한 이것은 선택된 단어가 적절하지 않음을 보여 준다.

*Then she got out of the car all of a sudden **like**, and this bike hit her right in the back.*

*It was a shattering, frightening experience **like**.*

(그리곤 그녀는 그렇게 갑자기 차에서 내렸고, 이 오토바이가 뒤에서 그녀의 오른쪽을 쳤다. 그것은 충격적이고 끔찍한 경험 같은 ***것이었다***.)

*Like*는 간접 화법의 표지로 매우 일반적으로 사용되며(특히 어린 화자 사이에서), 특히 보고를 할 때 누군가에게 했던 대답(response)이나 반응(reaction)을 극적으로 표현할 때 사용된다.

*So this bloke came up to me and I'm **like** 'Go away, I don't want to dance.'*

*And my **mum's like** non-stop three or four times 'Come and tell your Grandma about your holiday.'*

(그래서 이 녀석은 나에게 왔고, 나는 '저리 가, 나는 춤을 추고 싶지 않아.'라고 했던 ***것 같다***. 그리고 나는 엄마가 하는 ***것처럼*** '이리 와서 너의 휴일에 대해 할머니께 말씀드려'라고 세 번이나 네 번씩 멈추지 않고 말했다.)

—Carter & McCarthy, 2006: 101-2

1.2.5. 말하기의 여러 국면들을 함께 연결하기

인간의 목소리와 말하기 능력은 본질적으로 자아(self)를 세상(world)에 투영하는 것과 밀접한 관련이 있다. 제2언어 학습자가 생활 언어를 습득할 때 성공적인 의사소통을 수행하기 위해서는 문법과 어휘 이상의 더 많은 측면들, 즉 목표 언어에 내재되어있는 문화, 사회적 상호 작용, 공손성의 기준들과 관련된 것들을 습득해야 한다.

화자가 타언어의 화자로서 능숙하게 의사소통하는 것을 배우기 위해서는 새로운 '목소리(voice)'로 적절하게 말을 하기 위해 필요한 언어적 선택 사항들인 문화적, 사회적, 심지어 정치적 요인들을 배우면서 정체성을 변화시키고 확장시켜 나아가야만 한다. 따라서 이 책은 때때로 분석을 위해 말하기의 다른 층위들인 담화, 문법, 음운론을 개별적으로 다루지만 근본적으로는 교사가 새롭고, 통합적이며, 적절한 의사소통의 방식으로 이러한 요소들을 함께 통합하여 사용할 수 있도록 함으로써 제2언어 학습자들이 타언어의 미숙한 화자에서 유창한 화자로 성장하도록 도와야 한다.

1.3. 글쓰기와 대조되는 말하기의 본질

〈그림 1.2〉와 〈그림 1.3〉은 언어의 문어 형식과 구어 형식 간의 주요하면서도 일반적인 대조적 관계가 있음을 시각적으로 요약해서 제시한 것이다. 문어적 형식에 대한 더 많은 정보는 Hyland(2009)의 『쓰기 교육과 쓰기 연구(Teaching and Researching Writing)』에서 찾아볼 수 있다. 〈그림 1.2〉는 생산 측면에서 두 언어 형식이 어떻게 생성되는

지를 보여주며, 〈그림 1.3〉은 사회적 측면에서 두 언어 형식에 대한 태도의 경향을 다룬 것이다.

1.3.1. 말하기는 어떻게 세상에 전달되는가

문어 담화와 대조적인 관점에서 구어 담화를 살펴보면, 몇 가지 뚜렷한 차이점들을 명백하게 알 수 있다. 특히 말하기가 생산되는 방식을 기준으로 살펴볼 때 그러하다(〈그림 1.2〉를 보라). 이러한 특징들의 대다수는 듣기(listening) 기능에도 영향을 미치는데 이와 관련한 내용은 Rost(2002)의 『듣기 교육과 듣기 연구(Teaching and Researching Listening)』에서 충분히 다루고 있다.

텍스트와 텍스트의 기록(recording)에 의해 주도되는 언어학 분야에서 가장 중요하면서도 일반적으로는 가장 덜 고려되는 사실은 모든 언어는 구어 형식이 근본적으로는 순간적(transient)이라는 것이다. 단어가 발화되는 사건은 특정한 공간과 시간의 좌표(co-ordinates) 속에서 이루어지며 우리가 다양한 매체를 통해 이러한 단어를 녹화할 수 있지만 이 사건은 절대 반복될 수 없다.

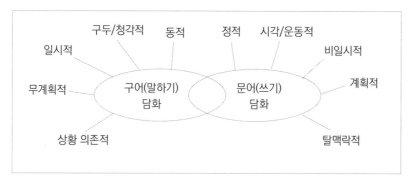

〈그림 1.2〉 생산 양상

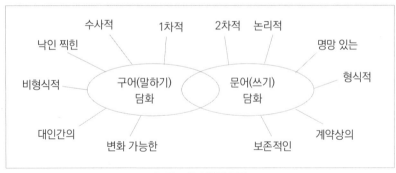

〈그림 1.3〉 사회적 국면

둘째는 언어 선택(language choices)의 유형에 영향을 주고 담화의 본질을 뒷받침하는 요소는 구두/청각 채널(oral/aural channel)을 통해 그것이 전달된다는 것이다.

〈개념 1.2〉 채널(Channel)

이 용어는 의사소통의 발생이 어떤 물리적 수단에 의해 이루어지는 것을 설명한다. 말하기는 구두/청각 채널이 있으며, 쓰기는 시각/운동 채널(motoric channel)이 있다. 담화는 언어의 채널 효과의 측면에서 연구될 수 있다. 이는 말하기가 실시간으로 발화 처리를 해야하는 제약이 있다는 점과 문어적 채널을 통한 글쓰기는 검토와 수정이 가능하다는 점을 포함하여 설명하고 있다.

면대면 상황이든 텔레비전이나 그 외의 매체를 통하는 상황이든, 듣기를 위해 생산된 구어와 읽기를 위해 생산된 텍스트는 매우 다르다. 구두 발표(oral presentations)에서 가장 흔한 문제 중 하나는 글로 써서 준비한 내용들이 너무 많은 정보적 언어를 다루고 있어 청자들에게 정보 부담(information overload)을 지게 한다는 점이다. 수년간에 걸친 여러 연구들은 절(clause)의 수준이든 어휘 선택의 수준이든 간에 화자는 필자와 다르게 정보를 제시한다는 사실을 보여준다(Chafe & Danielewicz, 1987; Biber, 2006). 그리고 다음 장에서는 이러한 특성들을 보다 자세하게 고찰할 것이다.

말하기가 생산되는 방식의 더욱 명확한 측면은 구어 채널의 순간적이고 상황적인 특성과 관련이 있다. 구어 자료의 엄청난 양은 즉시적이고 면대면의 비공식적 대화로 이루어진다. 이러한 담화의 유형은 일반적으로 비계획적이며 역동적이고 상황 의존적이다. 대화는 한 명에 의해, 혹은 특정 화제를 다루고 싶어하는 또 다른 이에 의해 주도된다. 그러나 일반적으로 발화는 대화를 주고받는 형태를 취하기 때문에 실시간으로 상황이 변하게 되며, 화자들 사이뿐만 아니라 담화나 상황 사이에서도 이러한 상호작용이 이루어진다. 이러한 담화의 역동성으로부터 무엇을 발견할 수 있는가에 관한 흥미로운 연구의 유형은 화자는 화제나 화제 변화를 어떻게 조정하는가, 화자는 다른 사람에게 어떻게 자신을 맞추는가, 어떻게 화자들 간의 오해가 '수정'되는가, 활동은 언어 생산에 어떤 영향을 미치는가, 새로운 혹은 이전의 정보가 어떤 방식으로 대화 속에서 언급되는지 대한 것들로 나눌 수 있다.

1.3.2. 말하기는 어떻게 다루어졌는가

〈그림 1.3〉은 일반적으로 구어 형식과 문어 형식의 기능의 경계가 명확한 문명사회에서의 말하기에 대한 전형적인 태도에 대해 보여준다.

비록 Vachek(1973)과 같은 일부 이론가들은 언어의 문어 형식이 개별적이며 전적으로 독립된 언어 체계로 여겨져야 하나 구어 형식은 일반적으로 문어 형식이 필수적으로 의존하는 언어의 일차적 형태로 간주되어야 한다고 주장해왔다.

이렇게 보는 이유 중에 하나는 병리적인 이유가 없다면 모든 인간은 말하기 능력을 발달시킬 수 있는데, 쓰기 능력은 인류가 역사에 진입한 이후의 문명사회에서 발달시킬 수 있는 것이기 때문이다. 이 때문에 〈그림 1.3〉에서는 구어 형식과 문어 형식에 대해 각각 '일차적'과 '이차적'이라는 특징을 제시하였다.

〈인용 1.4와 1.5〉 글쓰기와 대조되는 말하기에서의 언어 선택

어휘 항목(lexical items)을 선택하는 것은 한편으로는 적절하고 명확하게 선택하는 것과 관련된 문제이고, 또 한편으로는 적절한 수준을 선택하는 것과 관련된 문제이다. 전자의 사례에서는 글쓰기에 내재되어 있는 정교함과 편집 가능성으로 인해 문어 담화 상황에서는 더욱 풍부하고 다양한 어휘들을 제약을 덜 받으며 사용할 수 있고, 더욱 명확한 단어 사용이 가능함을 보여준다. 반면, 화자는 재빨리 언어를 생산해야만 하고 편집이 불가하다는 강한 제약을 받고 있기 때문에 글쓰기에서 나타나는 어휘적 풍부함과 명확성을 모방하기 힘들다. 이는 강의와 같이 풍부한 어휘 사용이나 명확성이 가치가 있는 발화 상황에서도 마찬가지이다. 후자의 사례에서는 구어와 문어의 개별적 역사로 인해 부분적으로 다른 어휘들이 사용되었지만, 화자가 문어적 어휘 목록에서 자유롭게 어휘를 가져다가 말하거나, 필자가 발화에서 사용되는 어휘를 자유롭게 쓰는 일은 그리 어려운 것이 아니다. 따라서 강의는 대화보다 훨씬 문학적이고, 편지는 학술적 논문보다는 훨씬 더 대화적이다. 그 제약은 인지적인 한계에 의해 부가되는 것이 아니라, 적절성의 판단에 의해 부과되는 것이다.

—Chage & Danielewicz, 1987: 94

대조적으로 대학의 언어 자료 기록(university registers)에 기반한 선행 연구는 언어적 변이를 설명하기 위해 가장 중요한 것으로 양식(mode) 차이가 존재함을 보고하였다. 대학의 구어 자료 기록(spoken university registers)과 대학 문어 자료 기록(written university registers) 간에는 어휘나 문법적 특징의 전반에 걸쳐 일관된 차이가 존재했다(예, Biber 2006, 8장을 보라). 예를 들면 모든 대학의 구어 자료 기록에서 구두 언어(verbal)와 절의 특징이 공통적으로 나타났으며 모든 대학의 문어 자료 기록에서는 상대적으로 공통적인 특징이 나타나지 않았다. 대조적으로 복잡한 명사구의 특징은 모든 대학의 문어 자료 기록에서 일반적으로 나타났으나 모든 대학의 구두 자료 기록에서는 나타나지 않았다. 이와 유사하게 이전의 '다차원적' 분석의 결과는 대학의 구두 자료 기록과 문어 자료 기록 간의 근본적 구분이 존재함을 보여준다(예, Biber, Conral, Reppen Byrd, & Helt, 2002를 보라). 목적에 상관없이, 모든 대학의 구어 자료 기록은 연관적이고 무엇을 참조하느냐에 따라 달라지며, '비인칭적' 스타일의 부재로 특징지을 수 있다. 반면에 모든 문어 자료 기록은 '목적과 상관없이', '매우 정보적이고', '참조 자료로 정교화'되며 '비인칭적' 스타일로 나타난다.

—Biber & Barbieri, 2007: 282

〈인용 1.6과 1.7〉 말하기에서 쓰기로의 '전이 가능성(transferability)'에 대한 두 가지 다른 관점

듣기를 주된 목적으로 한 발언은 때때로 읽기를 필요로 할 수 있고… 그러한 사례에서… 하나의 제재에서 다른 제재로의 전환은 다른 제재의 수단에 의해 주어진 내용을 표현하기 위한 의도를 달성할 수 없다. 만약 그렇다면 유일하게 그 과제를 달성할 수 있는 방법은 구어적 발언을 문어적인

> 표현으로 대체하는 것이다.
>
> —Vachek, 1966: 154
>
> 만약 텍스트를 소리 내어 읽는 것을 듣고 이해할 수 없다면, 글로 쓴 것도 이해할 수 없을 것이다. 왜냐하면 글쓰기는 단지 구어적 표현을 상징화한 것이기 때문이다.
>
> —Halliday, 1989: 44

구어 형식은 언어학 혹은 응용언어학에서 1차적 형식, 혁신의 원천 그리고 언어의 변화로 간주되면서 매우 가치 있는 대상으로 다루어진다. 제2언어 교수 영역에서 또한 말하기의 기능은 매우 높은 관심의 대상이다. 실제로, 특정 언어에서 유창한 화자가 되는 것은 종종 인간의 목적이 되기도 한다. '의사소통적 접근'(communicative approaches)에서 높은 영향력을 발휘하는 정보 원천은 대개 구어 형식이다. 그리고 언어학에서는 '언어(language)'라는 용어와 '말하기(speech)'라는 용어가 완전히 교환 가능하여 쓸 수 있는 것처럼 혼용되어 사용해 왔다.

이는 20세기 전반에 걸쳐 언어 연구를 주도해 온 제1언어 습득의 이론이 부분적으로 제2언어 습득 이론에 영향을 주었기 때문이다. 구어 형식은 제1언어 습득 연구의 기반이 된다. 말하기를 배우기 전에 글쓰기를 배우는 아이는 없기 때문에 구어 양식(spoken mode)은 유일하게 탐구 가능한 언어 양식이며 따라서 제1언어 습득 연구에서 '말하기'로부터 '언어'를 구분하는 것은 무의미하였다. 그러나 역설적이게도 언어학의 세계에서나 교수의 영역에서 말하기 그 자체를 구별하는 준거나 가치를 판단하는 것에 대한 관심이 거의 없었다. 이 영역에 저명한 국제

저널의 연구들은 분명히 구어적 형식보다 문어적 형식을 더 많이 다루고 있다. 사회과학, 예술 그리고 인문학에서 '쓰기'와 '말하기'라는 키워드를 사용한 학술적 활동들을 인터넷으로 검색한 결과(〈표 1.1〉)는 구어 양식에 대한 관심이 증가하고 있으나 여전히 문어 양식에 대한 강한 관심들이 존재하고 있음을 보여준다.

듣기 기능의 연구와 지도에서 '눈에 보이지 않는' 유사한 원인이 존재한다(개별 기능으로써 듣기에 관한 보다 더 많은 논의는 이 책의 시리즈 중 Rost(2002)도 보라).

여기에서는 언어학 분야에서 말하기와 쓰기의 두 형식의 상대적인 위치에 대한 아주 긴 논쟁들을 다루지 않을 것이다. 말하기가 인간의 선천적이고 보편적인 능력이라는 점이 결국 언어학자들로 하여금 관심을 기울이게 했다는 점을 이해하는 것은 중요하다. 따라서 이론가들이 실제적 말하기의 사례에 관심을 갖지 않을 때조차, 근본적으로 주요 언어 능력과 관련된 의문이 제기되어 왔다. 말하기는 보편적인 언어 형식이다.

〈표 1.1〉 '말하기'와 '쓰기'에 대한 인터넷 검색 결과 비교 (검색 일자 2009.5.1)

키워드	1990–2000	2000–2009
쓰기	259,000	237,000
말하기	16,500	29,200

아이러니하게도 언어 이론 분야에서는 구어 형식이 주요한 위치를 차지하고 있지만 일반적인 사회에의 구어 형식의 지위는 다소 모호하다. 즉, (일상 생활에서) 계약을 체결하고 다른 합법적 기능을 수행하기 위한 매개체로써 문어가 매우 유의미하게 사용되므로 문명사회에서는 구어 형식보다 문어 형식이 더 중요하게 여겨진다.

말하기는 또한 철저하게 대인 간 기능을 수행하는 형식으로, 이 형식은 그 생산방식으로 인해 장점과 단점을 가지고 있다. 이에 대해 앞서 상세히 설명하였고 〈그림 1.3〉에 요약되어있다. 문어 형식은 가시적 형태를 지니며 지속적으로 유지되는 특성이 있어서 기록 보관이나 법률적 과제(legal tasks)와 같이 사회에서 논리적이고 계약을 가능하도록 하는 기능을 지니는 반면에, 구어 형식은 발화가 생산되는 시간과 공간에 필수적으로 더 의존하기 때문에 더욱더 비공식적이고 수사학적인 과제에서 사용된다. 영향력 있는 정치적 화자는 토론에서 연설적 수단으로 청중의 마음을 흔들 수 있지만 의회의 문어적 활동은 면밀히 검토되고 고쳐지는 과정을 통해 결과적으로는 법으로 제정될 수 있다. 당신의 여권에 실린 이름과 매우 다른 이름으로 친구들이나 회사 동료들이 부를 수는 있지만, 당신은 합법적 절차에 따라 바꾼 이름을 문어적 서류의 형태로 합법적으로 인정받을 수도 있다.

우리가 고려해야 할 최종적인 지점이자 언어 변화의 측면에서 가장 중요한 것 중의 하나는 언어의 구어 형식은 언어 혁명을 위한 실험실이 된다는 것이다. 새로운 언어 항목, 단어 그리고 덜 빠르기는 하지만, 화자들이 오고 가며 유행하는 말하기 방식을 그들의 언어 습관에 수용하기 때문에 문법적 특징은 언어의 문어적인 형식보다 구어적 형식에서 생성되는 경향이 있다. 모바일 폰의 텍스트 메시지, 인터넷 채팅방, 전자 우편 그리고 그 외에 전자적으로 전달되는 글쓰기의 형식과 같은 뉴미디어가 출현할 때 구어/청각 그리고 시각/운동 채널에서의 혁신의 속도 간의 뚜렷한 차이는 점점 사라질 것이다. 그러나 빠른 변화가 일어날 수 있는 언어는 매우 상호작용적인 형식을 갖는 언어이다. 또한 그러한 상호작용은 안정적이고 폭넓게 수용되는 관습 속에서 사람들이 덜 제약적인 방식으로 의사소통하는 과정에서 사람들이 다른 사람들의 언어적 판단에 영향을 미침으로써 발생한다. 뉴미디어(그리고 실제로 인터넷과 다른 전자 미디어의 영향 때문에)에도 불구하고 말하기는 언어에서 가장 중요한 변화의 중심으로 남아있다.

요약하면 말하기가 생산되는 방식과 말하기가 인식되는 방법적 측면을 모두 살펴본 결과 이와 관련한 연구에서 역설과 어려움이 일부 존재하는 것이 드러났다. 이는 특히 문어적 형식과 구어적 형식을 비교할 때 관찰된다. 교사나 연구자에게 동적이고, 끊임없이 변화하고, 관계 지향적이며, 상황 맥락적으로 정의되는 말하기의 본질은 장점이자 결점이 될 수도 있다.

1.4. 말하기는 언어 연구의 어느 위치에 적합한가?

필자는 '언어 능력(language faculty)'과 '말하기 능력(speech faculty)'의 개념이 언어학 분야에서 혼용되어 쓰이는 경향이 있다는 것을 앞서 밝힌 바 있다. 이는 최근의 '말하기 연구' 영역에 명확한 영향을 미친다. 만약 언어와 말하기가 구분될 수 없는 대상인 것으로 인식된다면 한 가지 유형의 방법론에 의해 연구가 진행될 것이며 만일 이들이 구분될 수 있는 독자적인 연구 대상들로 각각 간주된다면 서로 다른 연구 방법—채널, 방식(mode), 상황 맥락에 집중된 연구—이 적용될 것이다.

이러한 주제와 관련된 기초 연구는 1960년대 Chomsky가 주장한 패러다임에 근거한 것이며 이후에는 제2언어 습득 연구, 문법 모형의 발전, 언어학적 요소가 필요한 컴퓨터 모델링으로 발전해 왔다. 말하기 논의의 주요 국면은 언어 능력(competence)과 언어가 실제 말하기나 쓰기에서 사용되는 방식(performance)으로 양분된다. 특히 이러한 구분은 아이들이 어떻게 완전한 언어 숙달에 이르는지, 또한 완전한 숙달 이후에 화자들이 무한한 양의 완전히 새로운 담화를 어떻게 생성하고 이해할 수 있는지에 대한 Chomsky의 질문으로부터 비롯된 것이다. 보다 상세한 설명을 위해서는 〈개념 1.3〉을 보라.

〈개념 1.3〉 능력(competence) vs. 수행(performance)

인간은 무한한 두뇌력(brain power)을 가지고 있지 않기 때문에 새로운 언어의 예들을 간단하게 인식하거나 처리할 수 없다. 따라서, Chomsky는 이를 설명하기 위해서는 인간에게 내재된 보다 근본적인 언어 능력(language capacity)을 제안하였다. 이때의 언어 능력은 무한한 문장을 생성할 수 있으나, 그 자체로는 인간의 능력 범주로 유한한 성격을 갖는다. 이러한 언어 능력이 소위 '능력(competence)'이라 불리는 개념이다. 언어 능력(competence)은 모든 아이들이 선천적으로 타고난 것처럼 보이지만 개별적인 아이들의 언어 사례들을 들어보면 이는 대조적이다. 언어 습득(language acquisition)에서 입력(input)의 역할에 대한 논쟁은 계속되었으나 이론적 측면에서 특정 화자의 특성, 말하기의 사례, 음소의 실제적 사례는 '수행'으로써 범주화된다. 수행은 개인적 변이성이 전제되어 있기 때문에 언어 이론자들에게는 실제로 매우 유용하지 않았다. 따라서 수행이 갖는 이러한 특성 때문에 구어 데이터는 '순수한(pure)' 언어 과학의 범주에 놓이지 못하였다. 순수한 언어 과학은 능력(competence)의 본질에 대한 탐색에 보다 더 관심을 두었기 때문이다.

인간의 언어 능력(competence)이 선천적이라는 것은 최근 유전학이나 생물학에 의해 더 정교해지고 있다. 이러한 관점은 그 다양성을 불문하고 언어 사용의 기초를 제공하며 20세기 행동주의자들의 초기 모형에 대한 대응으로 생겨난 것이다. 인간은 선천적으로 말하기를 학습하도록 '사전-프로그램화'되어 있다고 보는 선천적 인지 양식 (innate cognitive model of language)을 기반으로 한 관점과 학습은 외부 자극에 의해 전적으로 이루어진다고 보는 관점의 두 개의 서로 다른 관점들은 언어 과학에서 구어 데이터의 위상과 언어 교수 이론의 양측에 강한 영향을 미쳤다. 20세기 후반의 이론적 논쟁에서 합리주의자(rationalist) 진영이 승리를 거두었다. 〈개념 1.3〉, 〈개념 1.4〉, 〈개념 1.5〉를 보라.

합리주의자들의 모형은 언어 능력이 수량화될 수 있는 실제 언어자료의 입력으로 학습될 수 있다고 설명한 초기 행동주의자들에 대한 비판으로부터 성장하였다. 합리주의자들의 패러다임은 특정 구어 데이터와 데이터보다 추상적 시스템에 근간한 논리에 보다 더 기대어 있다.

〈개념 1.4〉 언어학에서 합리주의(rationalism)와 경험주의(empiricism)

합리주의학파와 경험주의 학파는 대개 상대편에 대한 반론으로 그들의 생각을 제시한다. 경험주의 학파의 접근은 언어의 사례와 언어는 서로 떼려야 뗄 수 없는 관계로 이어져 있다는 근본적 사실을 입증하기 위해 언어학자들은 실제 세계의 자료에 보다 더 가치를 두는 반면에 합리주의자들은 '언어'를 조사하기 위해서는 두뇌나 정신의 내부를 관찰해야 한다고 주장한다. 게다가 그들은 실제 세계로부터 얻은 데이터 사례가 도움이 되지 않을 뿐만 아니라 심지어 오해를 유발한다고 주장하였다. 이러한 합리주의자들의 접근이 구어형식의 연구에 보다 분명한 함의를 제공함에 따라, 이들의 영향력은 말하기보다 글쓰기의 규범이 이상적이고 탈맥락적인 사례에 보다 적절하다는 논쟁으로 이동해 갔다.

〈개념 1.5〉 행동주의

이 개념은 미국의 심리학자 B. F. Skinner(1904-1990)와 강한 관련이 있다. 행동주의 모델에 근간한 철학은 학습이 인간의 어떤 내부 능력으로부터 이루어지기보다 실세계와의 상호작용―사례의 노출, 정적 자극과 부적 자극, 실험과 오류―을 통해 이루어진다고 본다.

따라서 언어학에서 최근 가장 중요한 주제는 앞서 설명된 것과 같이 얼마나 많은 연구자들이 말하기의 상황성(situatedness)으로부터 언어 체계가 얼마나 유용하게 추상화될 수 있는지를 믿는가에 대한 것이다. 예를 들어 보편 문법 연구(universal grammar studies) 혹은 제2언어 습득 연구에서 근본적인 가정은 진정한 언어 능력(competence)을 보다 더 유의미하게 조사하기 위해 실제 발화 자료(수행, performance) 들을 수용하기도 하고 일부 무시할 필요도 있다는 것이다. 목표(target) 언어에서 언어 학습자들의 말하기는 문법적 사용의 패턴과 오용의 패턴으로 분석될 것이지만 이는 근본적인 언어 지식의 상태를 보여주는 증거로써 조사되기도 할 것이다.

또 다른 방면에서, 대화나 담화 분석 분야의 연구자들은 화법의 역동성과 실제 구조(actual texture)를 다룬다. 이 연구자들은 언어의 전달 방식과 눈 맞춤(eye contact), 휴지(pausing)나 웃음(laughter)과 같은 언어적 혹은 준언어적(paralinguistic) 메커니즘이 의사소통에 영향을 주는 방식을 다룬다. 다시 말해 특정 연구 분야의 결과는 분석된 데이터의 한계를 넘어서서 일반화하는 데 관련을 맺을 것이다. 그러나 그 분야의 연구자들은 선천적인 정신 능력에 그들의 결과를 연결시키려는 일반적 시도를 하지 않을 것이다. 이 연구 분야에서는 최근 수십

년간 언어 자료에 대한 엄청난 신뢰와 그에 상반되는 합리주의 모형 사이를 왔다, 갔다 하는 경향을 확인할 수 있다. 대화 분석(conversation analysis, CA)이나 담화 분석(discourse analysis)에 대한 더 상세한 정보는 〈개념 1.6〉과 〈개념 1.7〉을 보라.

이는 언어 연구(Chomsky주의자들의 합리주의와 대화 분석이나 담화 분석 같은 경험주의 접근 방법은 가장 양 끝에 위치한 접근 방법이다.)에 대한 합리주의적 접근과 경험주의적 접근에 대한 간략한 설명으로부터 확인할 수 있다. 경험주의적 접근은 합리주의적 접근보다 말하기 연구와 관련된 보다 더 직접적이고 즉시적인 경향을 보인다. 만약 연구자들이 말하기(혹은 쓰기)의 실제 자료들이 언어에 대한 결론에 도달하기 위한 기본적 사항을 제공한다고 믿지 않는다면 그들은 자신의 연구를 위해 많은 양의 말하기 자료를 다루지 않을 것이다.

〈개념 1.6〉 대화 분석(CA)

대화 분석은 대화 자료에서 사회적으로 유의미한 패턴과 구조를 조사하는 언어학의 한 분파이다. 대화 분석은 문장 수준 이상의 구조에 관심을 갖고 있으며 언어의 한 요소가 다른 요소와 관련을 맺는 방식이나 일관성 있게 조직되는 방식에 관심이 있다는 측면에서 담화 분석과 많은 특성을 공유한다. 그러나 적어도 초기의 형식인 담화 분석은 대화의 순서 유형의 '규칙과 같은' 제약들에 관심을 기울이며 대화 분석은 자연 언어와 사회 언어를 중심으로 순수하게 이를 묘사하려는 경향이 있다.

〈개념 1.7〉 담화 분석

예컨대 통사론과 같은 언어를 바라보는 매우 영향력 있는 방식들은 문장 혹은 절의 구성과 문장 혹은 절 속의 단어 간의 관계를 조사하는 것에 대한 것이다. 그러나 담화 분석은 이러한 수준에서 요소들 간의 관계를 다루는 것에 중점을 두지 않는다. 오히려 대화나 텍스트와 같은 보다 더 길이가 긴 대상 간에 존재하는 패턴을 파악하기 위해 문장 혹은 절 이상의 단위를 대상으로 삼는다. 예컨대 '안녕, 좋은 날이네요!'와 '안녕, 다음에 봐요!'라는 문장의 대응은 개별적으로는 형식에 맞는 표현이지만 두 번째 문장의 경우 대화의 시작 표지로도 이상하고 첫 번째 문장에 대한 대답으로도 이상하다. 담화 분석은 대화 시작과 반응의 전형적인 패턴 혹은 일반적으로는 말하기의 구조라고 불리는 대화 교대(exchanges)의 짝(pairs)에는 어떤 제약이 있는지에 더 관심이 있다. 대화 분석은 단지 구어 데이터를 대상으로 하는 반면에, 담화 분석은 문어 양식과 구어 양식 모두를 대상으로 한다. 연구가 문어적 사례들을 기본으로 할 때 '텍스트 분석'이라는 용어는 '담화 분석'과 동의어로 사용될 것이다.

많은 개별적 연구들은 수행 데이터의 범위와 역할에 대한 질문을 이따금씩 제기해 왔다. 예컨대 Berg(1997)는 언어 체계 속에 내재된 규칙성을 조사하기 위해 그리고 자료들로부터 이론을 끌어내기 위해 말하기나 글쓰기로부터 생산된 오류를 다루어 왔다. 이와 마찬가지로 데이터 기반 언어 연구의 영역에서 말하기 자료의 코퍼스 분석과 저장 기술의 발달로 인해 구어 단어의 대규모 코퍼스가 개발되기 시작하면서 말하기 패턴과 말하기 행위에 대한 일반화가 가능한 결론을 이끌 수 있는 잠재적 가능성이 커져 갔다. 시간이 경과되면서 일관성(coherent) 연구 프로젝트가 점점 성장함에 따라 이러한 코퍼스 기반의 일반화는 합리주의자의 관점에서의 이론적으로 명백한 결론들과 일치점을 확인할 수 있게 될 것이다. 마침내, 인지주의적 접근과 신경과학적 접근은 언어의 구어적 형식 혹은 문어적 형식에 대한 처리 요구와 관련한 흥미로운 통찰을 제공할 것이다. 이러한 관점들은 6장과 7장에서 다루어진다.

1.4.1. 말하기의 역사적 관점

20세기 중반에는 데이터에 상당히 많이 의존하는 연구자와 데이터를 불신하는 연구자 사이의 균열은 나타나지 않았다. 언어의 구어 형식에 대한 태도와 교육과정 상에서의 구어의 위치는 시간이나 다양한 문화들에 통틀어 상당히 다른 양상을 보였다. 이 논쟁의 기원은 고대 철학과 이후 서술되는 수사학에 대한 태도에서 살펴볼 수 있다.

이뿐 아니라 특정 사회 혹은 특정한 역사의 시간 속에서 말하기 능력에 대한 위상은 오늘날과 마찬가지로 더 이전 시기에도 교육과정 속에서의 말하기 기능 지도에 대한 강조나 위치에 분명 영향을 주었을 것이다. 말하기 지도와 연구가 시간에 걸쳐 얼마나 변화해 왔는지를 살펴봄으로써 우리는 현재의 말하기에 대한 우리들의 태도가 더욱 올바른 틀에 적합하도록 변화하게 하는 방법을 얻을 것이며 미래에 말하기에 대한 태도가 어떠한 방식으로 변화해 갈 것인지를 알려줄 것이다.

남아있는 자료에 따르면 말하기 지도가 어떻게 그리고 왜 이루어졌는지에 따라 구어 형식에 대한 관심은 높아지거나 낮아져 왔다는 것을 확인할 수 있다. 구어형식에 대한 이러한 태도들은 발화 자체가 갖는 일시적인 속성에 기인한다. 또한 인류의 역사 속에서 가장 최근까지도 구어는 실제 청중 앞에서 실제 화자에 의해 실현되는 형식이었기 때문이다. 이러한 주요 사실들은 구어 형식의 강점과 약점을 가져온다. 이러한 말하기 형식의 특성으로 인해 화자는 청자를 물리적으로 바라보면서 제스처, 억양, 눈 맞춤 등을 통해 청자를 납득시키거나 설득하거나 논증하거나 회유하는 것을 가능하게 한다. 반면에 한 번 발화된 단어는 순간적으로 사라지기 때문에 그 순간을 포착하고 기록하지 않는 한은 그 발화가 이루어진 이후에 다시 확인하거나 조사할 수 없다.

오늘날에는 쓰기 형식이 더욱 더 안정적이고 다루기 용이하다는 이유로 선호되어 왔기 때문에 구어 형식의 교육이 다소 간과되는 경향이 있으나 이하의 간단한 조사들은 과거 다양한 시기들 속에서 말하기 교육이 특별히 강조되어왔다는 것을 보여준다.

1.4.2. 말하기에 대한 초기 태도

고대 이집트에서는, 말하기 기술은 설득 능력이자 수사학적 수단으로 타인에게 영향을 주는 능력과 관련이 있었다. 문어의 가장 오래된 예 중의 하나는 오천 년 전 이집트 정치인이 대중 말하기의 주제와 논쟁의 주제에 대한 조언을 담은 파피루스(papyrus)였다: 『The Instruction of Path-ho-tep and the Instruction of Kegemni』(Gunn, 1906).

고대 그리스에서 말하기를 통한 논증(argument)의 체계화는 엘레아의 제노(Zeno) (BC 5세기 초)에 의해 시작되었으며, 시라쿠사의 코락스(Corax)와 소피스트의 수업에서 정점을 찍었다. 이 시기에는 자신의 언어 능력을 향상시키기 위한 목적이거나 수준 높은 교육적 목표를 이루기 위해 말하기 기능을 배우기보다는 법적 사례에 대한 논쟁을 필요로 한다든지 하는 실용적인 목적에 의해 말하기 기능을 배웠다.

소피스트들과 구어 형식 간의 강력한 관계를 고려한다면, 'sophistry'라는 단어가 현재에는 '궤변'이라는 부정적인 의미를 가지게 된 것은 흥미로운 것이다. (현대적인 의미에서의) 의도적인 거짓 추론이나 추론 오류는 '성공적인 말하기 기술' (또는 수사학적 기교나 장치)을 가르치는 것에 대한 비판으로부터 탄생하였으며 이는 예컨대 플라톤과 같은 소위 고상한 철학자들에 의해 이루어졌다. 이데아의 역사에서 플라톤은 현대의 언어 이론 중심의 접근법과 강하게 공명하는 관념론적 추론에 기

1. 당신이 배운 기술(art)을 자랑하지 말라. 그러나 현명한 자와 이야기하듯이 무지한 자와 이야기하라. 완전한 장점을 소유한 장인(craftman)은 없듯이, 기술에는 한계가 없다. 공정한 말하기(fair speech)는 노예 처녀가 자갈에서 찾고자 하는 에메랄드보다 더 드물다.

2. 만약 당신이 당신보다 더 마음씨 곱고 현명한 한 사람과 논쟁하게 된다면, 당신의 팔을 내리고, 당신의 허리를 굽히고, 그가 당신에게 동의하지 않는 데에 화를 내지 말아라. 악의적으로 말하는 것을 삼가라. 그가 말할 때 언제나 그에게 반대하지 말고. 만약 그가 그 문제에 대해 하나 같이 무식하게 연설한다면, 당신의 겸손함이 그의 주장을 이길 것이다.

3. 만약 당신이 이미 잘 알고 있는 것으로 당신의 동료와 논쟁을 한다면 그가 악의적으로 말할 때는 침묵하지 말아라. 그래서 당신이 그보다 더 현명해져라. 당신의 훌륭함에 대해 청중들은 박수칠 것이며, 당신은 그 지식의 왕자로 이름날 것이다.

4. 만약 당신이 당신과 동등하지 않다고 말하는 가난한 사람과 논쟁하게 된다면, 그가 천하다는 이유로 그를 비웃지 말아라. 그를 혼자 두어라. 그러면 그가 스스로 꺾일 것이다. 당신의 마음을 기쁘게 하기 위해 그에게 질문하지 말며, 당신 앞에 있는 그에게 당신의 분노를 쏟아내지 말아라. 못된 마음으로 혼란스럽게 하는 것은 부끄러운 일이다. 만약 당신이 당신의 마음에 있는 것을 행할 참이라면, 왕자들에게 거절된 것처럼 그것을 극복하라.

—Gunn, 1906: 42-3

반한 논증과 강한 관련을 가진다.

하지만 법의 영역과 개인의 논쟁을 벗어나더라도 말하기 기능은 정치적 삶의 주요 활동가들(르네상스 시대에 웅변(oratory)과 그에 대한 교육과정으로 매우 유명한 데모스테네스(Demosthenes))의 주된 방식으로 국가의 역사에 지속적으로 영향을 미쳐왔다. 이는 대중적 삶에서 훌륭한 말하기 능력이 영향력 있는 지위를 갖추는 데 도움이 됨으로써 실현되었다. 고대 그리스 시기에 말하기 기능과 관련하여 가장 널리 사용된 '교과서'는 아리스토텔레스(Aristotle)의 『수사학(Rhetoric)』이다. 이 책은 말하기 지도를 화자, 청중 그리고 말하기 방식의 측면으로 나누어 다루고 있다. 이 책의 강점은 이론과 실제 그리고 스타일과 내용, 말하기에 대한 전력적 접근과 사실 논거에 대한 진지한 접근(플라톤이 소피스트들을 공격한 이후 펼쳐진) 모두를 통합하여 다루고 있다는 점이다.

말하기 기술을 가르치는 그리스 초기의 교사들은 가능성으로부터 논증하는 설득적 기교, 말하기의 체계적 구조화, 정서적 호소를 통해 청중에게 영향을 미치는 기술과 같은 논쟁의 서구적 양식의 토대가 되는 주요 개념들을 소개하였다. 그러나 수사학적 도구로서 청자의 의견을 꺾는 개인의 능력과 관련하여 추상적이고 순간적이며 개방적인 말하기 형식에 대한 비판은 말하기 형식이 겪어온 폄하의 과정을 반영하고 있다. 이는 특히 더욱 명망 있는 대상으로서의 문어적 담화와 근접한 양식이 존재할 때 발견된다.

로마 문명이 발달하고, 키케로(Cicero) (BC 106-43)와 퀸틸리아누스(AD 35-96 이후)와 같은 학자들이 등장하면서 그리스의 웅변술에 대한 이론은 법과 정치 분야에서 지속적으로 활용되었다. 그러나 공허한 수사(미사어구)를 비판하는 사람과 웅변술을 옹호하는 사람 사이의 논쟁은 지속되었다. 키케로(Cicero)는 이러한 의견의 격차를 해소하기 위해 많은 노력을 가했는데, 특히 감정에의 호소, 유머감각의 필요성과 함께 전달되는 내용을 심도 있게 이해할 수 있는 청중의 수용능력을 강조했다. 실용적인 측면에서 보자면, 그는 항상 토론(debate)을 할 때 마지막 순서에 말하는 것을 선호했는데, 이는 그가 최종적으로 청중의 감정에 호소할 수 있었기 때문이었다. 또한 그는 어떤 방식으로 문장이나 리듬, 억양을 결합하는 것이 청중의 마음을 흔드는데 효과적인지를 연구했다. 그러나 『변론가론(De Oratore)』이라는 그의 책에서 그는, 설득을 잘하는 화자는 화제(topic)를 심층적으로 이해해야 하며, 훌륭한 일반 교육은 좋은 화자를 가르치기 위한 최적의 출발점이라고 보았다. 로마의 수사학자이자 웅변가인 퀸틸리아누스는 이 전통을 계승하였으며 그는 유명한 교육자였다. 『수사학 교육(Institutio Oratoria)』이라는 그의 저서는 개별 학생들의 요구를 강조한 일관성 있는 지도 매뉴얼을 제공하였다.

흥미롭게도 후기 로마에서는 개인의 법적 문제를 변호해 줄 대상에 대한 수요가 줄어들었다. 퀸틸리아누스의 작업들과 함께 말하기 교육은 기존 사회적 법적 필요를 충족하기 위한 용도로부터 그 자체로 개인의 잠

〈인용 1.9〉 발음에 대한 퀸틸리아누스의 견해

우선 발음 오류를 교정해주고 나면 학습자들은 단어를 완전히 표현할 수 있게 되고 모든 철자를 올바른 소리로 발음할 수 있게 될 것이다. 어떤 철자의 소리는 너무 강하거나 혹은 약해서 소리 내는 데 불편하게 된다. 우리가 발음하기 어렵다면 우리는 불완전하게 발음하게 될 것이고 만약 완전히 다르지 않지만 다른 식으로 소리를 바꾸면 좀 더 부드럽게 발음할 수 있을 것이다.

—Quintilian, 1856/2006, I.11, 4

재력을 발휘하도록 하는 귀중한 교육적 도구로 그 강조점이 이동하였다.

이처럼 말하기 지도가 수사적 장치의 기초로부터 교육의 한 부분으로 그 위상이 변화된 결과는 오늘날 유럽의 전통적인 교실에서 역시 그 영향을 찾아볼 수 있게 되었다. 말하기에 대한 중세와 그 이후의 전통적인 태도들은 교육과 종교 영역 전반에 녹아 있다. 스타일과 내용 문제에 대한 초기의 해결책은 말하기 지도 프로그램을 문법(언어 구조와 언어 역사에 대한 탐색), 논리(사고의 배열) 그리고 후기에는 사고의 전달이라는 제한적 역할로만 논의하게 된 수사학 등의 다양한 영역으로 분류한 것이었다. 이후 이러한 경향은 엘리자베스 시대의 영국과 르네상스 시대의 유럽에서의 말하기 지도가 교육적, 사회적 요구와 분리되고 언어 장식(language ornamentation)에 대한 교육을 강조하도록 하는데 영향을 미쳤다.

말하기 지도에 대한 고전적 태도로부터 파생된 몇 가지 논쟁점들은 현재에도 지속적으로 남아있다. 예를 들면,

- 말하기 전달력(delivery)과 스타일 vs 구조 혹은 내용 간의 관계
- 말하기 훈련의 역할 vs 말하기의 자연적 습득
- 교육과정과 사회에서의 말하기의 위치
- 개인 간 말하기 능력의 차이가 가져오는 영향력과 이것이 타인에게 비추어지는 방식

1.4.3. 18세기(eighteenth century)와 그 이후

역사적 맥락에 대해서는 이후 다음 부분에서도 계속될 것이지만 수사학 혹은 웅변학과 상반되는 언어 지도의 맥락으로 보다 더 논의를 좁혀보고자 한다. 말하기와 관련된 언어 지도의 역사는 3장에서 더 자세

히 다룰 것이다.

19세기 초와 말 무렵에는 언어 지도 과정에서 말하기의 지위가 두드러지게 변하였다. 이는 20세기 초부터 유럽의 언어 지도를 주도해 왔던 '문법 번역식(grammar translation)' 방법이 1880년대 무렵에 등장한 '개혁 운동(Reform Movement)'으로의 이행 때문이다.

〈인용 1.10〉 18세기 영국에서의 말하기 지도와 말하기의 사회적 지위

18세기에는 발음 이상으로 정확한 문법을 강조했지만 '훌륭한 말하기'는 표현의 정확성(accuracy)과 스타일의 우아함에 대한 열정을 다르게 표현한 것이다. '정중한 대화(polite conversation)'의 기술, 대중 말하기, 연설 기술(elocution)의 교육(education)에 대한 상당한 대중적 열망이 존재하였다. 실직한 배우나 그와 비슷한 재능을 가진 사람들이 사회적으로 야심이 있는 중산층들 사이에서 집회(field-day)를 열었다. 이들 중산층들은 도시에서 그들의 성공을 드러내고자 특히 열망하였다.

구어에 대한 이러한 관심에도 불구하고 구어는 '정규 교과 외'로 남았고 기본 교육 시스템에 거의 영향을 주지 않았다.

—Howatt, 1985: 76-7

〈개념 1.8〉 문법 번역식 교수법(Grammar translation methods)

비록 초기에는 언어 학습 과정을 간명화하고 교육과정을 지배해 왔던 고전적인 그리스와 라틴으로까지 언어 학습을 확장시키고자 하였으나, 이 교수법은 최근 언어 지도 이론에서 지양하는 것들과 관련된다. 탈맥락적인 개별 문장의 분석 강조, 모국어로 문장을 기계적으로 번역하기, 난해하고 복잡한 문법적 설명, 말하기나 쓰기의 실제와 관련된 의사소통 부재.

〈개념 1.9〉 '자연적' 교수법 혹은 '직접' 교수법

'문법 번역식' 접근법에 대한 반발로 19세기 말과 20세기 초반의 언어 교육 개혁가들은 언어 지도 과정에 보다 더 자연스러운 접근을 해야 한다고 주장하였다. 이 책의 관심적 측면에서 비판적으로 보자면 이 개혁가들은 그들의 교육의 가장 중심에 말하기 형식을 놓았으며, 일반적으로 교사와 학생 간의 상호작용을 기반으로 단일 언어를 사용하는 말하기를 제한하였으며, 학습 맥락에서 과제로부터 유발되는 문제(matter)로 초점화 하였다. 자연적 교수법 혹은 직접 교수법에 대한 극단적인 강조는 전신 반응 교수법(TPR, total physical response) 이나 전이 적정 지점(TPR, transference-relevance point) 접근법으로 이어졌다. 여기에서 학생들은 목표 언어로 교사가 제시하는 지도(instruction)에 행동을 통해 반응한다. 모든 접근법의 근간은 탈맥락적인 개별 문장에서 벗어나 유의미한 전체 텍스트나 상호작용을 통한 말하기에 중점을 두고 있다.

20세기 후반 컬러 인쇄 기술(colour publishing)과 디지털 기술(digital technology)의 발달로 인해 상황적(이후에는 기능적으로 불린다) 교수법과 청각 구두식 교수법(audio-lingual method)이 개발되었다. 이 교수법은 말하기 매체(medium)를 통해 언어를 교수 학습하는 것에 근간을 두고 있다. 그러나 비록 말하기가 '자연적' 경향의 교수 과정에 사용되었다 할지라도, 실제로 수업에 활용된 말하기 형식은 일상적 의사소통이나 자연스러운 발화와는 그 양상이 매우 다른 것이었다. 전형적으로 수업에서 이루어지는 그 상호작용은 매우 제약적인 것으로 이를 통해 특정 문법 구조를 연습할 수 있도록 한다. 그러한 구조는 문식적인(literate) 쓰기의 기준을 마련하는 표준 형식 문법으로부터 도출된 것이다.

20세기 전반기에 말하기는 언어 교수에서 그 지위가 다소 혼합된 양상을 보였다. '말을 잘 한다는 것(speaking well)'에 대한 관점은 앞서도 언급했던 초기 지도의 전통과 관련된 형식(form)에 대한 태도에 강한 지배를 받았다. 19세기를 강력히 지배했던 문법 번역식 교수법은 쓰기 형식과 밀접하게 관련이 되었으며, 이후 구어 매체(oral medium)에 수용되는 방식으로 문법 번역식 교수법 움직임이 반영되어 나타났다. 그러나 말하기가 언어 수업의 주요 매체로 복귀하면서 교실 밖의 말하기 형식의 구조나 특이점에 대한 관심이 부족한 동시에 말하기 형식에 대한 높은 관심이 존재한다는 문제들이 다시 시작되었다.

1960년대 Chomsky의 영향과 1970년대와 1980년대의 '의사소통식' 교수법의 성장은 말하기 형식에 대한 현재의 태도를 근간으로 하는 언어 교수 영역의 뚜렷한 두 영역의 변화를 가져왔다.

제2언어 습득 분야의 연구자들에 의해 이러한 두 가지 흐름이 일반성의 영역으로 이동하면서, 그들의 관점 내에서 말하기에 대한 강조점의 위치를 변화시켰다. 제2언어 습득 연구에 의해 이러한 두 영역이 일반적 영역으로 이동하면서 화법을 강조하는 것에 대한 큰 변화가 나타났다. 첫 번째 영역인 변형 문법(transformational grammar)에 대한 연구는 상호 관련성이 없어질 정도로 실제 말하기로부터 언어 체계를 추상화하고 내면화하였다. 두 번째 영역인 의사소통적 운동의 사조는 언어의 습득은 가능하면 실제 의사소통을 가장 가깝게 모방한 상황 속에서 흥미롭고 유의미한 의사소통을 하는 가운데 이루어질 수 있다고 간주한다. 따라서 말하기를 단순한 교육(자연적 혹은 직접 교수법의 경우와 같이)의 매체로써, 혹은 언어 학습(study)의 과정과는 크게 관련이 없는(능력(competence)과 수행(performance)의 구별과 같은) 것으로써 개념화하는 학설은 저주(anathema)와 같다. 이러한 학설의 가장

〈개념 1.10〉 의사소통적 접근(communicative approaches)

영어 언어 교수 분야의 폭넓은 영향으로 인해 누구나 '의사소통적 접근법'에 대해 들어본 적이 있을 것이다. 그러나 이것은 1970년대 후반까지도 미국과 영국에서 변화하고 발전해온 여러 언어 접근법들을 살피는 것은 유용하지만, 이러한 접근법들은 동일한 이데올로기와 기반을 공유하고 있다. 의사소통식 접근법은 제2언어 습득 연구와 관련하여 미국의 Stephen Krashen의 연구와 영국의 Herny Widdowson의 연구와 밀접한 관련성을 맺는다. 특정한 의사소통적 접근법은,

- 언어의 활용(use)에 높은 가치를 둔다(추상적이고 탈맥락적인 개별 사례들과 반대되는 개념으로써).
- 효과적인 언어 습득(언어 학습이 아니라)은 오직 언어 사용을 통해 이루어짐을 주장한다.
- 학습자의 의사소통 능력(communicative competence)을 기르게 하거나 발전시키는 데 목적을 두어라(언어 능력의 추상적 개념들과는 반대로).
- 오류(errors)들을 목표 언어에 대한 더 나은 이해로 나아가는 과정에서 나타나는 자연스러운 부분으로 인식하라.
- 교수 방법론과 적합한 의사소통 과제를 연결하라(특정 문법 형태를 연습하는 수단으로써 교실 과제를 보기보다는).
- 이해를 위해 귀납적이고, 학생 중심적인 방법을 선호하라(현시적이고 교사 주도적 설명보다는).
- 학습 과정의 중심에 학습자를 두고 개인 정서적 요소의 향상(progress)을 평가하라(예를 들어, 동기 수준).

의사소통 언어 교수의 기본적인 방식(예를 들어, 짝이나 모둠 활동)과 신념(예를 들어, 교사는 학생에게 우월한 '강의자(lecturers)'이기보다 의사소통 과제의

조력자(facilitators)가 되어야 함)은 1907년대 이후 현대 영어 언어 교수의 근간이 되었다. 영국에서 과제 기반 학습(task-based learning), 언어 인식(language awareness) 교육이나 미국에서 형식에 집중한 교육의 흐름은 모두 이러한 의사소통적 언어 교수법의 경향에 대한 반응으로 나타난 것이다.

극단에 위치한 의사소통적 접근법은 언어 습득의 원동력을 역동적 말하기 형식을 통한 의미 구성과 의미 공유를 위한 노력으로 보고 있다. 그러나 언어 습득 패러다임에서 양식(mode)의 역할과 말하기의 위상은 이론화 수준까지는 이르지 못했다.

요약

요약하자면 이 장에서는 말하기 연구와 지도를 개념적·역사적 맥락에서 탐색하는 것을 목표로 하였다. 이를 통해 이 장에서는 구어 데이터를 다루는 측면에서의 근본적 문제를 도출할 수 있었다. 주요 논점은 최근의 언어 이론에서 실제 발화 사례가 차지하는 지위와 제2언어 습득의 근간을 이루고 있는 지배적인 연구 패러다임이었다. 기술적 연구나 교육적 연구로부터 '순수한' 언어 이론이 분리되는 경향이 논의되었다. 필자는 이러한 이유로 언어 이론이 말하기 그 자체에 대한 관심이나 비중을 적게 두었다는 사실을 주장하였다.

말하기 연구와 지도에 관련된 현재의 문제는 말하기 지도에서 말하기의 형식과 내용을 분리했던 고전적 시대의 연구에서 기원한 것이며 이러한 고전 시대의 말하기에 대한 태도가 현재의 말하기 연구나 지도에 영향을 끼쳐왔다는 것이다. 결론부에서는 제2언어 교수의 지배적 패러다임이 지닌 문제점을 지적하였다. 이 부분에서는 현대의 언어 교수와 관련하여 학계나 학교 현장에서 말하기 교육에 대한 가치를 매우 높게 부여하고 있지만, 동시에 말하기에 대한 이론화 연구는 미흡하게 진행되는 경향이 있다는 점을 논의하였다.

더 읽을거리

Chapman, S. and Routledge, C. (eds) (2009). *Key Ideas in Linguistics and the Philosophy of Language*. Edinburgh: Edinburgh University Press. 언어 연구에서 증거(evidence)의 역할과 추상화 (abstraction)의 역할을 토대로 한 논쟁에 대해 쉽게 접근할 수 있는 정보를 제공하는 글임.

Cornbleet, S. and Carter, R. (2001). *The Language of Speech and Writing*. London: Routledge. 말하기와 쓰기의 영향력의 차이에 대한 인식을 신장시키는 활동가만의 입문용 도서임.

Horowitz, R. (2006). *Talking Texts: how speech and writing interact in school learning*. London: Routledge. 구어와 문어의 차이와 교수 전반에 대한 함의를 포함하는 읽어 볼만한 책임.

Howatt, A. P. R. and Widdowson, H. G. (2004). *History of English Language Teaching ELT*, 2nd edn. Oxford: Oxford University Press. 언어교육의 포괄적인 역사를 담은 글임.

Hughes, R. (1996). *English in Speech and Writing: investigating language and literature*. London: Routledge. 말하기와 글쓰기의 차이에 대한 이론적인 함의와 관련된 추가 논의들은 제6장에서 찾아볼 수 있음.

McCarthy, M. (1998). *Spoken Language and Applied Linguistics*. Cambridge: Cambridge University Press. 구어 데이터와 언어 교육의 관계에 대한 추가 논의에 대한 글임.

제2장
구어 데이터 연구 패러다임과 쟁점

이 장에서는

• 구어 양식 및 구어 데이터 분석과 관련된 전통적인 연구 패러다임을 소개할 것이다.

• 말하기 연구를 둘러싼 특수한 쟁점을 논의할 것이다.

• 언어 이론에서 구어 데이터의 지위와 역할에 대해 논의할 것이다.

2.1. 도입

이 장에서는 연구 패러다임들에 대해 간략히 소개하고 이러한 패러다임들이 말하기 연구에서 유용성과 적용 가능성을 지니고 있는지에 대해 논의한다. 또한 이 장에서는 구어 데이터(spoken data)의 본질과 어떻게 구어 데이터가 구어 양식(spoken mode)에 대한 연구와 관련을 맺는지에 대해 살펴본다.

2.2. 말하기 연구와 관련된 전통적인 연구 패러다임

일반적으로 이 책에서 다루는 연구들은 경험주의에 근거하고 있다. 이러한 연구 접근 방식들은 수업 행위자에 대해 시스템을 통해 기록한 관찰 결과, 대화의 전사 자료, 학습자의 인위적으로 관찰된 기록, 회화의 성적증명서(성적표), 특정한 음소 출현 등을 분석된 학습자의 발음 기록과 같은 실제 자료들을 다룬다. 이 데이터는 종종 가설의 형태로 제시된 핵심 연구 문제들을 조사하기 위해 수집되며, (대부분) 양적 분석을 위한 기초 자료로 혹은 (비판적 언어학(critical linguistics), 사회언어학과 민족지학적(ethnography) 분야에서 드물게)질적 분석의 자료로도 사용된다.

연구 접근 방식의 두 번째 유형은 이론적 중심 연구를 지향한다. 이 유형에서 연구자는 연구의 출발점을 데이터로 설정하기 보다는 주로 이론들, 모형, 상위 수준의 개념과 함께 선행 연구들과 최근 조사 등을 통해 도출된 새로운 이론들과의 관계에 더 흥미를 갖는다. 예컨대, 철학적(philosophical) 논리(언어학에서 놀라운 영향력을 발휘하는 지식 분야)와 같이 극도로 이론적인 연구 맥락 속에서는 실제 자료들은 모두 '혼란스러운' 것으로 모두 인식될 것이고, 이러한 자료들은 개인적 상황에 따른 예상 밖의 변화나 관계성이 낮은 것들로 인식될 것이다.

다양한 연구 접근 방식들은 '패러다임'이라고도 명명된다(〈개념 2.1〉 참고). 패러다임은 연구 수행 방법에 강하게 영향을 미친다. 패러다임은 연구자와 연구 결과의 사용자 모두에게 체계나 참조 준거로서의 역할을 담당한다. 패러다임은 연구에 일관성을 부여하며 어떤 준비나 판단을 할 수 있는 지점을 제공하여 다른 연구들을 연결 짓게 한다. 예컨대, 어떤 연구에서 연구자의 입장이 실험적 패러다임에 근거한다면, 그 연구가 수행되는 방식에 대해 예상 독자들이 그 패러다임에 근거하여 예측할 수 있도록 한다. 이 고려 사항들은 연구가 수용되는 방식에 영향을 미치는 것이다.

〈개념 2.1〉 '패러다임'이란 무엇인가?

패러다임이란 주요 용어들의 개념들에 대한 정의나 용어들과의 관계에 대한 견해들을 체계화한 것이다. 이 체계는 일관성이 있는데 이는 연구자들이 특정한 것을 시작점으로 추정하며 새로운 지식을 이 생각의 '도식'으로 흡수하기 때문이다. 이전 장에서 언급한 것처럼, 미국의 Noam Chomsky는 인간이 언어를 무엇으로 가정하는가에 대한 것을 논의함에 있어 큰 변화를 주도했다. 그는 인간이 정신을 태어날 때부터 고유하게 가지고 태어나는 것처럼 언어 역시 선천적으로 타고난 규칙 주도 시스템(rule-governed system)에 의해 개념화된 대상인 것으로 설명하며, 이와 관련하여 수행(performance)과 능력(competence)이라는 주요 개념어를 설정하였다. 이 패러다임은 기존의 데이터(data) 주도의/민족지학적 특성을 보이는 미국의 언어학에서 나타난 패러다임과도 명확한 대조를 보이며, Ferdinand de Saussure의 연구 이후에 드러난 유럽의 구조주의자 패러다임과도 차이를 보인다. 이러한 변화를 일컬어 '패러다임의 전환'이라고 일컫는 것이다.

다양한 패러다임을 토대로 한 다양한 학문 연구나 심지어 동일 학문 분야에서도 서로 다른 패러다임을 바탕으로 한 연구들은 서로 경쟁적일 수 있다. 대부분의 연구 결과는 패러다임의 근본적 변화를 이끌기보다 패러다임에 대한 아주 작은 변화를 이끈다. 이는 일반적으로 발견되는 연구의 자연스러운 특징이다. 패러다임의 전환은 뛰어난 개인이나 타 연구와 경쟁하는 팀이 논증 혹은 발견의 강력함을 근거로 특정 주제에 대한 정신적 지도(mental map)를 변화시킬 때 발생한다.

〈개념 2.2〉 경험주의(empirical) 접근과 비경험주의적(non-empirical) 접근

연구 프로젝트에 대한 경험주의적 접근은 탈맥락화된 쟁점이나 이론의 문제들보다도 사실이나 상황적 맥락에서의 질문으로부터 출발한다. 양측 접근 모두가 같은 화제를 다룰 때 사용될 수도 있는데 두 접근들 간의 명백한 차이는 사용된 방법이나 내재된 접근이나 증거들로 인식되는 것들에 의해 설명된다. 경험주의적 접근에 다소 덜 동기화된 언어학자들은 전통적으로 언어에 대한 직관과 새로운 데이터와 기존의 이론들 사이의 적합성에 대해 관심으로 가진다. 경험주의적 접근에 기댄 연구자들은 데이터로부터 드러난 패턴을 파악하는 것과 기존의 직관이나 아이디어에 도전할만한 결론을 도출하는 데 있어 더 개방적이다. 두 접근들 모두가 기존의 이론들이나 패러다임들로부터 도출될 것이므로 경험주의적 연구나 이론적 연구 간의 차이가 그리 크지 않을 수 있지만, 결론을 도출하는 데 있어 데이터를 강조하는 것에 대한 명확한 차이는 존재한다. 모든 연구자들들은 일관된 결론에 도달하기 위해 데이터의 특정한 사례로부터 결론을 도출할 필요가 있다. 왜냐하면 실증적 연구는 비실증적 연구보다 구체적 사례와 더 강한 관계를 맺고 있고, 이러한 사례에 대해 더 많은 비중을 두고 있기 때문이다.

모든 패러다임들은 이론을 지향하고 데이터를 지향하지만, 이들 간의 균형은 어떤 학술 연구의 전통에 있는지에 달려있다. 학술 연구는 다른 연구들의 맥락들 속에서 고려되지 않는다면 유의미하다고 볼 수 없다. 여기서는 차례로 자료와 이론의 특정 방향을 지향하는 패러다임 내에서 어떤 학문들이 체계화되는지 살펴볼 것이다. 또한 다양한 학문들에서 이론의 역할과 데이터에 대해 강조점을 어떻게 달리하는지 살펴볼 것이다. 언어학 특히 음성 담화 영역에서는 그 관계성이 매우 복잡하고 지속적인 논쟁의 중심에 있다. 통사(syntax) 분야의 학술 연구에서는 특정 언어에서의 부정 표현(negation)과 관련된 언어 현상을 명쾌하고 포괄적이며 설득력 있게 설명할 수 있는 것과 일반적으로 통용되는 부정 표현 이론과 특정 언어에 나타나는 부정 표현을 관련짓는 것을 목표로 삼을 것이다. 설득력이 있는 연구를 위해서는 부정 표현과 관련한 모든 선행 연구들을 기반으로 하는 것이 필요하며, 이론적인 경향의 패러다임 내에서 이러한 연구를 수행할 필요가 있다. 예들이 사용될 경우에도, 텍스트(text)나 코퍼스(corpus)를 연구하는 언어학자들은 '자료 중심(data driven)'의 연구를 좀처럼 수행하지 않는다. 그러나 정반대에 위치한 전산 언어학자들은 자동화된 문장 구조 분석 프로그램(parsers)을 통해 학술적으로 발전된 방법으로 통사론에서 수용 가능한 범위 내에서 그리고 상향식으로 설명되는 언어의 패턴에 대하여 엄청난 수의 사례를 연구하여 문법 모형을 개발한다.

〈표 2.1〉은 일반적으로 언어학의 어떤 분야들이 상황적 데이터를 중요하게 다루는지 혹은 분야 내에서 다루는 양식들이 관련성을 맺고 있는지 혹은 대비되는지에 대한 함의를 제공해 준다.

〈표 2.1〉에서 보여주는 범주화는 대략적으로 나타낸 것이다. 이 범주화는 언어 이론에서 구어 데이터의 역할에 관한 논쟁을 구성하는데 도움을 주고 다음으로는 왜 말하기에 관한 총체적 이론이 거의 존재하지 않는지에 대한 문제를 제기하도록 이끈다. 예를 들어 사회언어학 연구에서는 빈번하게 구어 양식으로 데이터를 끌어내지만(예를 들어, 특정 현상에 의해 나타난 또는 특정 인종 그룹의 말하기 전략에 대한 사회적으로 주목할 점), 그 발견한 사실들을 말하기의 이론과 연결 짓지는 않는다. 그러므로 말하기를 연구하는 것과 다양한 목적에 의해 구어 자료를 다루는 연구를 구분하는 것은 매우 중요하다.

〈표 2.1〉 자료와 양식(mode)의 관련성에 따른 언어학의 분류

그룹 1- 자료 중심으로 데이터로부터 상당한 정보를 획득함
· 전산 언어학(computational linguistics) · 음성학(Phonetics) · 담화 분석과 대화 분석(Discourse and conversational analysis) · 사회언어학(Socio-linguistics) · 텍스트 언어학과 코퍼스 언어학(Text and corpus linguistics)
그룹 2- 자료가 덜 중시되지만 자료와 양식이 분석과 관련성이 있음
· 역사언어학(Historical linguistics) · 화용론(Pragmatics) · 사전학(Lexicography) · 언어심리학(Psycholinguistics)
· 신경언어학(Neurolinguistics) · 제2언어 습득(Second language acquisition) · 음운론(Phonology)
그룹 3- 이론 중심이며 양식(mode)과는 일반적으로 관련성이 없음
· 형태론(Morphology) · 의미론(Semantics) · 언어 철학(Philosophy of language) · 통사론(Syntax)

언어학 연구의 다양한 분야에서 데이터, 특히 구어 데이터가 갖는 위상이 다른 이유가 있다. 오늘날 우리가 알고 있는 언어학의 역사는 놀랍도록 짧다. 1960년대부터 언어학 분야는 몇몇의 학문 분야들 사이에 위치하며 발전해오기 시작해왔기 때문이다. 일찍이 20세기에 언어학이라고 우리가 부르던 것은 '언어 과학(science of language)'이라는 용어였다. 언어 과학은 언어의 구체적 사례들에 주로 관심을 가졌으며, 언어의 발전에 대한 역사 연구 또는 다른 언어와 비교(언어학 또는 그 파생 분야)하는 데 그 노력을 집중하였다. 그러한 연구 경향들은 광범위하게 설명적이고 분석적 학문(구체적 수준의 대조에 관심을 가지며 식물

과학과 관련 학문처럼 분류학에 집중하는 학문 등)으로부터, 실제 세계의 혼란스러운 언어 자료로부터 보편적 규칙성이나 보편 능력으로 이론화할 필요가 있는 거대한 저장고를 설정하는 방향으로 점차 전이가 이루어지게 되었다. 이 연구 경향의 전이 과정 속에서 일반화된 언어 이론 범주 내에서 구어 데이터에 접근하는 태도들로부터 복잡하고 흥미로운 쟁점들이 도출되었다. 이에 대해서는 이후 장에서 다룰 것이다.

2.3. 구어 데이터에 대한 사고방식

이론적 연구에서 언어 자료는 일부 다루어진다. 그러나 이론중심 연구에서 실제 세계의 개념들의 일부는 이러한 연구의 바탕이 되기도 하지만, 이들 언어 자료는 이 연구들에서 아주 영향력 있는 데이터는 아니다. 반면에 이론적 연구의 반대편에 있는 경험적 연구를 수행하는 연구자들에게는 연구 과정에서 실제 언어 자료, 즉 데이터가 어떤 역할을 하는 것으로 상정해야 할지를 결정하는 것은 매우 중대한 문제이다. '전통적으로' 이론적 경향의 과학적 방법에 있어, 그 연구가 기반하고 있는 모델이나 이론들은 연구 결과에 의해 근본적으로 재정립되지 않는다. 이러한 연구들에서 지배적 이론에 도전적인 데이터는 '일시적인 문제'로 간주되며, 일반적으로 기존의 패러다임을 더 공고히 하는 방식으로 조사된 현상들을 데이터로 선정하는 경향이 있다. (〈개념 2.3〉이 이에 대한 예이다.)

말하기 연구자들에게는 세 가지의 특수한 쟁점이 존재한다. 첫 번째는 문어적 형식(written form)과 달리, 말하기에서는 발화 단위가 명확히 구분되는 단위의 조합으로 인식되지 않는다는 점이다. 언어에 대한 상식적 측면에서 보면, 개별 단어들 간에는 차이가 존재하지 않는 상태에서 말하기의 흐름이 실현된다는 것을 알게 되는 것은 매우 놀라운 것이다. 말하기의 이해 과정은 듣는 사람 입장에서의 해석 능력에 상당히 의

〈개념 2.3〉 설득력이 있고 일관성 있는 이론의 강력한 영향력

경험적 연구와 이론적 연구 간에 차이가 나타나기 시작한 연구의 흥미로운 사례로 음성 언어의 운율에 관한 연구가 있다.

Pike(1945)와 Abercrombie(1967) 등에 의해 개발되고 구축된 전통적 패러다임에서는 언어는 '음절 타이밍(syllable timing)'과 '강세 타이밍(stress timing)'로 두 가지의 리듬 체계로 범주화해야 한다고 제안하였다. 전자의 운율 시스템에서 모든 음절은 동일한 지속 시간을 갖는다고 전제하고, 후자의 운율 시스템에 따르면 음절의 길이는 다양하므로 그 언어의 단어나 구에 의해 규칙적인 '박자'가 형성된다고 본다. 스페인어와 프랑스어는 전통적으로 '음절 타이밍' 시스템에 속하며 영어와 러시아어는 강세 타이밍 언어로 묶인다. 아주 설득력 있는 '권총'(음절 타이밍) 대 '모스 코드'(강세 타이밍)(Lloyd James, 1940)으로 비유되는 이분법적 대조에 의한 이 분류는 1970년대 초반에 이르러 흔들리게 되었다. 이는 연구자들이 사례들을 측정하고 시간을 잴 때 일관성 있게 앞서 논의한 두 이론에 딱 맞는 데이터를 찾는 것이 어렵다는 것을 인정했기 때문이다. 이후로 매우 복잡한 행렬 시스템이 음성 언어의 운율을 조사하기 위해 구축되었고(Low & Grabe, 1995; Grabe & Low, 2002), 그러한 논의 중 대부분은 앞서의 이분법적 대조로부터 시작된 것이거나 이 대조들을 다시 참조하는 것으로 나타났다.

최근에는 리듬 특성을 정교화하지 않고 개별 언어에 대해 범주를 덜 명료하게 제시하는 방식으로 강세/음절 시간에 대한 논의들이 이루어지고 있지만, 기존 패러다임에는 큰 영향이 없거나 최소한 이러한 패러다임이 통용되는 형태로 이루어지고 있다.

존하고 있으며, 실제 말하기 자료를 다룰 때 연구자들도 이러한 해석자의 입장에서 완전히 분리될 수 없다. 두 번째는 말하기를 포착하거나 분석할 때는 문어적 형식에 상당히 의존한다는 점이다. 이러한 이유로 말하기의 원(original) 자료와 이를 시각적으로 표상한 이차 자료 간의 관련성에 대해 연구자는 상당한 주의를 기울일 필요가 있다. 세 번째로 앞서 언급한 바와 같이 간결하고 명확한 범주나 패턴들은 매우 설득력이 있기 때문에 사전에 설정한 범주에 따라 구어 데이터를 적절히 조정하고자 하는 경향이 나타난다는 점이다. 말하기 문법(spoken grammar)

〈인용 2.1〉 1980년대 초 언어학에서의 구어 데이터에 대한 태도

현대 언어학자들의 대다수는 방법적으로 언어 구조 분석을 위해 주요 자료(source)로 실제 말하기 자료를 사용하지 않았다. 그들은 재시작(restart)과 같은 구문의 단절(break) 등의 결함이 있는 말하기 수행에 대한 증거로서 실제 말하기 자료는 유용한 자료가 아니라는 입장을 취한다.

—Goodwin, 1981: 12

〈인용 2.2〉 언어학 이론에서 자연적인 발화(natural speech)의 지위와 유용성

자연적인 발화의 기록은 수많은 잘못된 발화의 시작이나 발화 규칙 일탈, 말하기 과정 중의 계획 변화 등을 보여줄 것이다. 언어학자들에게 있어 아동의 언어 학습만큼이나 화자-청자(speaker-hearer)가 숙달해오고 실제 말하기 수행에서 적용해 온 규칙들의 기본 시스템을 실제 말하기 수행 자료로부터 판별해내는 것은 매우 중대한 문제이다.

—Chomsky, 1965: 5

에 대한 연구들은 이러한 경향을 특히 명확하게 보여준다. 전통적 교육
(traditional/pedagogic) 문법이나 규범 문법들의 전문 용어들은 구
어 양식들의 기준(norm)을 설명하기 위해 노력하기 때문이다.

〈개념 2.4〉 말하기 문법을 설명하기 위한 단어 찾기

전통 문법과 교육 문법은 상당히 일관된 구성 요인, 정의, 구조적 관련성을 제공
한다. '관계절' 또는 '명사구'와 같은 문법적 구성 요소들은 상대적으로 안정적이고
명확하게 정의되었다. 이 때문에 연구자들은 아주 쉽게 수백 건의 관련 대상에 관한
연구물을 찾을 수 있을 것이다.

구어 담화 문법(grammar of spoken discourse)에 대한 연구는 화자가 규칙적
으로 사용하는 수많은 구성 요인들을 제안한다(예를 들어, 'It is a nice day'에 비
해 'Nice day'에서 발견되는 주어-동사 생략(Nariyama, 2004). 이러한 구성 요인
들은 전통 문법 모형의 규범에는 맞지 않지만 실제로 발생 빈도가 높으며(예를 들어,
'tend to;~하는 경향이 있다'를 의미하는 준조동사(semi-modal verb)(Moore,
2007)), 표준 문법에서는 '비문법적'(unusual)으로 표시된다. 표준적 정의에서 벗
어난 이러한 구조들은 다음의 두 가지 이유로 인해 다루기 어렵다. 첫째, 기존 문법
모형에서 간결한 범주에 포함되지 않는다. 둘째, 설명된 요소들은 기존의 전문 용어
로 수용될 수 없다. 예컨대, 다음과 같은 구어체 영어의 전형적인 구조인 'where he
went wrong my mate Tony was not getting the car taxed before he went
on his holiday.'(잘못된 장소에 가서 내 친구인 토니는 주말이 지나기 전에 벌금
을 물은 그의 차를 가져오지 못하고 있다.)는 '문두의 왼쪽으로 문장 일부를 이동
(left-shifted head)'한 '전치되고(pre-posed)' '분열(cleft)된' 문장과 같이 모든
사람들에게 동일한 의미를 전달하거나 혹은 전달하지 못한다는 의미로 문장을 설명
하거나 명확하게 중복된다는 측면을 설명하는 다른 용어로 그 문장을 설명할 것이다.

20세기 초에 구어 자료는 그 자체로 분석을 위해 캡처하고 포착하기 매우 어려운 것이었다. 심지어 테이프 녹음기가 출현하여 실험 과정에서 상당한 분량의 샘플들을 수집하고 분석하는 것조차 쉬운 일이 아니었던 것이다. 그러나 컴퓨터 기술의 발달로 인해 응용언어학 분야에서는 연구실에서 거대한 코퍼스 연구를 실시할 수 있는 가능성이 열렸다. 그러나 이러한 연구에서조차도 캡처된 막대한 양의 즉시적인 실제 구어 데이터의 코퍼스들의 대부분이 문어적 형식으로 입력되었기 때문에 이 데이터 처리에 대한 복잡성은 여전히 존재할 수밖에 없었다. 문어적 자료와 구어적 자료의 균형을 고려하여 조합한 코퍼스들의 필요성이나 중요성에 대한 통찰은 교육 공동체에 의해 사용될 수 있는 공통 영역의 형식을 다루기 시작하면서 나타났다. 이러한 예로 Biber et al. (1999)의 『롱맨 구어와 문어 영어 문법(Longman Grammar of spoken and written English)』 혹은 Carter, R.와 Mccarthy(2006)의 『케임브리지 영어 문법(Cambridge Grammar of English)』을 들 수 있다.

그러나 구어 자료의 캡처와 분석 기술의 발전에도 불구하고, 말하기의 본질에 대한 발견에 근거한 말하기 연구 분야 자체의 연구보다는 타 연구 영역에서의 말하기에 대한 연구가 이루어지는 경향이 나타났다. 그러나 각 연구 분야별로 말하기에 대한 연구들이 이루어지는 과정에서 도출된 개별 이론들에 대해 인간의 말하기 능력이 지닌 보편성을 고려하면서 단일 이론으로 통합하고자 하는 어떤 시도도 나타나지 않았다. 또한 많은 개별 학문 분야들이 실제 발화 자료에 가치를 부여하고, 이론의 중심부에 이러한 자료를 위치시키며 연구를 수행하였지만, 실제 이러한 연구 접근들은 다른 대상을 설명하거나 진술하기 위한 목적에서 발화 자료들을 이용했지만, 구어를 이론에 통합시키려는 것으로 말하기 본질을 다루기 위해 발화 자료를 중점적으로 다루지 않았다. 예를 들어, 제2

언어 습득(SLA)은 학습자에게 입력된 구어의 효과에 대해 매우 중요하게 인식하지만, 그 논의에서 다루는 요소는 학습자의 타고난 언어 학습 능력, 목표 언어와 현행의 발화 언어 사이의 가까움과 먼 정도, 제1언어가 제2언어에 영향을 미치는 방식 등에 대한 것들이었다.

Levelt의 괄목할 만한 연구인 『말하기: 태도에서 조음까지(Speaking: From intention to articulation)』(Levelt, 1989) 역시도 응용언어학 분야에서 핵심 연구가 아니라 언어심리학의 범주에 포함된 연구였다. 이 연구는 발화의 시작점에 대한 것만 논의에 포함하였고 언어의 상호작용의 중요한 논의들을 다루지 않았으며, 억양(intonation)과 운율의

〈인용 2.3〉 문법에서 코퍼스 기반의 접근 방식(corpus-based approaches)에 대한 놀라움 'The *Longman Grammar of Spoken and Written English*'

심지어 기본적인 단어 집합 -명사, 형용사, 동사, 부사와 같은-들까지 언어의 자료사용기록(register) 전체에 균질하게 분산되어 있지 않다. 명사(nouns)와 전치사구는 대화보다 뉴스에서 보편적으로 더 많이 쓰이며, 동사와 부사(adverbs)는 회화에서 보편적으로 더 많이 쓰인다. 이 분포 패턴은 기능적 우선순위에 대한 차이를 반영한다. 예를 들어, 뉴스 텍스트(news texts)는 정보 전달에 초점을 가지고 있어 실제 세계의 사람과 사물을 가리키는 명사를 빈번히 사용하게 된다. 반면에 대화의 상호작용성에 초점을 두면, 사건 서술과 개인의 태도를 제시하기 위해 동사의 사용 빈도가 증가한다. 반면에 온라인 생산물과 대화의 문맥 의존적 상황 등에서는 명사 대신에 대명사의 사용이 더 적절하다.

—Biber et al., 1999: 11

영향과 말차례 교대(turn-taking)를 다루지 않아 구어 양식(spoken mode)이 지닌 독특한 특질들이 의사소통 과정에서 어떻게 상호 관련성을 갖는지에 대해서도 역시 충분히 논의하지 못하였다. 언어 습득과 관련하여, 이러한 구어 자료들로부터 도출된 특정한 차이를 상호 연결하는 데 관심을 둔 연구들이 21세기 초반부터 등장하기 시작했다. (예를 들면, Judit Komos(2006)의 『구어생산과 제2언어 습득 (Speech Production and Second Language Acquisition)』이 있음.)

2.4. 말하기 연구에 대한 체계와 연구 접근 방법의 적용 가능성

이전 섹션에서는 말하기 연구에서 고려할 필요가 있는 세 가지 측면에 대해 살펴보았다. 이들은 구체적으로 구어 형식의 문식적(literate) 측면, 실제 세계의 맥락 내에서 상황적인 발화들에서 혼잡함을 조정하고 잘 정돈된 발화 자료를 도출하려는 경향성, 말하기 양식 그 자체보다 언어 이외의 다른 측면들을 조사하기 위한 목적으로 발화 자료를 사용하려는 경향성 등의 세 측면들이다. 우리는 여기서 이러한 측면에서의 함의가 무엇인지 살피고 말하기 그 자체 혹은 본질을 연구한다는 것이 무엇인지에 대해 보다 더 깊이 논의할 것이다.

이론적이고 비상황적이며 추상적인 수준까지 연구의 목적을 점진적으로 이동해 가는 가운데 '언어'와 '말하기' 구인을 보다 편리하게 결합시킬 수 있게 되었다. 왜냐하면 이러한 연구의 모형들은 출판된 문어적 양식, 형식적 표준과 근접한 고립된 사례들을 사용할 수 있도록 허용해 주었기 때문이다. 이뿐 아니라 실제 세계의 말하기(그리고 쓰기) 사례들로 연구 모형의 기반을 이루고 있다고 볼 경우에도 논쟁이 될 수 있는 비표준적이고 비형식적이며 문법적 분석이 어려운 형식들의 문제를 간과할 수 있게 되었다. 이외에도 추상적 연구의 접근법은 이론주의자들에게 텍스트에 기반한 요소보다 형식화가 쉽지 않은 억양과 같이 소리에 기반을 두면서 의미를 내재한 요소들을 간과할 수 있도록 하는 허용 가능성을 열어주었다.

개인의 정체성과 의사소통적 힘은 목소리(vocal) 패턴을 통해 실현된다. 언어의 정서적 측면의 상당수는 목소리 자질에서 아주 미묘한 변화를 통해 전달된다. 구어를 지도할 때, 누군가는 언어의 정의적 자질을 가장 중요한 요소로 설정하기도 한다. 그러나 추상적 언어 패러다임에서는 역동적이고 대인 관계적 경향의 발화 양식에 대해 설명하지 않거나 설명하려고 시도조차 않는다. 이 때문에 담화 맥락이나 의미를 내재한 총체적인 무언가로 다뤄지지 않고 말하기 연구는 언어의 구조적 입력(input)에 집중되어 다루어지는 경향이 있다. 그러나 이와 대조적으로 컴퓨터 과학이나 인간과 컴퓨터의 상호작용에 관한 최근의 연구들은 의사소통 영향력과 정서, 운율 간의 관계를 더 잘 이해하고자 노력한다(예를 들어 Partala & Surakka(2004)). 이러한 연구들은 복합 양식(multi-modal)의 코퍼스(corpora)의 발전과 컴퓨터 과학의 광범위한 탐색을 위한 새로운 기술 발달로 더욱 흥미로운 연구 결과를 이끌어 갈 것이다. 그리고 이러한 연구 결과들은 말하기 교육과정에 반영되어 말하기 수업 현장에 유의미한 통찰을 제공해줄 것이다.

21세기에 개발된 기능적 자기 공명 이미지 장치인 '기능적 자기 공명 이미지 장치(fMRI)' 기술 기반의 언어학적 연구는 말하기 연구에서 흥미로운 측면을 가진다. 특정한 구어 자극과 뇌 기능을 연결하는 능력은 구두/청각적 입력과 뇌의 사건들 간의 관계에 대한 문제를 탐색하기 위한 가설을 설정할 수 있도록 하였다. 이러한 이유로 외부 세계의 구어 사건(spoken events)과 두뇌 활동 사이의 관계를 형성하는데 의존했던 초기 신경언어학자들의 연구에서의 변화가 나타나기 시작했다. 두뇌 손상을 입은 화자와 비손상 화자의 말하기 수행을 대조하는 연구들이 등장하기 시작했다. 이 접근들이 가치 있게 받아들여지는 동안에는 구어적 사건과 정상적 두뇌 활동을 연결 짓거나 맵핑하는 능력은 언어학자들에게 새롭고 흥미로운 발전을 가져다 줄 것이다.

〈개념 2.5〉 기능적 자기 공명 이미지 장치(fMRI)와 언어

기능적 자기 공명 이미지 장치(fMRI)는 뇌의 다양한 부분들에서 발생하는 활동을 이미지로 보여주는 방법이다. 그 과정은 몸 외부에서 스캔하는 방식이며 혈류 차이를 분석하기 때문에 비침투적인 연구로서의 특징을 보인다. 혈류 변화는 산소 수준에서 측정 가능한 변화와 자기적 속성으로 인해 발생하는 것이다. 스캐너는 뇌의 특정한 부분을 맵핑하여(표시)하고 그룹화함으로써 이를 데이터로 번역해준다. 혈류와 신경 활동이 발생한 것을 추정하고 특정 자극에 대한 두뇌 반응이 나타난 물리적 위치를 이미지로 표시한다.

언어에서 이 분야에 대한 연구는 2000년대부터 급속히 발전하였고, 어휘 연구(Ellis et al., 2006)로부터 언어에 대한 심리적 반응 연구(Beaucousin et al., 2007)로 까지 그 범위가 확장되고 있다.

2.5. 구어 데이터의 분석 수준

말하기를 연구하는 데 있어 발생하는 어려움은 말하기와 관련하여 산출되는 데이터가 문어적 텍스트(written text)와 달리 독립 구조적 장르(freestanding genre)처럼 말하기 샘플 데이터가 산출되지 않는 점에서 기인한다. 작문 연구자들은 명확한 범주화가 가능하고 상대적으로 잘 정돈된 문어적 장르(신문 표현, 인기 소설, 광고 text, 논문 등)로부터 연구를 시작하는 것이 가능하지만, 말하기 연구자는 일반화하여 다룰 수 있는 특정한 범주를 찾기 어렵다. 글을 쓰는 것 그 자체는 시각적 매개체를 활용하여 구체성을 드러내는 것이므로 문어적 텍스트로써 자료가 구현된다. 그러나 말하기 자료는 그렇지 않기 때문에 말하기 연구자는 일반적으로 연구 중인 자료의 범위를 확정하기 위해서 또는 비슷한 대상을 비교하고 있는지 확인하기 위해 반드시 담화 이상의 맥락을 살펴야 한다. 이러한 문제는 연속되는 대화(stretch of talk)를 살펴보거나 조사될 수 있는 다양한 층위와 관점들을 생각할 때 가장 잘 이해할 수 있을 것이다.

〈표 2.1〉은 싱가포르 영어 코퍼스(corpus)를 만들기 위해 수행된 인터뷰를 간단히 발췌한 것이다. 이 코퍼스(corpus)는 주로 운율 특징을 연구하기 위한 목적으로 생성된 것이다. 이 코퍼스는 원본 말하기 자료의 디지털 오디오 파일에 따라 말을 글로 전사한 자료(transcript)의 형태이다. 이 코퍼스 자료 예시는 전사 자료와 원 구어 데이터가 완전히 동일한 것이 아니며, 이 두 자료를 섞어 생각하면 안 된다는 중요한 사실을 잘 보여준다. 말하기 연구자들은 말하기 자료를 녹음한 것을 글로 옮기는 전사 과정에서 세심하면서도 심사숙고하는 자세를 지닐 필요가 있다. 왜냐하면 이러한 전사의 과정은 중립적이지 않기 때문이다. 이는 '배율의 정도(degrees of magnification)'라는 비유적 표현을 통해 더 잘 이해될 수 있다. 〈표 2.1〉의 예시는 사회(socio)-실무적(pragmatic) 관계(인터뷰 하는 사람/인터뷰 대상, 강연자/학생), 구조적 특징(차례, 문답, 절(clauses)), 발화 연속체(stream of speech)에 관련한 청각(acoustic) 자료(초 당 시간 정보, 중첩된 대화의 시작 정보) 등의 대화

의 많은 측면들을 포착한다.

〈표 2.1〉 싱가포르 영어 말하기 코퍼스 교육 협회에서 발췌(온라인 디지털 오디오 파일로 이용 가능 *http://videoweb.nie.edu.sg/phonetic/niecss/f15-ftr.htm*)

secs	speaker	
00	I	그들은 미국 어디에 살아?
01	s	로스엔젤레스와 음… 샌프란시스코.
04	I	너는 그곳을 좋아해?
06	s	아, 오스트레일리아처럼 좋지는 않아, 왜냐하면 미국을 너도 알겠지만, 음 방문하기가 더 좋지…
10		방문할 장소와 같은 게 더 많아.
13		머물만한 장소는 그리 많지 않지. …아 살기에도.
16	I	넌 [로스엔젤레스에 살수 있다고] 생각은 않는구나.
17	s	[응
19		그럼 그럼 전혀 그런 생각은 안하지.

그러나 위와 같이 포착된 말하기의 특징들은 연구자가 흥미 있어 할 만한 것들 중에 아주 일부분일 뿐이다. 더 높은 수준으로 확대해서 살펴보면, 어떤 연구자는 개별 단어의 상대적인 소리 세기나 음의 높낮이 변화를 이 자료들로부터 도출되기를 원할 수 있다. 음향 정보로 포착되는 부분이 많을수록, 전사에 드는 노력도 더 많아질 수 있다. 그러므로 '배율(magnification)'(발화 전사에서 포착되는 자세함의 수준)과 연구에서 중점적으로 다루고자 하는 요소들 간의 관계는 이러한 연구들에서 항상 중요하게 여겨지게 된다. 만약 연구자가 농담과 같은 상호작용의 특정한 사례를 찾는데 관심이 있다면, 대화 중첩(overlapping)이나 휴지(pause)가 포함되지 않은 아주 간단한 초기 전사 자료를 작성한 뒤 그러한 특정한 사례를 추출할 수 있도록 전사 자료의 자세한 수준을 끌

어울릴 것이다. 말하기 연구에서 실제 말하기로부터 도출된 구어 자료를 전사하는 과정이 신중하게 고려되어야 하는 이유는 바로 이러한 전사가 강력한 연구의 도구이며, 연구자의 관점과 요구를 반영할 수 있는 것이기 때문이다. 전사는 전적으로 중립적인 과정에 의한 것이 아니기 때문에 새로운 범주의 대화(talk)가 발견되거나 해석에 어려움이 발생할 때, 개별 전사자는 다른 연구자들과 함께 상호 참조(cross-refer)를 통해 이러한 문제를 해결할 수 있어야 한다. O'Connell & Kowal(2009)은 전사 시스템의 발달에 대한 것과 고려할 만한 문제에 대한 깊이 있는 통찰을 제공하였다. 가장 일반적으로 사용되는 전사 시스템은 이 시스템을 개발한 언어학자 Gail Jefferson의 이름을 따 '제퍼슨 방법(Jefferson method)'[1]이라 명명되었다. 이 방법에 대한 자세한 내용은 Jefferson의 책(2004)을 통해 확인할 수 있다. 〈표 2.1〉의 발췌 부분은 다양한 수준에서 연구 대상이 될 수 있다. 이에 대한 개별적인 내용들은 이후 섹션에서 다루게 될 것이다.

2.5.1. 담화와 사회적 상호작용 수준에서 말하기 기능(skill) 분석하기

담화 수준 연구(discourse level studies)들에서 연구자들은 화자

---

1) 제퍼슨 방법은 전사 체계에서 특정한 언어의 단위를 구분하지 않고, 화자들의 말차례를 교환하는 것을 중심으로 하여 구성되는 대화의 미시적 세부 특질들(예컨대, 실제 발음, 휴지 간격, 날숨이나 들숨, 말겹침, 말중단, 억양 변화 등)을 가능한 세밀하게 반영하고자 하는 방법이다. 이 방법은 실제 소리를 최대한 있는 그대로 반영하고자 하는 방법이므로 화자들의 언어가 상호작용을 조직하는 특정한 자원들을 사용하는 형식에 대해 알고자 하는 것을 목적으로 한다. 대화 분석의 보다 분석적 시각에 입각한 것으로 상호작용의 특정한 자원들이 사람들의 사회적 행위를 구성하는데 있어 어떤 기능들을 하는지에 보다 더 주목한 방법이라 하겠다.

가 어떻게 상호작용하는지(예를 들면, 화자들은 어떻게 자신의 말차례를 아는지) 그리고 언어가 길게 연속적으로 이루어질 때 대화에서 특정한 종류의 패턴은 어떻게 구성되는지(예를 들어, 화자들은 청자들을 위해 말의 화제 변화를 쉽게 따라갈 수 있도록 대화를 어떻게 구조화하는지)에 대해 관심을 갖는다. 더 광범위한 수준의 연구에서 연구자들은 대화를 통해서 어떻게 정체성, 공유된 지식, 혹은 권력 관계와 같은 사회적 특징이 표현되는지에 대해서도 관심을 가진다. 〈표 2.1〉의 대화 발췌 부분에서 화자들(speakers)은 강연자(남성)와 학생(여성)이다. 그들의 상호작용은 준(semi) 형식적인 인터뷰 환경에서 이루어졌다. 두 대화 참여자들의 상호 대화 수행 방식에 있어 화자 간의 관계, 성별, 그리고 인터뷰 맥락은 큰 영향을 미친다. 예를 들어 이러한 환경에서 강연자/인터뷰어는 대화를 먼저 이끌기 쉽고, 이들의 담화는 대개 질문의 형태이기 쉽다. 언어학 이외의 학문 분야에서도 담화 분석에 대한 관심이 증가하고 있다. 그 이유는 참여자들의 구어적 상호작용이 참여자들의 행동 패턴이나 행동 이유에 대한 특정한 통찰(insight)을 제공해 주기 때문이다. 예를 들어, 의료 과학 연구자들은 치료의 효능을 높이고 의료 전문가들의 의사소통 훈련을 진작시키기 위해 환자와 의사 간의 관계를 어떻게 더 잘 이해할 수 있는가에 관심을 갖는다(이러한 연구의 예는 Salter et al.(2007)을 보라). 이와 같은 유사 연구로 경영학 분야(business studies)에서 언어학적 분석의 적용에 대한 최근의 연구 요약들을 살펴보고자 한다면 Bargiela-Chiappini et al.(2007)을 참조할 필요가 있다.

1970년대와 1980년대에 이 영역의 주된 관심사는 언어에 대한 관점을 최적으로 반영할 수 있는 담화의 수준이 어디까지인지를 결정하는 데 있었고, 담화 자료들로부터 상호작용의 규칙성의 범위 혹은 '규칙'

이 어느 정도까지 규명될 수 있는가에 있었다. 이러한 규칙 기반 패러다임에 기반한 연구들은 그간 미국에서 발전해 온 지배적인 언어 모델을 반영한 것들이었다. 이에 관련된 주요 연구들은 언어의 특징을 표상하는 고도의 정교한 시스템을 개발한 미국의 대화 분석자들에 의해 수행되었다. 이들이 연구를 통해 다룬 언어적 특질은 예를 들면 웃음 또는 몸짓, 또는 '음음', '오'와 같은 명백히 사소한 표현 특질에 대한 것들로 이전 연구들에서는 아주 드물게 다루어져 왔던 것들이다(예를 들어, Schegloff(1981)의 연구). 이러한 대화 메커니즘에 대한 정밀한 연구들은 '시작(openings)', '끝맺음(closings)', '대응쌍(pair parts)', '형식적 교환(formulaic exchanges)' 혹은 '전이 적정 지점(transition-relevance point, TPR)'과 같은 개념을 이끌어 냈다.

영국의 연구들에서는 담화 구성의 핵심적 특징들을 조사하였고, 담화 표지(discourse markers), 교류(transaction) 그리고 교환

〈개념 2.6〉 전이 적정 지점(Transition-relevance point, TPR)

대화 상대방인 청자가 화자의 역할을 넘겨받는 것을 예측할 수 있도록 표시하는 (to signal) 지점 혹은 순간을 의미하며, 이것은 대화 중 몇 가지의 언어적 특징이 결합되어 나타난다. 영어 문화권에서 이것들은 절의 끝, 바라보기 등 언어 외적인 특징 외에도 음의 높낮이, 억양, 속도 미세한 잠시 멈춤 등으로 표시되기도 한다. 이후에 당신은 자유로운 대화중에 잠시 물러서서(혹은 대화를 녹음하는 것도 좋음) 대화 중 화자들이 상대방을 방해하지 않으면서 말을 시작할 수 있는지 어떻게 아는지를 살펴보라. 수 많은 언어 학습자들이 대화에서 고립되는 원인은 말하기 능력때문만은 아니다. 오히려 그 학습자들은 말하기를 시작할 수 있는 때를 '읽어내는' 능력이 부족하기 때문이다.

(exchanges)과 같은 개념들을 개발하였다.

담화 분석과 대화 분석은 둘 다 고립된 언어 샘플 데이터를 다루는 것을 선호하지 않으며 사회언어학과 밀접한 관련이 있다. 그중에서 특히나 대화 분석은 대화 참여자 사이의 관계에 주목한다. 그러나 담화 분석은 전통적으로 언어의 보다 더 긴 자료에 집중하면서 텍스트를 구성하는 각기 다른 부분들 간의 관계를 탐색하는 데 더욱 주목하였다. 이러한 측면에서 담화 분석가들은 어떻게 화자가 언어 기능을 수행하는지와 각기 다른 담화 맥락에서 화자는 언어의 다양한 기능들을 어떻게 선택하며 이를 실제 수행하는지에 대해 더 깊은 관심을 가진다.

〈개념 2.7〉 담화 표지(discourse markers)

담화 표지는 그 자체로는 의미를 전혀 전달하지 않거나 혹은 일부 의미를 전달하는 정도의 기능을 하며 절(clause)의 외부(outside) 혹은 바깥에 위치한 단어라 할 수 있다. 그러나 영어의 경우에 'right'나 'ok'와 같은 표현은 청자들에게 대화의 구성이나 조직 차원에서 어떤 신호로서 기능하기도 한다. 담화 표지는 대화에 있어 아주 미묘한(subtle) 지점을 표현해낸다. 'well'은 주저함이나 망설임을 나타낼 수 있고, 'now'는 주제 변화를 드러낼 수 있다. "actually'는 의견 차이나 정정 혹은 심지어 방어를 포함한 다양한 것을 의미할 수 있다(영국 요리는 매우 훌륭해(English cooking is very good)와 영국 요리는 실제로는 훌륭해(English cooking is very good, actually)를 비교해보라). 학습자들은 문어 양식에 크게 영향을 받은 언어 형식으로 말하기를 교육받는다. 심지어 말하기에 관한 교육과정에서 구어 담화 표지는 그리 중요한 위치를 차지하지 못한다. 구어 담화 표지를 명시적으로 가르치더라도 말이다. 이러한 문제는 대화를 듣거나 참여하는 학습자들이 실제 대화를 수행할 경우에 난관에 부딪치게 만들 수도 있다.

대화 분석과 담화 분석의 주요 아이디어를 적용한 연구의 사례로 Brow & Yule(1983)의 『구어 교수법: 영어 대화 분석에 기반한 접근 (Teaching the Spoken Language: an approach based on the analysis of conversational English)』을 들 수 있다. 이 연구는 담화 분석보다는 대화 분석에 보다 더 근접한 연구 사례이다. 이 연구는 그 이전의 연구 사례들에 비해 더 실용적으로 교실 지향적(classroom-oriented)으로 이러한 연구 방법을 적용하였다. 이 때문에 이 연구는 교실 현장과 연구들 간의 실질적인 가교 역할을 수행했다고 볼 수 있다. 흥미로운 바는 담화 수준의 연구를 통해 말하기(speech)의 주요한 측면들이 밝혀졌음에도 불구하고, 전체적으로 그것들이 보편적인 교실 수업이나 교수용 자료의 출판으로 이어지는 속도도 매우 더뎠다. 물론 화법을 담당하는 교사들을 위한 몇 권의 책들은 존재한다(예를 들어, McCarthy(1991)의 『언어 교사를 위한 담화 분석(Discourse Analysis for Language Teachers)』 혹은 Evelyn Hatch의 1992년 저서인 『담화와 언어 교육(Discourse and Language Education)』. Carter, Hughes & MaCarthy(2000)의 연구는 문법 교재를 통해 담화 속의 말하기 문법의 복잡성 중 일부를 교육이 실제 이루어지는 교실로 끌어와 논의하려는 시도에 해당한다. 이와 관련한 논의는 이후 3장에서 더욱 자세히 다룰 것이다.

영국에서 이루어진 담화 분석과 관련한 연구나 논의들은 학교의 교실 현장과 밀접한 관계 속에서 이루어졌다. 이는 초기에 수행된 가장 영향력 있는 연구들이 대부분(예를 들어, Sinclair & Coulthard, 1975)이 교실의 상호작용을 토대로 수행된 것들이기 때문이다. 담화 분석의 기초적인 범주를 형성한 이러한 대표적 연구들은 학생과 교사 간의 대화에 기반을 둔 것들이었다.

1990년대 이후로 전자 통신과 컴퓨터 분야에서는 담화 분석이 인간-컴퓨터 간의 이해에 대한 자동화 문제를 해결해줄 것이라는 점에서 큰 관심을 모았다. 그러나 이 영역은 초기의 전망까지는 도달하지 못했다. 왜냐하면 시스템이 자연스러운 대화를 인식하기에는 인간의 제한된 어휘 선택이나 대화의 불명료성에 있어 제약이 있기 때문이다. 그럼에도 불구하고 21세기의 담화 및 대화 분석이 다른 학문분야와 실제세계에 언어학적 통찰들이 적용되기를 바랐던 사용자들에게 무엇을 제공할 수 있을지 지켜보는 일은 매우 흥미로운 일이 될 것이다.

심리학과 발화 행위(speech behavior) 간의 관계성에 대한 논의는 말하기에 대한 전반적 측면에 대한 연구 중 일부이지만, 신경학적, 생물학적, 혹은 유전학적이든 근원적인 언어 체계와 구어 데이터가 어떻게 관련을 맺고 있는지에 대한 더 큰 의문과도 연결된다. 담화 분석가와 대화 분석가는 구어 담화 조직의 규칙성을 발견하기 위해 발화 행위 패턴을 설명할 것이고, 이러한 패턴 자체에 대해 흥미를 가진다. 반면에 일반적으로 심리학자들은 화자의 발언을 정식 혹은 행동적 작용 과정에 대한 증거 출처로 간주한다. 예를 들면, 담화 분석가나 대화 분석가는 화자가 말할 때 반복하는 패턴이나 어휘 반복 현상을 어디까지 일반화할 것인가 같이 담화 현상 그 자체를 다룬다. 반면에 심리학자들은 그러한 반복들뿐만 아니라 인간이 복잡한 발화들과 사전 계획하기 수준, 타이밍을 어떻게 처리하는지 사이의 관련성에 대해 조사하는 것을 다룬다. 예를 들어, Clark와 Wasow(1998)는 'I uh I (think)…'와 같은 대명사(PRONOUN)+휴지/필러+대명사(PAUSE/FILLER+PRONOUN)이나 'The uh the (problem)…'와 같은 정관사(ARTICLE)+휴지/필러(PAUSE/FILLER)+정관사(ARTICLE)등의 반복적으로 나타나는 전형적 패턴을 조사하였고, 이 패턴에 있어서 다양한 단계들은 화자가 그들 자신의 발언을 수용하는 방식들에 관련이 있다는 사실을 발견하였다. 이들은 이러한 각 요소들은 화자의 발화가 실제 세상에 도달하기까지 작동하는 근원적인 심리적 처리 과정의 필수 요소들이라 주장하였다.

언어 교육의 측면에서, 여기서 언급된 말하기에 대한 고차원적 연구 영역은 대화가 조직되는 방식의 측면에서 문화 간의 차이를 밝히는 것과 관련된 것들이다. 이러한 연구들은 학습자와 교사들이 문법적 오류가 아니라 화용론적 그리고 문화적 기대의 다양성으로 인해 언어적 상호작용에 관한 잠재적 문제가 발생한다는 점을 이해하는 데 도움을 줄 수 있다.

2.5.2. 언어 선택의 수준에서의 연구 분야: 문법과 어휘

구어 양식을 다루는 문법과 어휘 영역에서의 주요 연구들은 코퍼스(corpus) 연구를 통해 발달해왔다. 특히 Douglas Biber의 가장 주목할 만한 연구 중 하나인 '말하기와 쓰기에서의 변이(Variation Across Speech and Writing)(Biber, 1998)'는 광범위한 구어와 문어 자료에 대한 상당한 수준의 데이터를 기반으로 한 분석에 의해 수행되었다. 이 연구는 어떤 특정한 문법적 특징들이 함께 군집(cluster)을 이루어 구어 장르나 문어 장르의 명료한 양식이나 스타일을 구축한다는 연구 결과를 도출하였다. 이러한 문법적 특징들은 언어가 정보 전달을 고려한 것인지 대인관계 지향을 더 고려하는 것인지에 따라 대조적 양상을 보이며 범주화될 수 있다. Biber는 구어 장르와 문어 장르에 나타난 이러한 문법적 특징들이 동시적으로 출현하는 방식과 관련하여 통계적 규칙성을 도출하였는데 이는 언어적 특징들 간의 확률(probability) 패턴들을 통해 제안된 것들이다.

이러한 연구와 관련된 2가지 유형의 주요 연구가 있다. 하나는 개별 분야와 장르에서 언어 사용역 분석을 적용한 연구이고 다른 하나는 일반적 언어 특징에 대한 보다 더 이론적이고 자세한 통찰을 다룬 연구이다. 전자의 연구로는 대학 글쓰기와 말하기를 포함하는 특수 목적의 영어에 관한 Douglas Biber의 연구(Biber, 2006)와 그와 동료들이 함께한 영어 언어 평가에 대한 연구(Biber et al., 2004), 학문 목적 영어(English for Academic Purposes) 말하기에 대한 미시간 코퍼스(Michigan Corpus of Spoken Academic English(MICASE))를 위주로 한 방대한 연구 등이 포함된다. 후자의 연구로는 코퍼스들(corpora)를 통해 조사될 수 있는 특징으로서 언어 변화(language change)를 다룬 일부 연구들이 포함된다('문법화(Grammaticalisation)'라고 알려진 과정을 설명하는 〈개념 2.8〉을 보라).

코퍼스를 바탕으로 한 초기 연구들은 시제(tenses)(Aarts & Meyer, 1995), 어휘(Stenstrom, 1990), 절(Nelson, 1997), 그리고 생략(ellipsis)(Meyer, 1995)과 같은 말하기의 세부적 측면을 연구하는데 많은 정보를 제공해 주었다. 최근에 들어서 이와 관련한 연구들은 조사 결과의 일반화 가능성이나 적용 가능성에 관한 더 폭넓은 연구 문제까지 포괄하고 있다(예를 들어, Conrad(2000), Mindt(2002), Baldwin et al.(2005)). 학계는 방대한 구어 코퍼스를 손쉽게 이용할 수 있게 되자 코퍼스 기반 연구 결과들과 교실 간의 간극을 메우기 위한 노력을 기울이기 시작하였다(예를 들어 Johns, 1991; Tribble & Jones, 1990; Knowles, 1990; 구어 양식(spoken mode)과 관련성이 매우 높은 연구인 Svartvik, 1991). 이에 최근 학자들이 제2언어 습득 이론들이나 교수 접근법과 코퍼스에서 발견되는 문법적 빈도 사이의 상호 관련성에 주목하기도 하였다(예를 들어, Biber & Reppen(2002),

〈개념 2.8〉 문법화(Grammaticalisation)

이 개념은 언어 변화 연구와 관련이 있다. 언어 중의 어휘는 의미를 전달하는 차원의 의미론적 의미(semantic meaning)와 통사적 기능을 실현하는 것으로 범주화될 수 있다. 'walk'라는 동사는 첫 번째 범주에 속할 것이고 'have'라는 동사는 두 범주 모두에 해당할 것이다. 'have'는 'I have a brother'와 같은 문장에서 사용될 때 어휘적 의미(lexical meaning)를 가지지만, 'I have broken my arm'과 같은 문장에서처럼 조동사로 사용된다. 이 경우에는 어휘적 의미로서의 기능은 덜 부여되게 된다. 언어 혁명의 다양한 측면들에서, 어휘는 의미적 기능에서 문법적 기능으로 변경될 수 있음을 보여준다. 이러한 과정 혹은 기능상의 변이를 일컬어 문법화(grammaticalisation)라 한다. 자주 언급되는 예로는 'back'이라는 어휘적 의미를 가진 단어가 확장되어 'Back then…'에서와 같이 과거 시간을 가리키는 부사(adverbial)의 일부가 되는 것을 들 수 있다. Lindquist & Mair(2004)는 '역사적 코퍼스 언어학(historical corpus linguistics)'라고 용어로 관련 연구의 목록을 제시하였다.

Anderson(2007), Barbieri & Eckhardt(2007)). 이러한 연구들이 언어 교실 활동에 대한 흥미로운 아이디어를 제공하는 것은 사실이지만, 여전히 즉흥적인 현실 대화에서 문법적 선택과 어휘 선택이 이루어진 출판물의 대화 간에는 명백한 차이가 존재한다.

최근에는 구어 양식에 관한 연구를 시작하는 교사나 연구자들에게 구어 코퍼스에 대한 접근이 더욱 편리해 지고 있다. 이러한 자료들은 프로젝트와 관련된 코퍼스 설계자나 출판사들이 주도적으로 학문 연구를 위해 충분히 접근할 수 있도록 하기 위해 대규모 코퍼스 온라인 표본 수집(예를 들어, the British National Corpus, http://sara.natcorp.ox.ac.uk/lookup.html)부터 CD-ROM(예를 들어, ICAME, http://

www.hd.uib.no/icame/newcd.htm)에 이르기까지 자료 샘플을 구축하였고 이들이 쉽게 코퍼스 자료를 구입할 수 있도록 하였다. 더 자세한 내용은 9장을 보라.

말하기 문법과 관련된 또 다른 연구 영역에서는 운율(prosody)과 통사론의 상호작용 양상을 다룬다. 20세기 후반에 이와 관련하여 주목할 만한 분석 방법은 기술 문법(descriptive grammar)과 규범 문법(prescriptive grammar)에서 벗어나 운율적 요소를 형태 분석에 포함시키려는 시도와 관련된 것들이다. 그중에서 David Brazil(1995)의 「말하기 문법(A Grammar of Speech)」은 아주 특별한 연구라 할 수 있다. 이 연구가 특별한 이유는 이 연구가 산출된 말(speech production)의 선형적 본질을 근본적으로 다루며, 대화는 분명한 '목적'을 가지고 있다는 관점에 근거하여 논의를 전개하고 있기 때문이다. 그러나 Brazil의 저서는 분명 흥미롭지만, 교육 전문가들은 여전히 책에서 제시하고 있는 근본적인 원리를 완전히 이해하는 데 있어 어려움을 느낀다고 언급하는 부분은 상당히 흥미롭다. David Brazil이 집필한 영어 고급 학습자를 위한 발음 수업 교재(Brazil, 1994) 또한 담화 수준과 (그것과 다른) 의미를 내재한(meaning-bearing) 언어 특징 간의 통합적 관점에서 집필된 것이다. Brazil의 이 교재는 다양한 방법을 통해 자기 나름의 방식으로 발화 형식을 바라보려는 가장 일관성 있는 시도 중 하나로 볼 수 있다.

Klein & Purdue (1992)의 『발화 구조: 또다시 문법 개발하기(Utterance Structure: developing grammar again)』은 규칙에 대한 다양한 예외 사항을 보여준다. 이들은 제2언어 습득과 관련한 수많은 가정들에 대해 문제를 제기하고 자신들의 분석 자료를 학습자의 발화와 '목표 언어(target language)'를 관련짓기 보다 분석 자료 그 자체가 연구되어야 할 언어라는 점에 주목하였다. 이 저서는 말하기 연구가들에게 특히 흥미롭게 여겨져왔다. 그 이유는 이 저서가 매우 경험적인(자료 지향적) 태도를 취하고 있으며, 실제 발화를 기반하여 연구상의 논의들을 전개하였기 때문이다. 그러나 말하기 연구에 초보 연구자들은 이 저서를 읽을 때 분명 흥미를 느낄 수 있겠지만, 이 저서는 전체적으로 해당 영역의 근원적인 이론들과 중첩되는 부분이 없기 때문에 응용언어학의 핵심층으로 수용되는 데 성공하지 못한 저서라는 점을 고려할 필요가 있다.

20세기의 마지막 10년과 21세기의 첫 10년 동안, 말하기 문법(spoken grammar) 연구는 상호작용 언어학(interactional linguistics) 분야

〈인용 2.4〉 말하기의 선형성(linearity)과 문법이 개념화 되는 방법

시간 순서에 따른 구어의 '선형성'과 관계는 구어와 문어의 근본적인 차이점 중 하나이다. 말의 시간적 구조는 근본적으로 화자와 청자 간의 상호작용적 과정의 결과에 따른 것이다. 그러나 소쉬르(Saussure)의 근본적인 원리 중 하나인 '선형성'이 지닌 지위에도 불구하고, 실제로는 구어의 시간성(temporality)에 대한 중요성은 거의 논의되지도 않았고, 통사적 분석의 측면에서 역시 이러한 요소는 거의 다루어지지 않았다. 이에 문장에 대한 구조주의적 정의가 통사 처리(syntax processing)의 온라인 모델과 맞지 않는다는 사실이 지적되는 것은 아주 당연한 일일 수 있다. 구조주의 분석이 표면적으로는 구어에 대한 것일지라도, 이들은 실시간(real-time)으로 출현하는 구어 자료의 측면에서가 아니라 완료된 결과물인 문어적 텍스트의 측면에서 수행되기 때문이다.

—Auer, 2009

로 알려진 영역에서 점차 증가되는 경향을 보였다. 이는 문어 양식의 측면에서 조사되어왔던 기존의 구어 양식은 역동성이나 실시간의 실현 측면을 포착하지 못하기 때문에, 연구자들은 실제 구어 데이터를 다루는 이 연구 영역에서의 연구에 보다 더 큰 관심을 가졌기 때문이다(〈인용 2.4〉를 또한 보라).

상호작용 언어학은 대화 분석과 밀접하게 관련을 맺고 있으며, 문법적 요소의 초기의 본질에 접근하는 특징을 보인다. 실험적 패러다임을 지향하는 운율과 통사론의 상호작용을 다룬 연구자들로는 청자가 절(clause)보다 앞서 청각 정보를 통해 절 종결을 예측하는 방법에 관한 연구를 다룬 Grosjean(1983), Grosjean & Hirt (1996); 혹은 글과 말하기(text-to-speech) 인식에 대한 연구를 수행한 Marsi 등 (2002)이 있다.

2.5.3. 발화 생산(speech production) 수준의 연구 범주: 유창성(fluency)과 발음(pronunciation)

20세기 중반 이후로는 음운론 연구의 상당수는 근원적 체계의 증거를 찾기 위한 목적으로 수행되어 왔다. 이 시기에 수행된 음운론 연구는 그 당시에 지배적이었고 현재도 여전히 그러한 영향력이 존재하는 언어 모형, 즉 변형 문법 또는 보편 문법 패러다임(universal grammar paradigm)과 관련된 것들이다(예를 들어, Nestor & Vogel(2007)의 Prosodic Phonology를 보라). 이 패러다임 내에서 고려해야 할 바는 다양한 수준들은 각각 상호작용한다는 점과 그러한 수준들이 상호작용할 때 영향력은 어떻게 작동하는가에 대한 점이다. 이들 연구의 주요 목적은 어떠한 언어 체계 자체를 설명하는 것이 아니라 내재적인 언어 지

〈개념 2.9〉 상호작용 언어학(Interactional linguistics)

이 분야는 대화 분석과 밀접하게 연관된 언어학의 한 분과이다. 대화 분석은 대화 패턴과 대화 참여자들 간의 상호작용으로 드러나는 대화의 사회적 측면을 더 잘 이해하기 위해 구어 데이터(speech data)를 분석하는 것이다. 반면에 상호작용 언어학(IL)은 대부분 대화 분석과 동일한 분석 방법을 사용하기는 하지만 상호작용 속에서 대화를 조사하면서 획득할 수 있는 언어 그 자체에 대한 통찰력에 중점을 둔다.

영어 말하기에 관한 산타바바라 코퍼스(Santa Barbara Corpus)는 상호작용 언어학(IL)의 연구들과 아주 밀접한 관련을 맺는다. John Du Bois와 동료들에 의해 이루어진 코퍼스 자료의 개발은 담화와 문법 간의 접점(interface)을 다루는 연구들에게 있어 기폭제가 되었다. 이 영역의 저서의 참고 문헌은 http://www.linguistics.ucsb.edu/faculty/sathomps/bibliog-interactoonal-linguistics.htm에서 찾을 수 있다. 이 자료는 상호작용적 맥락(예를 들면, 반복을 통해 대화가 구성되는 방법 (Bybee, (2006), 도움 요청에 대한 통사적 제약 (Curl, 2006) 등)에 민감한 것으로 보이는 문법 변화(variation)를 더 잘 이해하도록 하기 위해 사용되어 왔다.

식에 관한 증거를 탐색하는 데 있다. 예를 들어 Berg & Hassan(1996)은 세 가지의 언어에서 나타나는 화자의 발화 오류(error)를 조사하였다. 이 연구에서 연구자들은 화자들의 실수를 조사하거나 그 실수를 분류하는 데 주목하기보다 이 세 언어의 사례들로부터 화자의 언어적 지식이 어떻게 연결(mapping)되고 위계화 되는지를 탐색하는 데 더 주목하였다.

음운론과 관련된 교육 연구들은 이론적 경향이 다소 덜한 실험 연구 방법을 통해 시행되어 왔다. 발음 교육에 관한 실험 연구는 교육 현장에 적합하도록 뚜렷한 연구 결과를 제공하여 준다. Derwing & Monro(2005)의 연구는 이 연구 분야에서 연구와 교육 간의 접점이 잘 드러난 연구들의 전반적 개관을 훌륭히 제공해준다. 데이터에 기반한 이러한 연구의 결과들은 교사들이 균형 잡힌 말하기 교육과정을 계획할 수 있도록 돕고, 교실 안과 밖에서 학생들의 발달이 어떠한 차이를 보이는지를 설명해준다. 예를 들어 만약 한 학생이 실험 조건이 통제된 상황에서는 발음이 더 향상되었지만, 실험 조건과 달리 말하기가 더 길어질 경우 발음에 대한 어려움은 여전히 남아있다는 점을 연구를 통해 밝히고 있는 것이다.

　실험 연구 방법보다는 더 이론적 수준에서 다루어진 운율학과 관련한 연구에서 국제 공통어인 영어(English as a lingua franca (ELF)) 말하기 분야의 연구가 출현하기 시작했다(〈개념 2.10〉). 21세기 초에 등장한 이 작업들은 기준(standard)들, 언어의 소유권(ownership) 혹은 원어민 화자를 대상으로 한 말하기 교수학습 모델과 비교하여 알기 쉬운 정도(intelligibility) 등에 관한 활발한 논의를 불러일으켰다. Jenkins(2000)의 연구와 마찬가지로 이 분야의 여러 아이디어에 대한 명료한 정리나 요약은 Pickering(2006)에서도 제시하고 있다. 6장에서 이 주제에 대한 자세한 내용을 다룰 것이다.

〈개념 2.10〉 국제 공통어(Lingua franca), 이해도(intelligibility), 공통의 핵심적(common core) 특징

국제 공통어는 다른 언어를 사용하는 사람들 사이에서 보편적으로 사용되는 언어 형식이다. 국제 공통어는 문화적으로 친숙하지 않은 사람들과 대화할 필요가 있는 경우나 계열이나 지역적 변인을 넘어서서 말하기 기능을 수행할 필요가 있는 사람들에게 필요하다. 라틴어(Latin)는 중세 유럽의 국제 공통어였으며, 지역적 모국어와 함께 종교적 또는 학문적 목적으로 사용되었다. 영어는 최근 보편적인 언어로, 사업이나 학문 목적이나 응용언어학 분야들에서 국제 공통어로서의 영어 혹은 'ELF(English as a lingua franca)'로 사용된다(Sidlhofer, 2001). 이 연구는 정확성보다 이해도 혹은 가해성의 중요성을 둘러싼 논쟁과 관련이 깊다(표준 영어 사용자로 볼 때 그리고 문법과 어휘의 주요 핵심은 제2 또는 제3의 언어 안에서 사용자들이 의사소통적 기능을 수행하는 것이다).

요약

이 장은 연구 과정에 대한 전통적 접근 방법에 대해 살피고, 구어 형식 (spoken forms)을 연구하는 연구자들에게 제기되는 특정한 문제들이 어떠한 것들이 있는지를 다루었다. 또한 구어 형식 그 자체에 대한 집중된 연구가 결핍된 문제는 무엇인지를 살피고, 일반적 언어 이론에서 언어의 일반화 논의를 위한 기초 자료로써 구어 데이터의 역할과 상황에 기반한 구어 담화(spoken discourse) 자료에 대한 태도와 관련된 다양한 문제들 역시 다루었다. 이와 더불어 구어 형식 지도에 관한 연구들과 관련하여 실제 구어 데이터에 의해 발생되는 문화적 혹은 화용론적 쟁점들에 대한 논의를 제시하였다.

McEnery, A., Xiao, R., and Tono, Y.(2005). *Corpus-based Langusge Studies.* London: Routledge. 구어 코퍼스나 언어 교수 프로젝트의 사례들과 코퍼스를 둘러싼 다양한 쟁점, 코퍼스 기반의 언어 연구에 대한 폭넓고 실용적인 연구 개관을 포함함.

Paltridge, B. and Phakiti, A.(eds).(2010). *Continuum Companion to Research Methods in Applied Linguistics.* New York/London: 대화 분석 등 기타 연구 방법들에 대해 신진 연구자들을 위한 연구 자료들에 대한 업데이트 자료 개관함.

Szczepek-reed, B.(2007). *Prosodic Orientation In English Conversation.* Basingstoke: Palgrave Macmillan. 대화적 상호작용과 운용의 교차적 양상에 대한 매우 이독성 수준이 높은 연구 보고서임.

ten Have, P.(2007). *Doing Conversation to Analysis.* London: Sage Publications. 대화 분석에 대한 아주 실용적이고 실제적인 소개임.

Wennerstrom, A.(2001). *The Music of Everyday Speech.* New York: Oxford

3장
'실제' 말하기에 대한 접근법과 교재 관련 쟁점들

이 장에서는

- 교실에서의 실제적인 말하기를 다루는 것과 관련해서, 구어 형식에대한 교재 개발과 태도와 관련된 쟁점들을 살펴볼 것이다.
- 과거 몇 십년 동안 실제 말하기 자료들에 대한 접근법들이 어떤 발전 양상을 보여 왔는지 개관하고, 일반적 언어 교수 접근법에서의 변화들과 어떤 연관성이 있는지 살펴볼 것이다.
- 국제 말하기 평가의 영향력과 더불어, 규범성과 교실의 실제성 사이의 균형과 관련된 몇몇 사례를 통해 최신 접근 방식을 살펴볼 것이다.

3.1. 도입

말하기 교육과정의 가장 중요한 목표는 무엇일까? 이 질문을 다시 반복하여 답하는 것 같지만, 말하기 교육과정에서 최우선으로 삼는 목표는 바로 학생이 배우고자 하는 목표어(target language)를 말할 수 있도록 하는 데 있다. 이 목표는 매우 간단해보이지만, '실제 말하기(real speaking)'를 할 수 있게 되는 것이라고 재진술 해보면, 간단해 보였던 목적은 꽤나 복잡해진다. 교사 또는 연구자로서 우리는 구어 형식에 대해 일종의 선입견을 가지고 있다. 이는 결과적으로 상호작용 층위에서의 말하기와 언어 선택(language choice)층위에서의 말하기 그리고 유창한 화자가 된다는 것에 대한 우리의 생각에 영향을 미친다. 앞서 1장에서도 언급했듯이 말하기는 우리 언어에 관한 논의에서 가장 기본이 되는 대상이지만, 이를 정의하는 것은 매우 어렵다. 언어 학습의 상황에서도 말하기는 가장 기본이 되지만 언어의 개인적 사용 방식이나 언어 사용에 대한 수많은 이견들이 존재한다. 그리고 이러한 이견들은 말하기 수업이 이루어지는 교실에서 말하기를 다루는 방식이나 교재 개발의 측면에서 극명하게 대립하는 양상을 보인다.

3.2. 말하기 교육의 모델과 기준의 문제

〈인용 3.1과 3.2〉에서는 말하기에 대한 서로 다른 인식을 가진 두 학파가 구어 형식을 어떤 관점에서 바라보고 있는지를 보여준다. 두 학파는 공통적으로 구어 담화의 변별 자질 자체는 인정하지만, 이러한 변별 자질이 지닌 함의에 대해서는 서로 다르게 가치 판단을 하고 있다. 〈인용 3.1〉의 경우 구어 형식과 문어 형식 사이에 가장 구별되는 특징으로 언어 사용역[1]이 '높'은가 혹은 '낮'은가의 차원에서 살펴볼 수 있다고 본

---

1) Halliday(1964: 87-94)는 '언어 사용 상황에 따라 구별되는 변이형'을 언어 사용역이라고 정의하였다. 언어를 사용할 때 같은 의미 기능을 하더라도 상황 맥락에 따라 표현이 다르게 선택될 수 있다. 어떤 상황 맥락인지에 따라 선택되는 특정한 언어 형식이 존재한다는 것이다. 이처럼, 사용역이란 특정한 언어 사용 상황에서 적용되는 언어 사용의 관습들이라 할 수 있다. Halliday(1964)는 이러한 언어 사용역을 실제 언어 자료인 코퍼스를 통해 구분할 수 있고, 혹은 담화 양식이나 문체 등에 의해 사용역을 구분할 수 있다고 보았다. 이는 서로 다른 상황에서 특정한 언어 형식을 선택하

다. 최소한의 구조와 어휘, '불분명'하거나 축약된 형태, 그리고 과장되거나 수사적인 표현 형식과 상반되는 일상 구어 담화의 형태는 어떤 상황에서든 정확하고 이해 가능한 언어 사용의 모형으로는 수용될 수 없음을 보여준다. 결국 구어 형식은 독특하고 그러한 독특함을 결정짓는 구어만의 특징들은 언어 교실에서 말하기를 가르치려는 교사나 혹은 말하기를 학습하려는 학습자들에게 결코 바람직하다고 할 수 없다는 입장을 나타내고 있다고 할 수 있다.

〈인용 3.1과 3.2〉 구어 형식에 대한 서로 다른 두 관점

구어에서는 최소한의 문법과 어휘가 사용된다. 구어에서 자주 쓰이는 단어들은 담화 공동체의 구성원이 아니면 이해하기 어려운, 자신들의 담화 공동체 내에서만 공유하는 경험에서 온 특별하거나 숨겨진 의미를 지니고 있다. 또한 화자는 보통 일상 언어를 수행할 때 익숙한 패턴으로 발음을 생략하거나 혹은 불명확한 형식의 발음을 자주 사용하기도 한다. 문어가 아닌 구어로 언어가 표현될 경우에는 주로 그 길이가 짧거나 생략이 빈번하게 일어나기도 한다. 짧고 간결한 단어들은 정교하거나 과장된 단어들보다 주로 더 강한 표현력과 힘이 있다. 또한 형식적이고 엄격한 문어적 표현인 글쓰기와는 달리, 말하기에서 구조는 필수적인 것으로 인식되지 않는다.

—Yungzhong, 1985: 15

는 것이며, 역으로 특정한 언어형식이 어떠한 상황에서 사용되는 것이 적절한가를 뜻하기도 한다. 결국 사용역이라는 것은 언어 사용 관습에 관한 것이 된다.

…문어 문법과 구별되는 구어 문법의 독특하고 특별한 자질들은 실제 어떤 코퍼스나 문법 범주에서도 확인이 가능하다. 우리가 연구를 수행할 때 만약 우리가 알고 있는 구두 언어에 관한 것들을 간과한다면, 언어 교육의 측면에서 말하기 기능에 대한 교수 학습의 주요한 근거를 위배하게 되는 셈이다. 제2언어 수업에서 실제 창의적으로 생략이 이루어진 구어를 전혀 반영하지 않고, 만약 문어적 표현이나 문어 문법에서 도출된 언어 형식만을 말하기 교수의 모델로 삼는다면, 이를 배운 학습자들이 구어를 자연스럽게 표현하리란 기대를 하지 말아야 할 것이다. 실제 코퍼스에 기반하여 문법적 차원에서 어떤 표현 모델을 구현했다하더라도… 그것은 문어적 코퍼스의 자료 범위나 사례에 매우 편향되어 있을 것이다.

—Carter & McCarthy, 1997

　두 번째 인용을 보면, 구어에 대해 '독특한 자질'에 대한 용어를 사용하고 있고, 실제적이고 온전한 구어 형식이 조사될 필요성을 제시하고

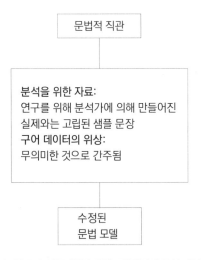

〈그림 3.1〉 이론지향적 문법 모델에서의 구어 데이터

있다. 이를 통해 문어 형식과 구어 형식이 동등한 수준으로 다루어지기를 바라는 관점이 내포되어 있음을 알 수 있다. 또한 구어 형식에서 언어 사용역의 '낮'은 형태는 오히려 풍부하고 다양한 문법이 존재함을 보여준다고 제시하고 있다. 두 번째 인용의 관점을 지닌 학파는 구어 형식은 실제적으로 감지하기 힘든 언어 선택의 양상을 내포하고 있어, 어떻게 보면 학습자들에게 그간 방치되어 왔던 언어 학습의 자원들이며 이 자원들을 언어 교육의 중심부로 좀 더 가져와야 한다고 본다. 또한, 학습자들이 사용 가능한 언어 선택의 목록 내에 이러한 구어 형식의 독특한 자질들이 들어올 수 있어야 한다고 본다(〈그림 3.1〉과 〈그림 3.2〉 참조).

위의 서로 다른 두 관점은 구어 형식(spoken form)을 바라보는 양극단의 태도를 보여주는 것이다. 한편으로는 관용구(idioms)나 구어체 표현(colloquialism)같은 구어 양식에서만 나타나는 형식들은 수업을 재미있게 만들기 위한 주변적인 요소로 다뤄지지만, 이들이 반드시 교

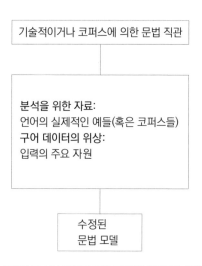

〈그림3.2〉 기술지향적 문법 모델에서의 구어 데이터

수학습 되어야 할 구조적 지식의 일부로는 여겨지는 것은 아니다. 또한 전자에서는 구어 형식의 독특한 자질은 수업에서 그리 중요하지 않은 것으로 다루어지고, 단지 관용구나 국어 표현에 관한 특정한 어구가 교육과정 등에 포함될 수 있는 것으로 본다. 그러나 이와 상반되는 관점에서는 구어 형식이 언어 학습자들에게 반드시 학습되어야 할 중요한 교육의 대상이며, 학습되어야 할 언어 선택과 관련된 것임에도 불구하고 그간 간과되어 왔던 자료로 인식한다.

말하기 문법 또는 발음 교수를 위한 모델을 둘러싼 논쟁들에서 실제(real) 구어 데이터의 역할은 매우 중요하다. 실제 및 맥락과 연관된 구어 데이터를 어느 범위까지 포함해야 할지를 결정하는 것은 매우 중요한 일이기 때문이다. 이에 영향을 미치는 대표적인 두 책인 Adrian Wallwork(1997)의 말하기 활동을 위한 자료집인『토론의 모든 것(Discussions A-Z)』과 Carter와 McCarthy(1997)의『구두 영어 탐색하기(Exploring Spoken english)』가 같은 해에 발간되었다. Wallwork의 책은 극도로 교사 친화적이며, 복사가 가능한 자료집(〈인용 3.3〉 참조)의 성격이 강할 뿐 아니라 다양한 토론을 위한 위트 있는 토론 논제와 시각적 자료를 포함하고 있다. 이 책의 목표는 보다 더 확산된 토론을 실제로 수행할 수 있도록 하는 것이며, 이 목표를 가장 잘 충족한 책이라고 볼 수 있다. 이 책은 초보 교사들을 위한 별도의 안내문은 없고 모둠 활동에 능숙한 교사들이 다룰 만한 교재에 해당하지만, 이 책에서의 대화들은 학생들 대화에서 분명히 있을 법한 친숙한 소재들로 이루어져 있다.

『토론의 모든것』의 도입부에서는 토론의 본질에 대한 설명이 간단히 이루어진다. 이 책은 예를 들어 토론하는 과정에서의 상호 작용의 본질, 다양한 맥락 속에서 토론할 때의 문화 차이 또는 토론의 기반에서 다루

1. 만약 잘 연습될 수 있는 것이라 한다면, *사랑*은 배울만한 기술이다.

2. 당신은 누군가를 아주 많이 *사랑*할 수 있다.

3. 남자와 여자는 *사랑*에 빠지지 않더라도 정말로 좋은 친구가 될 수 있다.

4. 남자에 비해 여자는 동성 친구들과 더 깊은 관계를 맺는다.

5. 남자는 쟁취하기 힘든 여성에게 더 매혹된다.

6. 여자는 결코 먼저 행동해서는 안 된다.

7. 당신은 동시에 진정으로 두 사람을 *사랑*할 수는 없다.

8. 당신은 당신의 *연인*만을 바라보아야 한다.

9. *사랑*하면서 현명하기란 불가능하다.

10. *사랑*은 영원할 수 없다.

키스(kissing)는 단순히 키스인가?

같은 문화의 두 사람 간에 구애의 언어는 보편적인 반면에, 키스 행위는 세계 각국마다 다양할 수 있다. 예를 들어, 중국의 경우 공공장소에서 키스하는 것은 비위생적이고 역겹다고 본다. 일본의 경우는 오직 커플일지라도 몸이 떨어져 있고 입술이 견고하게 닫은 상태의 키스 정도가 용인된다. 알래스카의 이누이트 족은 코를 문지르는 것 이외에 입으로 하는 그 어떤 행위도 상상조차 할 수 없다. - 이것은 도덕적 양심에 기인한 것이 아니라, 이누이트 족의 여성은 그들의 입을 오일램프를 청소하는 데 쓰거나 짐승의 가죽을 연하게 하기 위해 씹는 행위에 사용하기 때문이다. 심지어 당신의 의도가 성적인 것을 의미하지 않더라도 키스와 관련해서 여전히 문제에 직면할 수 있다.

수많은 외국인들은 독일인 친구나(의무적인 3번의 뺨 키스) 프랑스 친구(단지 2번의 뺨 키스)와 인사할 때 혼란을 경험한다.

> 1. 남자끼리 키스하는 것은 역겹다.
>
> 2. 악수는 누군가에게 인사하는 가장 좋은 방법이다.
>
> 3. 친척에게 키스하는 것은 항상 쑥스럽다.
>
> 4. 연인끼리 키스하는 영화 장면은 삭제되어야 한다.
>
> 5. 연인들은 길, 버스, 영화관, 학교, 일터에서 키스하는 것이 허락되어
>   서는 안 된다.
>
> —A. Wallwork, *Disscussion A-Z Intermediate*, Cambridge
> University Press, 1997

어지는 사회-언어학적 주제 등의 문제에 관한 의식을 향상시키는 것을
다루므로 단순히 토론 과제 혹은 토론 프롬프트로서의 기능을 넘어선
언어 교재라 할 수 있다. 이런 의미에서, 이 책은 학생들이 실제 말하기
를 수행하는 활동에 참여하도록 이끌고 이러한 실제 말하기 수행 과정
은 제1언어 습득 발달이 이루어지는 과정과 유사한 방식으로 목표 언어
습득을 보다 더 향상시킨다는 측면에서 지난 40년간 언어 교수법에서
지지되어 왔던 전통적 관점들이 잘 반영된 교재라 할 수 있다.

　이와 대조적으로 『구두 영어 탐색하기(Exploring Spoken english)』
에서는 대화 과정(talk process)에 중점을 두고 토론을 위한 시작점으
로 대화 과정이 제시된다(〈인용 3.4〉 참조). 교실 맥락에서 발생한 텍스
트는 표준-언어-학습 맥락 안에 쉽게 포함되지 않는다. 이는 학생의 측
면에서 상급 수준의 말하기 능력이 요구되기 때문이고, 교사의 측면에서
는 언어 인식(awareness)을 함양하게 할 만한 과제를 다룰 수 있는 높
은 수준의 능력이 요구되기 때문이다. 그러나 이 책은 구어적 상호작용의
실제성을 아주 잘 반영한 훌륭한 오디오 자료를 함께 제공해주고 있다.

이 단원에서 검토된 텍스트는 일반 가정의 부엌에서 이루어진 발화를 녹음한 것이다. 모든 대화 참여자는 이 가정의 구성원들이다. 다음은 이들이 주고받은 대화의 일부이다. 당신은 이 가정의 부엌에서 이루어진 대화를 다른 곳에서 발견할 수 있다고 기대할 수 있겠는가?

A: 비스킷 먹을래?

B: 잘 못 들었어요.

A: 비스킷 먹을래?

B: 오, 물론이죠. 고마워요.

A: 나는 네가 밥을 할 때 끓인 물을 쓰는지 몰랐어.

B: 끓인 물을 사용할 필요는 없지만 밥을 더 빨리하기 위한 방법이라고 생각해.

이 단원에 제시된 텍스트의 대화 교환(conversational exchange) 유형 사례를 발견할 수 있는지 혹은 발견할 수 없는지에 대해 자신의 생각과 그 이유를 설명하는 짧은 글을 써보자.

화자들과 환경

〈S01〉 여성 (45)

〈S02〉 남성 (19)

〈S03〉 남성 (46)

〈S04〉 남성 (49)

〈S02〉은 〈S01〉과 〈S04〉의 아들

〈S03〉은 〈S04〉의 남자 형제

이 대화는 〈S01〉,〈S02〉 그리고 〈S04〉의 집에서 발생하였다. 〈S03〉이 그들을 방문하였다.

- 3 [4초]
- 4 〈S02〉 거기에 이게 맞을까?
- 5 〈S01〉 아니 서로 다른 걸 써야해.
- 6 〈S03〉 맞아… 다음은 뭐지?
- 7 [17초]
- 8 〈S03〉 거기에 이물질
- 9 〈S02〉 이건 건포도야.
- 10 〈S03〉 오 그건 오 그건 건포도가 들어간 밥 인거야?
- 11 〈S02〉 아니 아니 아니 이건 그게 아니야.
- 12 [웃음] 저
- 13 〈S03〉 거기에 그냥 건포도가 있었던 거야.
- 14 〈S02〉 비스킷 먹을래?
- 15 〈S03〉 저
- 16 〈S02〉 비스킷?
- 17 〈S03〉 그래
- 18 [9초]
- 19 〈S04〉 좋아
- 20 〈S03〉 그래
- 21 [10초]
- 22 〈S04〉 끓인 물을 사용한 줄 몰랐어.
- 23 〈S02〉 뭐라고 했어?
- 24 〈S04〉 끓인 물을 사용한 줄 몰랐다고.

- 25 〈S02〉 그럴 필요는 없어. 그렇지만 음… 밥을 할 때는 그게 더 빠를 거야.
- 26 [5초]
- 27 〈S04〉 토니가 그러는데 그들이 수요일쯤까지는 난방을 해야한대.
- 28 〈S02〉 거기에 어… 버터를 얹어.
- 29 〈S04〉 이안, 뭘 만드는 거야?
- 30 〈S02〉 음
- 31 〈S04〉 그게 뭐야?
- 32 〈S02〉 오 그냥 밥 하는 거야.
- 33 〈S03〉 음
- 34 〈S02〉 전자레인지로 밥하기.
- 35 〈S03〉 그러니까 마가린을 좀 올려.
- 36 〈S02〉 뭐라고 음 조금 왜 그렇게 해야 하는지 모르겠어. 그렇지 않으면 될 거야.
- 37 〈S03〉 따로 해.

—R. Carter & M.McCarthy, *Exploring Spken English*,
Cambridge University Press, 1997

이 두 책은 교실 수업 맥락에서 말하기의 역할에 대한 상반된 관점을 보여주는 대표적인 사례이다. 앞서 첫 번째 책은 말하기 활동이 일어나고 지속되도록 적극적으로 격려하고 실제 말하기 활동에 참여하도록 돕는 좋은 수업 교재이다. 이 책에서 구어 상호작용 활동은 그 자체로 교실 활동의 주요한 목적으로 다루어진다. 이러한 교재를 바탕으로 한 언어 수업의 성패를 평가할 때, 중요하게 고려되어야 할 점은 생산된 말하기의 총량과 학급 동료 간의 말하기 사건(speech event)에 대한 균형

잡힌 접근에 대한 것이다. 두 번째 책의 경우에는 실제 화자의 상호작용을 분석하는 데 기반을 둔 교재이다. 이 교재의 본질은 학생들이 과제나 사례 등에 참여할 때 발생시키는 발화의 양을 향상시키는 것이 아니라 어떤 특수한 혹은 사회적 맥락 속에서 왜 화자가 그러한 언어를 사용했는지에 대한 깊은 이해에 의한 점이라는 점이 중요하게 고려되어야 한다.

실제로 사회 문화적으로 다양한 상황 또는 상호작용이 이루어지는 상황 속에서 실제 화자들의 발화가 특정한 언어 모델로 설명되기 시작하면서, 발화가 이루어지는 상황 맥락 속에서 발견되는 실제 말하기에 관한 특징들이 보편적인 구어 형식인지 혹은 어떤 특정한 구어의 형식인지를 평가하는 다양한 논의들이 촉발되기 시작하였다. 이런 측면에서, 기술언어학(descriptive linguistics)은 의사소통 언어 이론을 꽤나 흥미롭게 충족시켜 주었다. 교육과정에서 중요성이 보다 더 강조되고 구어 기술에 대한 빠른 연구 분야의 발전이 이루어져왔지만 실제로 기술언어학 분야에 대한 연구는 미흡한 수준이었다. 그러므로, 구어 형태에 대한 기술적 연구(descriptive studies)와 함께 이러한 연구에서 일반화할 수있는 방법에 대한 이론적 연구 둘 다에서 유익한 연구 프로젝트를 수행 할 수있는 많은 기회들이 있다.

위에서 제시된 논쟁(debate/discussion)은 교육 실천가들에게 보다 더 실천적 차원에서의 질문을 이끌어 내었다. 이 질문은 개별 교사들이 자신의 실라버스(syllabus)나 혹은 본인이 가르치고 있는 교육 기관의 수준에서 과목 수업 중에 실제 구어 형식의 일반화된 내용을 어느 정도까지 포함할 수 있을까에 대한 것들이다. 일반적으로, 우리 대다수는 추상적인 수준에서 문법 능력을 바라보는 경향이 있고, 역사적으로도 '매우 권위적인' 표준 문법 모델을 통해서 교육이 이루어져야 한다고 인식해왔다. 이 장의 도입 부분에 인용된 Carter & McCarthy의 책에서 주목한 표준 문법 모델에 의한 표준 구어 형식들은 일상적인 말하기에 비해 출판된 글의 규준(norm)에 보다 더 근접한 특징을 보인다. 그렇기 때문에 말하기 문법에 대한 실제 말하기 자료에 기반한 증거가 보다 더 방대해짐에 따라, 개별 교사 혹은 교사 훈련가들은 자신의 수업에 있어 기술언어학을 어느 정도 포함할 것인지에 대한 입장을 정할 필요가 있게 되었다.

목표 언어에 대한 쟁점들은 대개 표현 영역에 대한 특별한 관심을 반영한 것들이다. 이 쟁점들은 구어의 어휘와 구조에 관한 인식들과 밀접한 관련이 있다.

이러한 쟁점과 관련된 질문은 다음과 같다.

- 어떤 방언(dialects) 형식과 목표 언어의 억양을 교사가 가르쳐야만 하는가?
- 어떤 정확한 언어 모델을(만약 있다면) 교사가 사용해야 하는가?
- 어떤 실용적이거나 문화적인 행동 모델을 교사가 사용해야 하는가?

듣기 수업에서 실제 말하기 데이터를 수업의 자료로 활용하거나 혹은 구어적 상호작용의 실제 사례(예를 들어, 학생들의 세미나에서)를 학생들 사이에서 화용론적 쟁점(pragmatic issue)에 대한 인식을 신장시키기 위해 예시를 들어 활용하고자 할 때는 다소의 어려움이 발생한다. 수업 중 활용한 구어의 실제 사례가 목표 언어의 문법 모델로 수용될 때 더 논란이 생기거나 논쟁이 일어날 문제들을 지니고 있었기 때문이다. 예컨대, 다음의 예시들을 학생들에게 영어 수업을 하는 중에 활용하겠는가? 목표 언어에서 다음과 같은 표현들을 배우고 싶은 마음이 드는가?

1. 'ain't',

2. 'bloomin' thing',

3. 't'window' ('the window' 대신에)

4. 'the man I told you about, his brother's wife's bought my car',

5. 'good job you told me',

6. 'he's nice man, Harry is'.

위에 제시된 각각의 예들은 문어보다 구어에서 일반적으로 발견되는 예이다. 물론 다양한 종류의 특성을 예로 든 것이긴 하지만, 예를 들어 'ain't'는 구어체의 표현 방식(colloquial speech)에 해당하며 교육을 받지 못한 것을 나타내는 표지로, 표준 교육과정에서 전통적으로 배제된 것이다. 동일하게, 'bloomin' thing'은 실제 존재하는 표현이기는 하지만, 비격식적이며 오래된 구식의 표현으로 인식되어 일반적 언어 수업에서 다루기에는 부적절한 표현으로 인식된 것이다. 이는 표준 문법이나 어휘에서 상당히 부수적인 것으로 여겨지는 부사나 청해 시 주석이 달릴만한 것들보다도 더 그렇다. 마지막으로 지리학적으로 구획된 지역의 방언을 함께 형성하는 무리가 된 형태들 가령 'the'의 자리에 't''의 사용하는 잉글랜드 북부 지방의 구어 사례들과 같이 지리학적으로 구분된 지역의 방언과 함께 형성된 특정한 표현군들은 전문가 코스를 제외하면 일반적으로 교수 범위에서 배제된 것들이다.

위 예시 중 하단의 3개 예시 항목은 Carter와 McCarthy(1995)의 책 『문법과 구어(Grammar and the spoken language)』에 서술된 예시들이다. 이 책은 이전의 문법 모델에서는 잘 설명되지 않았지만 실제 말하기 상황에서 매우 일반적으로 사용되어 온 사례들을 제시하고 있다. 그러나 위의 예시로 든 구어 형식들을 교사가 학생들에게 가르치고 싶어 할만한 것들인가 그리고 만약 그렇다면 어떤 맥락에서인가에 대한 질문이 여기서 존재할 수 있다. 실제로 모국어 화자가 사용하는 구어의 형식이나 사용역의 모든 범위가 반영된 것이기는 하여도, 학생들에게는 가르쳐온 바가 없는 형식이라는 데에 관한 논쟁이 존재하는 것이다. 명백하게 부적절한 구어 문법 모델과 교실 규범(norm) 및 출판된 자료 사이에 균형이 이루어질 필요가 있다.

전반적으로, 21세기 응용언어학 분야가 시작된 그 시기에는 구어 형식 특히, 말하기 문법에 대한 태도들이 매우 유동적이었다. 교수 전문가와 교수 자료를 개발하는 사람들은 코퍼스 언어학과 담화 분석 연구자들이 도출하는 말하기에 대한 참신한 아이디어를 평가하는 데 다소 시간들이 걸렸을 것이다. 앞서 논의한 바와 같이, 언어의 구어 형식에서 공통적으로 구조가 발견되지만 이 구조가 언어 수업이나 언어 수업을 위한 교재에서 자동적으로 언어 주제의 대상으로는 이어지지 않는다. Davies(2008)는 이러한 현상을 〈인용 3.5〉에서 간결하게 표현하였다. 여기에, 응용언어학과 기술언어학의 연구 결과물들을 반영하고 그리고 이것을 음성 교육에서 강조할만한 지식 기반으로 이 연구 결과들을 전환하기 위해서는 반드시 이를 위한 시간이 요구될 수밖에 없다. 이 책의 다른 장들은 교실에서 구어를 다루는 방식들에 대한 흐름을 다루고, 또한 말하기 교수를 위해 개발된 상업 교재들에 대한 문제들 역시

〈인용 3.5〉 교육을 위해 연구 결과를 반영하는 것

가치 있는 전략 훈련 방법은 연구 프로젝트나 박사학위 논문의 새로운 정보에 의해서가 아니라 연구에 대한 충분한 이해에서 획득된다.

—Davies, 2008: 343

다룰 것이다.

말하기와 같은 역동적이고 사회적으로 영향력이 있는 매개체(medium)에 대한 최신의 연구가 수행되고 나서도 응용언어학의 구성원들이 이를 정보로 수용하고 실라버스에 이들을 포함할 만한지를 판단하는 데 있어 다소 시간이 요구된다. 이는 연구의 결과와 교사들의 지식 기반 간의 명백한 차이가 존재한다는 사실을 보여주는 것이다. 일반적으로 교사 공동체에서는 'he's a nice man, Harry is(좋은 남자지. 해리는)'나 'good job you tole me('tail' 구조의 예시 그리고 주어 + 동사 각각의 생략)'와 같은 구조가 핵심 문법 자질로서의 지위를 갖는 것인지 아니면 'ain't'나 'bloomin' thing'과 같은 사례들이 단순히 유용성의 범위가 덜 넓은 사례인 것인지에 대한 판단 기준을 가지고 있어야 한다. 말하기 문법을 둘러싼 추가적인 문제로는 발음 지도에 관한 것들이 있다. 유창성은 정확성을 상반된 것으로 볼 것인지 아닌지에 대한 다양한 논쟁이 존재하지만, 여전히 수많은 교사들은 학생들에게 남의 눈을 의식하지 않고 자유롭게 말하기를 할 수 있도록 하는 충분한 시간과 기회를 수업 시간에 제공한다.

유창성과 정확성이 상반된 특질인지를 둘러싼 논쟁 속에서도 학생들에게 타인을 의식하지 않고 자유롭게 대화에 참여하는 기회를 많이 제공해주는 것은 언어를 가르치는 교수자들에게 있어 매우 중요한 수업의 목표이다. Hector Hammerly(1991)의 책 『유창성과 [sic] 정확성(*Fluency and [sic] Accuracy*)』(그의 'sic' 사용은 정확성과 유창성을 접속사로 연결하는 사이에 얼마나 많은 긴장이 있는지를 독자 대부분이 느끼는 시기였음을 암시하는 반어적인 주석 사용이라 할 수 있음)에 의해 이 문제는 맹렬히 부상했다. Hector Hammerly의 견해는 〈인용 3.6〉에서 잘 드러난다.

> ### 〈인용 3.6〉 정확성과 관련된 의사소통적 접근의 문제들
>
> 의사소통이 중시되면서 [의사소통적 접근]은 초기의 어휘 발달 단계를 중요시하였고 음운론적이든 형태학적이든 아니면 통사론적이든 간에 언어 구조는 중요하게 다루어지지 않았다. 교실에서의 의사소통을 통한 제2언어 습득과 구어적 상호작용을 주장하는 사람들은 학생들의 잘못된 발음, 잘못된 어간 어미의 사용, 혹은 결함이 있는 법칙을 따르는 문장에 대해서는 큰 관심을 두지 않으며, 의사소통적 접근에 의한 상호작용 활동 속에서 결국 이러한 다양한 문제들은 결국에는 사라질 것이라 추정한다. 하지만 왜 그리 되어야하는지에 대한 이유도 없고, 대부분은 그렇지 않다는 것은 분명하다.
>
> —Hammerly, 1991: 9

최신 언어 교수법의 경향에 뒤쳐졌다할지라도 현시적 문법 지도가 항상 지속되어 왔듯이, 발음 지도와 '유창성' 기능에 대한 지도는 여전히 수많은 교사들에게 인기가 있고 지난 30년 동안 지속적으로 실시되어 왔으며 교육 역시 큰 변화는 없었다.

현시적 말하기 기능 지도를 위한 접근들은 일반적으로 음소 차이를 인식하는 능력을 신장시키는 활동과 정확한 발음 모델에 집중하는 연습 활동에 중점을 둔다. 이 접근은 적어도 지난 30년 동안 변화는 거의 없었을 뿐 아니라 여전히 이 분야의 교사 교육의 중요 내용 요소이기도 하다.

발음 지도에 대한 사회 문화적인 측면에서 태도 변화는 매우 민감한 사항이다. 예를 들어, 초기의 교사 훈련서에는 '외국 억양(foreign accent)'(본래의 이상한 이 표현을 그대로 인용)을 교정하기 위한 작업이 필요하다고 거리낌 없이 서술되어 있다. 이 교정 작업은 1990년대 중반부터 지속적으로 이어져 왔으나 현재에는 이 문제에 대해 신중해지

고 있다(〈인용 3.9와 3.10〉과 여기에 상반되는 내용인 〈인용 3.11〉 참조). 발음 지도와 관련된 최근의 경향은 학습자가 지향하는 목표 언어의 모국어 화자와 같이 되는 것으로부터 대화자가 상호 간에 이해할 수 있도록 발음하는 것으로 그 초점이 이동하고 있는 실정이다. 이러한 발음을 둘러싼 문제는 주로 영어를 제2언어 혹은 제3언어로 사용하는 사람들 사이에서 종종 발생한다. 이에 관한 극단의 예로, 국제 공통어 사용 화자(lingua franca speaker)들 간에는 서로 쉽게 의사소통을 통한 이해가 가능한 반면에, 복수 언어가 쓰이는 나라의 영어 사용 화자(anglophone speaker)는 대화 같은 구어 상호작용을 통해 상호 이해가 불가능하다는 사실을 들 수 있다(McCrum, 2006). 구어 수행의 목표가 모국어 화자라는 주도적 관점이 전 세계적으로 감소하기 시작하고, 언어의 분권화(local conclusion)가 이루어지고 있다. 이러한 현상역시 언어 교재에 영향을 미칠 것이다.

〈개념 3.1〉 공통 핵심 특성(common core features)과 이해도(intelligibility)

21세기 초반에, 발음과 관련 있는 두 갈래의 연구가 대두되었다. 이 연구들은 수업에 명확한 영향을 미쳤다. Jennifer Jenkins(2000, 2006)의 연구는 말하기의 특질이 다른 것보다도 의사소통을 통한 이해도를 높이는 데 더 유의미하다는 사실과 관련한 통찰을 가져왔고, 말하기 교육과정에 이를 중점적으로 다루어야한다는 관점에서의 논쟁을 촉발시키는 계기가 되었다. 이 논쟁은 영어를 국제 공통어(〈개념 2.10〉을 보라)로 연구하는 것들과 밀접하게 관련이 있다. 이 연구에서는 오로지 영어가 모국어가 아닌 화자들 사이에서 사용된 언어가 어떠한지 기술하고, 영어가 모국어가 아닌 화자들 사이에서 발생된 언어 사례에 대해서 초점을 맞추는 것이 모국어 화자의 보편적 규범을 획득하기 위한 노력에 비해 더 나은지를 논의하는 것을 포함한다.

발음 개선의 목표는 모국어 화자의 억양(accents)을 완벽하게 모방하는 것이 아니라, 학습자가 다른(유능한) 화자에게 쉽고 편안하게 이해할 수 있을 정도로 충분히 정확하게 발음할 수 있는 것이다. 만약 우리 대부분이 외국어를 숙달하는 것이 불가능하지 않다면, '완벽한' 억양은 어려운데다 아마 완벽한 억양을 추구하는 것이 바람직한 깃으로 여겨지지도 않을 것이다. 많은 사람들은 – 심지어 잠재의식적으로 – 개인의 개성으로 혹은 민족적 정체성으로써 약간의 모국어의 억양을 유지하기를 원한다.

—Ur, 1996: 52

학습자의 배경지식은 학습자가 나타내는 유창성 행위나 방식에 영향을 미친다는 증거가 존재한다. Shin(1989)은 브리티시 대학교의 두 명의 일본인 영어 학습자를 연구하였다. 이들은 유사한 영어 숙달 수준을 보였다. 피험자 A는 단지 몇 달 정도만을 일본에서 보냈고 피험자 B는 일본에서 태어났으며 거기에서 12살까지 살았다. 피험자 A는 6년간 학교에서 일본어(Japanese)를 배웠고, 피험자 B는 단지 3년 정도 배웠다. Shin(일본어 모국어 화자)와의 대화에서 피험자 B는 대화에서 좀 더 유창한 양상을 보였다. 대화 분석에 따르면 피험자 B가 피험자 A보다 더 구어적으로, 더 긴 문장으로 표현하고 적절한 이음말(filler)을 사용하며 반복이 적은 특징을 보였다. 비록 피험자 A가 실제로 피험자 B에 비해 휴지 길이가 짧았지만, 피험자 B는 휴지의 시점이 더 적절했다. 흥미롭게도 피험자 B는 피험자 A보다 실수를 더 많이 했으나, 그중 일부만을 고쳤다. 특히, 피험자 B는 자신의 문법적인 실수도 수정하지 않은 상태로 두었다.

—Lennon, 1990: 398

우리가 만드는 소리가 단음이다. 비록 개별적인 화자가 생산해 낼 수 있는 단음의 수에는 특별히 제한은 없지만, 어떤 특정한 소리만이 의미를 운반하기 때문에 화자나 청자에게 그 특정 소리가 하나의 언어로서 인식되게 된다. 유의미성을 지니며 분별되는 소리의 최소 단위를 음소라 한다. 음소는 실제로 특정 소리가 실제적으로 표시되는 것이기 보다 추상적인 관념에 속한다. 어떤 특정 음소는 음성학적으로 유사한 무리의 한 부류의 소리로 구성되어있으나, 그 음소의 발화는 이에 앞서거나 뒤따르는 다른 소리와의 상대적인 위치에 따라 매우 다양해진다.

—Rivers와 Temperley, 1978: 149

가장 먼저 행해져야 하는 것은 학습자가 당신이 가르치기를 원하는 소리를 실제로 듣고 변별할 수 있는지를 확인하는 것이다. 이는 억양, 리듬, 강세(stress)에도 적용된다. 학습자는 능숙한 화자와의 차이를 인식하며 들을 수 있겠는가?

이는 학습자에게 모방을 해보라고 하거나 혹은 학습자에게 최소 대립쌍(예를 들어 ship/sheep, man/men, thick/tick; Gimson, 1978을 보라)을 구분할 수 있게 하거나 혹은 녹음이나 실시간 설명(live demonstration)을 통해 수용 가능한 발음과 수용 불가능한 발음을 대조하게 함으로써 차이를 구분할 수 있도록 할 수 있다.

—Ur, 1996: 53

그러나 응용언어학의 많은 연구 분야의 결과는 말하기 교육에 영향을 미치는 대상들에게 말하기 교육에 대한 신념이나 관습에 영향을 미치고 있지만, 여전히 발음 교육의 근간은 현대 교육 이론의 관념들과 강력하게 대립하면서 본래대로 남아있는 실정이다. 발음 교육에서는 여전

······음성학은 발음 지도를 위한 기본적인 토대이다. 음성학은 개론서나 혹은 교사 교육과정에 전통적으로 주요한 요소로 다루어진다. 그러나 아마도 더 큰 관점에서 발음의 역할을 고려하면서 시작하는 것이 도움이 될 것이다. 복합적인 '대규모 환경'이 특정한 교실 환경을 위해 마침내 구체적인 '대규모 환경'을 이끌었다······

개인적 생활과 사회적 생활에서의 발음[참고문헌은 여기에 다시 쓰지 않음]이란 책의 내용을 통해 알 수 있듯이 사회적 정체성이나 개인적 정체성이 상호불가분한 관계로 연결되어 있다는 사실을 깨닫는 순간 우리는 '정확한 발음'의 관점에서 학습 목표가 설정되는 것에 대한 의문을 쉽게 이해하게 될 것이다.

—Seidlhofer, 2001: 57-8

히 외부의 모델을 기준으로 '올바로 발음하기' 연습에 중점을 두고 있다. 예를 들어, Hewings(2004)의 경우에 학습자의 발음 인식을 향상하는 것으로부터 학습이 시작되지만, 학습의 주요 자료는 20~30년 전에 친숙한 접근이나 기술적 지식을 근간으로 하고 있다. 이와 동일하게, Seidlhofer(2001)의 경우에도 문제적 대상으로서 모국어 화자의 문제를 다루면서 이에 대한 사고를 촉진시키는 토론 활동을 포함하고 있지만 여전히 이 교재의 주요 부분에서 이를 '어떻게' 가르칠 것인가를 다루는 부분에서는 초기 관점이나 교수적 접근과 상당히 겹치는 양상을 보인다. Derwing(2008)은 동기나 언어 노출의 양과 같이 거시적 문제를 차지하고서도 발음 교육의 근본적 요소가 지각적인 부분에 대한 것, 예를 들면 학습자가 관련된 소리를 구분할 수 있는가의 여부 등에 대한 것이라 주장하였다. 이는 다시 1970년대와 1990년대의 이 분야에 대한 접근에 반향을 일으키는 계기가 되었다(〈인용 3.9와 3.10〉).

모국어 화자처럼 말할 수 있는 능력, 공통 핵심 특성이나 이해도를 획득하기 위한 학습자의 개인 동기에 대한 현재의 논의들을 고려할 필요가 있고 혁신적인 발음 지도 방법을 교사 교육 프로그램 내에서 논의할 필요가 있다. 교육적 맥락에 포함되거나 혹은 포함되지 않는 문법의 특징들과 같이 발음 수업의 목적은 실용적 맥락이나 이론적 맥락에서 모두 흥미로운 논의의 소재라 할 수 있다. 영향력 있는 학술지 *TESOL Quarterly* — 연구에 흥미를 가진 많은 전문가들이 읽는 — 에서는 이 문제를 주요한 학술지 주제로 다루었다. 특히 억양과 발음에 대한 새로운 생각들과 함께 교사들이 교실 수업에서 이를 적용하고 실천하는 측면과 관련지어 통합적으로 이 주제가 다루어졌다(*TESOL Quarterly, 30/3, 2005년 9월*).

3.3. 말하기 교육용 교재의 발전

이 절에서는 언어 교재의 발전이라는 측면에서 다양한 분야에서 발행된 말하기 교재에 대해서 살펴볼 것이다. 이는 지금까지 살펴본 언어 교수 접근 방법에 대한 폭넓은 변화에 대한 논평들과 함께 제시될 것이다. 많은 논평들이 지지하는 핵심은 "만약 말하기 교육이 사용자(users)와 분리된다면 말하기를 가르치는 것이 훨씬 쉬우며 말하기 교재의 유연성과 신뢰성이 높을수록 구조화된 교육과정 내에서 말하기 교육을 실행하기는 더 어렵다"는 것이다. 문법 규범에 대한 질문, 발음을 위한 목표에 대한 질문에 더하여 실제 말하기는 사람들의 계층, 성별, 인종, 지역,

정치적인 성향 그리고 다른 문화적으로 민감한 문제들을 반영한 매우 복합한 문제를 말하기 수업 국면에 끌어들이게 만든다.

3.3.1. 청화식(audio-lingual)[2] 교수법과 의미-기능(notional-functional)[3] 교수법의 발자취

1970년대에서 1980년대까지 정형적으로 구조화된 형태를 연습하고 실제 맥락과 분리된 과제가 중점적으로 다루어졌는데 이는 이 시기 말하기 기능 학습을 위해 개발된 교재의 일반적 형태였다. 이와 같은 청화식(audio-lingual) 교수법은 언어 교수에서 지배적인 패러다임으로 오랫동안 영향력을 끼쳐 왔으며 현재에도 쉽게 발견할 수 있다. 이 시기에 의사소통중심 교수법(communicative approaches)이 등장했지만 1960년대 초반부터 지속된 이전의 언어 교수법은 여전히 상업적인 말하기 교재에서 쉽게 발견할 수 있다. 이러한 말하기 교재들은 학생들 간의 자유로운 대화나 협력에 의한 토의 활동은 거의 제시되지 않고, 구조적이고 제한된 활동의 형태로 (영어의 기본적인) 문형 연습을 하도록 설계되어 있다. 게다가 듣기 말하기 연습법의 일반적 규범은 메타 수준

---

2) 청화식 접근법(audio-lingual)은 주로 행동주의 심리학과 구조주의 언어학의 영향을 많이 받은 방법이다. 여기서 강조하는 언어 습득은 말하기 습관 형성, 문맥 속 어휘연습 등을 중심으로 설명하고 반복적인 문형 연습이 특징적인 교수법이다.

3) 의미·기능 접근법(notional-functional)은 의미·기능, 개념·기능 등으로 명명된다. 의미·기능 접근법은 실제적인 의사소통에 초점을 맞추어 의사소통능력을 기르는 것을 궁극적인 목적을 삼는다. 언어교육의 궁극적 목적으로 여기며 실제적인 학습 상황과 과제를 제시하고 다양한 사회·문화적 상황에서 사용되는 실생활의 언어사용을 유도하며, 상황이나 맥락에 바탕을 둔 적합한 언어 사용과 화자의 실제적인 발화 목적을 강조한다.

(meta-level)의 기술은 거의 없고, 언어의 의미를 설명하려는 시도도 거의 없으며 차이를 메우고 형식을 반복함으로써 언어의 자동성을 획득하기 위한 것에만 집중한다. 그러나 일부 교재에서는 '기능적인' 접근법의 영향으로 언어 수업을 위해—학습자로서 화자가 생산할 것으로 기대하는 특정 형태의 간단한 상황이나 시나리오, 대화의 목적과 기능과 연관되어 있는 것들에 대해—그들의 언어 교수법의 접근 방식으로 말하기를 가르치기 위한 교재를 만들기도 했다.

이러한 예로 1970년대 후반 기능적 목적에 중점을 두고 'gap-fill' 테스트와 결합한 Roger Hargreaves와 Mark Fletcher(1979)의 Making Polite Noises를 들 수 있다. 언어 기능 구조의 다양한 선택 목록이 학생들에게 제시되고 학생들은 녹음된 대화의 빈칸에 선택 목록들을 고려하여 하나를 선정하여 기입해야 한다(〈인용 3.12〉 참조).

〈인용 3.12〉 대화의 시작과 마무리 그리고 흥미 표현하기

sorry to interrupt but is that a …? / 방해해서 죄송합니다만 저것이 …?

Excuse me, didn't we meet in …? / 저 죄송합니다, 우리 …서 만나지 않았나요?

aren't you …? / 당신 ~ 아닌가요?

I hear you're … / 당신이 ~라고 들었습니다.

Really? Do they? Is she? Mmmmmm… / 진짜? 걔네가? 그녀가? 음….

how are you getting on with the…? / …랑 어떻게 지내고 있나요?

What was the… like? / …이 무엇 같나요?

What did you think of the …? / …에 대해 어떻게 생각하나요?

How interesting, but how …? / 얼마나 흥미로운가, 그런데 어떻게 …?

Tell me about the … / …에 관해 말해줘.

Will you excuse me, I'm / 잠시만요 저는…

afraid I must go and see if … / 만약 내가 가서 본다면 … 유감이다.

say hello to … / 나는 가서 ~에게 인사해야만 하는 것이 유감이다.

get on with … / 나는 가서 … 해야만 하는 것이 유감이다.

It's been very interesting talking to you. / 너와 이야기하는 건 매우 흥미로웠어.

I've enjoyed hearing about … / ~에 대해서 꽝장히 흥미롭게 들었어.

I'd better go and … / 나는 가서 ~하는 게 낫겠어.

See you again soon, I hope. / 곧 다시보길 바라.

대화1

A: 멋진데! 나는 이렇게 할 수 있을 것이라고는 생각지도 못했어.

B: 맞아. 그리고 나는 위에 가서 더 많은 사진을 찍었어.

C: 정말? 근데 나 지금 가야 해. 아쉽다. 멋진 저녁 고마워.

D: 우리도 즐거웠어. 네가 와서 반가웠어.

대화2

A: 나 지금 네 브로치를 보고 있어. 매우 특이하게 생겼는데. 어디서 샀어?

B: 말레이시아에서 샀어.

A: 아, 그랬어? 거기에는 얼마나 있었어? 그나저나 나는 John Gooch야.

B: 나는 Sylvia martin. 나는 사실 거기서 3년 동안 있었어.

A: 정말? 진짜 멋진 경험이었겠다. 거기 사람들은 어때?

몇 분 후

A: 맙소사! 이상해! 나는 Sylvia 너랑 이야기하는 게 매우 즐거웠어. 나는 지금 가서 저기 문 밖에 서 있는 사람들이랑 이야기를 해야 할 것 같아. 그래서 잠시 실례해도 될까? 다시 보기를 바라.

대본

You:

A: 맞아, 미국 거지. 우리 삼촌이 나한테 줬어.

You:

A: 그는 이것을 사용했지만 지금은 은퇴했어.

You:

A: 잠깐 동안 – 내가 학생이었을 때.

You:

A: 그랬었지. 많은 것이 어려웠어.

You:

상황들

1. 당신은 카페에 앉아있다. 친구가 2명의 동료와 함께 와서 너를 소개한다. 짧은 시간 후에 당신은 떠나야만 한다. 뭐라고 말하겠는가?

2. 당신은 동료의 사무실에 있다. 그는 당신에게 그의 주말에 대해서 말하고 싶어하지만 너는 지금 빨리 가야한다. 뭐라고 말하겠는가?

3. 한 친구가 그의 정원에 차고를 세우는 일을 시작했다. 자신의 흥미를 표현해라.

4. 친구가 당신에게 말하기를 그는 토요일에 소금 궁전에 다녀왔다고 한다. 이에 대하여 자신의 흥미를 보여라.

5. 당신의 친구가 소금 궁전에 대해서 지난 20분 동안 말하였다. 친구에게 뭐라고 말하면서 자리를 뜨겠는가?

　　　　　　　　　　—R. Hargreaves & M.Fletcher, *Making Polite Noises*,

　　　　　　　　　　　　　　　　　　Third impression, 1989

3.3.2. 의사소통적 접근의 초기 영향

위와 반대로, 1980년대와 1990년대 초기의 ELT 교실에서 의사소통적 접근 방법에 의해 개발된 짝 학습 교재는 구조에 대한 입력에 중점을 두기보다 '자연스러운' 대화 유도를 위한 시나리오에 보다 더 중점을 두었다. 이러한 교재에서는 대화 상대자와의 상호작용을 통하여 학습자가 유창성을 개발할 수 있도록 지원하였고, 이러한 상호작용의 과정 속에서 학습자가 이론적으로 발화의 구조에 대한 통찰력을 획득할 수 있도록 하였다. 예를 들어 Michael Lewis(1982)가 쓴 Partners 3은 보다 더 높은 고급 수준의 학습자를 위한 다양하고 기발한 시나리오와 과제 지시문을 포함하고 있다(〈인용 3.13〉 참조). 그러나 이들 교재는 예전 교재와 큰 차이를 보이지는 않았다. 특히, 학습자들에게 빈 칸을 주고 이를 고려하여 대화를 나누는 등의 상호작용을 실행하게 하거나, 실제 그렇지 않지만 문화적으로 보편적이거나 중립적인 것처럼 교재 내에 시나리오를 제시하기도 하였다(영국 술집과 술 마시기는 문화적으로 모든 학생들이 환영하거나 적절하다고 찾을 수 있는 주제는 아니다).

〈인용 3.13〉 술집에서

1. 술집에서 한 테이블에 앉아서 너 혼자 조용히 술을 마시고 있다. 술집에서 테이블의 반대편에 앉은 너의 파트너가 누구인지 모른다. 파트너가 떠날때, 반 정도 차 있던 당신의 술이 사방에 쏟아졌다.
   파트너의 시작에 맞춰 자연스럽게 응답하라.
2. 이른 저녁, 당신과 조금 친하지만 잘 알지 못하는 파트너와 술을 마시고 있다. 당신은 첫 잔을 샀고, 파트너도 한 잔을 샀다.

당신은 친구와의 약속이 있기 때문에(파트너가 아니라) 심심풀이로 시간을 보내고 있으며 30분 이내로 영화관으로 가야한다. 그래서 한 잔을 더 하고 싶다. 당신은 당신의 파트너가 다소 심각한 부류의 사람이라고 생각하고 당신이 또 다른 술을 권했을 때 그가 아니라고 말할 것을 꽤 확신한다. 만약 그가 그렇다면, 그를 설득해서 한잔 더 하도록 해봐라. 필요하다면 주장해라!

시작해라.

3. 지난 밤 당신이 조용히 술을 마시는 동안 술집에서 갑작스럽게 만나게 된 당신의 파트너를 위해 술을 샀다. 이제 점심시간이고, 매우 따뜻한 날이라서 당신은 잠깐 방문했다. 당신의 파트너는 술을 들고 바에 서있다. 불행히도, 당신의 생각에 그는 꽤 비열하기 때문에 친구는 아니고 아는 사람이라고 생각한다. 당신은 그가 당신에게 사준 것보다 더 많은 술을 그에게 사주었다고 꽤 확신한다.

대화를 시작해라.

오, 안녕. 우리 지난밤 거기서 마시지 않았니?

4. 술집에서 몇몇의 친구와 이야기하면서 앉아있다. 당신은 당신의 술을 (거의 가득 찬) 당신의 뒤 테이블에 놔두었다.

파트너가 시작할 때 대화를 자연스럽게 시작해라.

—M. Lewis, *Partners 3: more demanding pair work practices*, Language Teaching Publications, 1982

3.3.3. 담화 분석적 접근의 영향

Keller & Warner(1988)의 『대화의 전략(Conversation Gambits)』은 고급 수준의 애중적 텍스트 두 개와 더불어 구조적인 균형을 갖춘 문항/과제/시나리오/과제 지시문을 매 쪽마다 제시하고 있다(〈인용 3.14〉를 볼것). 1980년대 영국에서 폭넓게 연구된 담화 분석은 대화 구간의 범주화에 영향을 미쳤다(첫 번째 화자: 계획, 두 번째 화자: 의구심, 세 번째 화자: 반론) 앞선 예에 제시된 것처럼 대화에 표시된 문화적 규범은 아마도 이후의 독자들에 의해서 의문점이 제기될 수 있다(예를 들어, 남편이 자신의 목적을 달성하기 위해 아내를 설득하고 이와 관련한 수사적인 언어를 사용하는 중산층 부부).

3.3.4. 과제 기반 교육과정(task-based syllabus) 접근의 등장 사례들

Sarah Cunningham & Peter Moor(1992)가 쓴 『일상 듣기와 말하기(Everyday Listening and Speaking)』은 담화 지향성이 덜하면서 중급 수준에서 다양한 언어 맥락의 유용한 언어 활동을 통합적으로 제시해준다. 이 교재는 앞의 두 가지 예들과 대조를 이루며 교재의 발전 과정에서 진화한 양상을 보여준다. 이 교재는 과제 안에 구조적인 항목을 통합하고 있는 특징을 보인다.(〈인용 3.15〉). 이는 또한 현재의 교사 교육과정의 변화와 교실에서 이루어지는 말하기 교육에 대한 학문적 분야의 논의 흐름을 반영하고 있다. 이 교재에서는 과제에서 학습자 중심 활동의 참여를 강조하고, 말하기 기능과 듣기 기능을 통합하며, 문제 해결을 위해 다양한 선택 목록 들 중 어떤 것을 선택하여 말하기를 수행할 것인지를 결정하도록 학습자들을 격려한다. 이는 모두 활동 중심 학습 우리가 계획을 세울 때 때때로 누군가는 반대하거나 의구심을 가진다. 그럴 때 우리는 그들을 설득하기 위해 반론을 생각해야 한다.

다음의 대화에서 남편은 시골에 작은 집이 필요하다고 아내를 설득하려고 하는 중이다.

남편: 시골에 작은 집을 사는 게 어때? 우리가 휴일이나 주말에 갈 수 있는 곳에 말이야. (계획)

아내: 좋은 생각이야. 그렇지만 아이들이 금방 지루해 하지 않을까 - 아이들의 목소리가 들리지 않아? - 이번 여름에 작은 집은 안 돼! (의구심)

남편: 아마 그럴 거야. 그렇지만 우리를 위해서는 좋을 거라고 생각해. 그리고 어쨌든 아이들이 친구들에게 가버리기까지는 얼마 남지 않았어. (반론)

짝끼리 의구심과 반론을 위해 다음의 아이디어와 구문을 활용하여서 수행하시오.

1. A: 스키 타러가자.
   B: 시간이나 돈이 없어.
   A: 재미있을 거야, 좋은 운동이고.
2. A: 아파트를 사자.
   B: 감당할 수 없어.
   A: 렌트비를 내는 것보다 싸.
3. A: 모스코바까지 비행기로 가자.
   B: 기차를 타는 게 싸.
   A: 단지 여행하고, 음식에 모든 돈을 쓰면서 휴가를 쓰게 될 거야.
4. A: 새 차를 사자. - 오래된 건 녹이 슬었어.
   B: 우리는 오래된 차도 돈을 다 못 갚았어.
   A: 오래된 건 위험해.
5. A: 파티를 하자.
   B: 이웃이 항의할거야.
   A: 이웃도 초대하는 건 어때?
5. A: 너의 계획.
   B: 너의 의구심.
   A: 너의 반론.

의구심을 나타내는 표현
그래, 그렇지만…

그래, 그렇지만 잊지는 마…

좋은 생각이야. 단지 …을 제외하고는

좋은 생각이야. 그렇지만…

반론을 나타내는 표현

그렇다하더라도

심지어 그렇더라도
그럴거야. 그렇지만…

아마 사실일거야. 그렇지만…

아마도, 그렇지만…

—E.Keller & S.T. Warner, *Conversation Gambits* (Real English conversation Practices), Language Teaching Publications, 1988

1. 세 개의 대화로부터 몇 개의 발췌문을 제시하였다. 발췌문 각각은 첫 문장의 후반부가 생략되어 있다. 생략된 단어가 무엇인지 찾아보자.

1)
너 _____ 있니?

잠시만 볼게… 음… 미안 없는 것 같아.

2)
_____ 거슬러줄 수 있니?

물론이지. 어떻게 하고 싶은데? 50짜리로 아니면 10짜리 5개?

3)
_____ 가 어디인지 말해줄래?

응. '외국인' 계산대로 가면…

4)
_____ 가 뭐니?

그건 달러로 57.17 페니야.

5)
미안한데 내 생각에는 너가 _____

어? 뭐가?

6)
너가 나한테 준거 말인데, _____

확실해?

2. 듣고 자신이 작성한 답을 확인해 보아라. 파트너와 함께 구문을 말하는 연습을 해보자. 테이프에 녹음된 목소리를 따라해 보자.

말하기

1. 여기에 세 개의 대화의 시작 발화가 제시되어 있다. 각각의 대화에서 화자는 어디에 있는가?

   a. 수업에 들어가기 전에 커피마실 시간이 있니?

      응, 나도 그러고 싶어. 저기에 기계가 있어… 이제 우리가 잔돈을 가지고 있는지 보자.

   b. 환전하기 위한 데스크가 맞나요?

      네 맞습니다. 무엇을 바꾸고 싶으신가요?

> c. 나를 여기서 내려줄 수 있나요? 저기 코너에서요.
>
> 좋아요. 6.50파운드입니다. 감사합니다.
>
> 2. 파트너와 함께, 대화 중 2개를 골라 대화를 계속 해보자. 대화를 하면서 느낀 문제점이나 어려움에 대해 말해보자. 대화를 할 때 이러한 어려움이나 문제점을 어떻게 해결하였는가?
>
> —Reproduced by permission of Oxford University Press from *Everyday Listening and Speaking* by Sarah Cunningham & Peter Moor ⓒ Oxford University Press, 1992

과 과제 기반 교육과정에 기반한 접근법들에 영향을 받았기 때문이다.

3.3.5. 학문 목적 영어 맥락에서 말하기 교육을 위한 과제 기반 학습 교재

흥미롭게도 ESP와 EAP분야에서 말하기 과정을 다양한 상황 맥락과 분리시키는 경향은 일반 언어 교육과 비교했을 때 그리 강한 편은 아니었다. 예를 들어, Lynch & Anderson(1992)의 『말하기 연구(*Study Speaking*)』(〈인용 3.16〉)이나 Ringall & Furneaux(1997)의 학문 목적 학습 시리즈를 위한 영어 『말하기(*Speaking*)』이란 교재에서 말하기 기능들은 광범위한 기능적 측면(예를 들어, 불일치)과 적절한 실제 세계의 상황 맥락 및 장르(예를 들어, 학문적인 세미나)와 연계되어 차례대로 제시된다. 이 교재에서는 실라버스에 소개된 장르나 분야를 규정하는 측면에서 학습자가 목표 언어의 구체적 사용 방법을 아는 것이 지닌 이점에 대해 강조한다. 그러나 적절성에 대한 제약 사항은 말하기 기능의 전 분야에 걸쳐 적용되지만, 특히 말하기 분야에서는 더 민감하다.

화자는 질문과 논의를 위해서 발표 말미에 시간이 허락되기를 기대한다. 많은 사람들은 이러한 질의 응답 단계가 발표만큼이나 중요하다고 생각하기 때문이다. 그러나 세미나에 참여하는 화자의 입장에서 질문하기는 항상 어려운 문제를 발생시킨다. 화자는 질문 자체가 너무 길어서 질문의 의도 파악을 못하거나 질문을 잘못 이해하기도 한다.

이에 대한 실질적인 해결책은 질문을 할 때는 간결함을 유지해야 한다는 것이다. 실제로 발표자는 질문을 하는 사람이 질문을 시작하고 있다는 것조차 확신하지 못할 수 있다. 따라서 이를 최대한 명확히 할 필요가 있다.

예:

a) 이것은 질문이다   *질문이 있습니다…*

b) 주제가 무엇인가 하면   *그 과정의 평가에 대해 묻고자 합니다.*

c) 주장이 무엇인가 하면   *시험과 프로젝트 작업 사이의 전반적인 균형은 어느 정도입니까?*

논의 부분 1

대답을 하기 전에 화자는 청자로부터 받은 질문을 요약하거나 재진술할 필요가 있다. 왜 이런 조언이 주어졌을까?

논의 부분 2

질문과 그에 대한 대답은 항상 간단하지 않다. 청자에게 화자가 질문을 받았을 때, 화자는 아마도 질문을 이해했을 수도 있지만 대답을 줄 수 없거나 (혹은 주고 싶어 하지 않을 수 있다), 어떤 경우에는 아마도 직접적인 대답을 주는 것을 *피할* 수도 있다.

다음은 이와 관련된 몇 가지 예시들이다. 이 외에 또 어떤 예들이 있겠는가?

> **답을 피하기**
>
> *(X)는 중요하다. 그러나 우리가 여기서 다루기에는 너무 복잡하다.*
>
> *내가 생각하기에 우리는 (X)보다는 (Y)에 초점을 맞추어야 한다.*
>
> *~인지 아닌지를 말하기에 너무 이르다.*
>
> *우리는 ~을 보여주기에는 충분한 증거를 가지고 있지 않다.*
>
> *내가 시간을 가지고 볼 수 있는 것은 아니다 그러나…*

논의 부분 3

청자는 화자의 대답이 부적절하다고 말하고 싶을지 모른다.

> **질문에 뒤따른 것**
>
> *그것은 내가 물어본 것의 답이 아니다. 내 질문은…*
>
> *아마도 내가 질문을 분명하게 하지 못한 것 같다. 사실 내가 물어본 것은…*
>
> *내가 생각하기에 너는 다른 질문에 답하고 있는 것 같다.*
>
> *그 답을 이해하기는 하지만, 내가 실제로 마음속에서 가지고 있는 것은…*

이러한 표현들은 정중하고 공식적이라 할 수 있다. 보다 더 직접적인 표현을 위해 위의 예에서 어떤 단어들을 생략할 수 있을까? 그 단어는 어떤 종류의 단어인가?

—T.Lynch & K.Anderson, *Study Speaking*, Cambridge University Press, 1992

3.4. 말하기 교육용 교재의 현황

20세기 이후 최근에 이르기까지 지난 수십 년 동안 응용언어학 연구 공동체들은 지속적으로 교재나 교수법에 관한 아이디어를 제공해주고 있다. ELT 공동체의 전문성을 바탕으로 한 수업 전문가들은 코퍼스나 과제 기반 교재에 대한 접근법들을 탐색하면서 스스로 교재 개발에 참여해왔다. 전 세계적으로 소수의 ELT 구성원들이 교재 개발에 상당한 시간과 노력을 기울여 왔다. 비원어민 교사 공동체는 말하기 기능 개발을 위한 다양한 현대의 교재 개발을 필요로 하고 있다. 그러나 교재 개발의 관점에서 이루어진 연구들에서 실제 교사의 요구는 현대 ELT 교재 개발의 흐름에서 다소 간과되어 온 면이 있다. 자연스럽고 풍부한 상황 맥락 기반의 교재로 지도하는 것에 대해 상업적 출판사 측에서는 이를 다소 불안하게 여기고 있다. 말하기 교재 개발의 경향을 살펴보면, 다양한 유형과 수준의 학습자를 위해 수준별 교재를 개발해 왔고, 학습자 간의 상호작용을 이끄는 토론, 역할 놀이 등 과제의 프롬프트에 대해 강한 중점을 두어 왔다(예를 들어, Gammidge, 2004).

구어적 상호작용에 대한 연구 결과를 반영한 교재들로 최근 몇 년 간 가장 주목할 만한 것들은 주요 국제 영어 시험 시스템(IELTS, International English Language Testing System)의 말하기 영역을 대비하기 위해 개발된 교재들에서 찾을 수 있다. 인터넷 조사에 따르면, 2000년과 2009년 사이에 잘 알려진 두 개의 큰 시험인 국제 영어 시험 시스템(IELTS)와 외국어로서의 영어 시험(TOEFL, Test of English as a Foreign Language)을 위한 50개의 새로운 화법 교재가 개발 되었다. 이는 코퍼스에 의한 비교 대상이 아닌 음성 자료를 기반으로 하는 시험 형식이었기 때문에 새로운 교재 개발이 요구되었고 그 결과 이렇게 많은 수의 교재가 개발되기에 이른 것이다.

이와 관련하여 교재를 개발하는 교사 공동체는 명확히 두 유형으로 살펴볼 수 있다. 첫 번째 유형으로 출판된 교재에 크게 의존하고 수업 상황에서 교과서를 긴밀히 활용하는 국제적인 비원어민 교사 공동체가 있다. 두 번째 유형으로 모든 교사의 배경지식과 언어에 의해 말하기 기능에 대한 지도를 하고 이 지도의 시간이나 훈련에 따라 맥락적으로 수업을 하는 교사 공동체가 있다. 일반적으로 전자의 유형은 표준화된 교과서나 교재를 바탕으로 시험을 대비하기 위한 말하기 지도를 주로 수행할 것이다.

3.4.1. 두 대조적인 접근: 시험을 위한 말하기 지도와 상호작용적이고 실용적인 말하기 기능을 획득하기 위한 말하기 지도

시험 준비를 위한 모든 교재의 형식은 매우 유사하다. 이 교재들은 대개가 시험의 주요 부분을 소개하고 시험에 일반적으로 제시되는 과제와 그 과제에 대한 표준화된 응답 모형을 제시해주며 수험생을 위한 힌트나 전략들을 제공하며 아주 많은 양의 연습용 자료들을 제공해준다. 국제 영어 시험 시스템 (IELTS) 말하기 영역을 대비하는 학생들을 돕기 위한 교재의 형식이 있다. 〈인용 3.17〉은 Lougheed(2006)의 교재로 일정한 교재의 형식이나 절차를 잘 보여준다.

104 말하기 모듈

신속한 학습

개요

　말하기 모듈은 총 3개의 영역으로 이루어져 있고 이는 11분에서 14분 정도 소요된다. 이 시험을 위해 아마 당신은 방에 질문을 하는 조사자와 단둘이 있을 것이고, 어떤 주제에 대해 말하라는 요청을 받게 될 것이다. 이 인터뷰는 기록이 될 것이다. 또한 단지 파트2에서만 메모를 할 수 있을 것이다. IELTS의 모듈은 학문 목적의 버전이나 일반적인 훈련 버전 모두 동일하다. 주제는 자신이나 자신의 가족 등에 대한 논의를 포함한다.

말하기 모듈

파트	시간	과제들
파트1	4~5 분	자신의 정체성을 소개 질문에 대답
파트2	3~4 분: 1분 준비 1~2분 말하기, 1분 정도의 뒤따르는 질문	주어진 과제 카드에 있는 주제에 대한 말하기
파트3	4~5분	파트2의 주제와 관련된 문제에 대해서 조사자와 논의

질문 유형들

　IELTS 말하기 모듈에서는 말하기와 관련한 다양한 유형의 질문들과 과제 지시문들이 있다. 당신은 이러한 유형에 익숙해져야만 한다.

　파트1 Wh-질문들

　　　Yes/No 질문들

　파트2 기술하고 설명하기

　　　Wh-질문들

Yes/No 질문들

파트3 Wh-질문들

Yes/No 질문들

빠른 연구 105

파트1

연습 A

파트1을 위해 조사자의 질문에 답을 작성해라.

1. 이름이 무엇인가?

_____

2. 그것의 철자는 어떻게 되는가?

_____

3. 신분 확인을 위한 증거를 가지고 있는가? 내가 보아도 되는가?

_____

4. 자신이 사는 곳에 대해서 이야기해보자. 당신의 이웃을 묘사할 수 있
   는가?

_____

5. 거기서 사는 장점이 무엇인가?

_____

6. 거기서 사는 단점이 무엇인가?

_____

7. 직업에 대해서 이야기해보자. 어떤 종류의 직업을 가지고 있는가?

_____

8. 당신의 직업에서 최고의 것은 무엇이라고 생각하는가?

_____

9. 여가 시간에 대해서 이야기해보자. 당신의 여가시간에 당신이 즐겨하는 활동은 무엇인가?

10. 그 활동에 어떻게 흥미를 느끼게 되었는가?

연습B

말하기 모듈 시험을 치고 있다고 가정해보자. 조사자는 연습A에서 한 질문에 대해서 당신에게 물어 본다. 이제 소리 내서 파트1의 조사자의 질문에 대한 답을 주어라.

106 말하기 모듈

파트2

연습C

파트2의 과제 카드에 있는 질문에 대한 답의 메모를 적어라. 1분 동안 하도록 해라.

과제 카드

자신이 가고 싶은 장소를 묘사해라.

다음을 반드시 말해야 한다.

• 그 장소가 어디에 있는지

• 어떻게 그곳에 갈 것인지

• 어떻게 생겼는지

• 그리고 자신이 왜 그 장소를 좋아하는지를 설명하라.

메모:

　　장소 _____

위치 _____

교통수단 _____

모습 _____

왜 좋아하는가 _____

연습D

말하기 모듈 시험을 치고 있다고 가정해보자. 조사자가 당신에게 연습 C에 있는 과제 카드를 줄 것이다. 이제 파트2를 위한 조사자의 질문에 큰 소리로 대답하라.

연습E

파트2를 위한 조사자의 추가 질문에 대한 답을 적어라.

1. 당신 스스로 그 장소에 갈 것인가?

2. 당신이 가고 싶어 하는 장소와 유사한 곳이 있는가?

연습F

말하기 모듈 시험을 치고 있다고 가정해보자. 조사자가 당신에게 연습 E에 있는 질문을 물었다. 이제 파트2를 위한 조사자의 추가 질문에 큰 소리로 대답하라.

—Lougheed, 2006: 104-6

수험생을 위한 말하기 교재의 형식은 시험 형식과 루브릭이 포함된다. 상호작용적인 행동에 대한 언급은 대화의 실제 규범에는 포함되지 않지만 이는 수험생을 위한 최고의 전략이다. 예를 들어 Kaplan(2009)의 교재에서는 대화적인 채움말(fillers)을 사용하여 시간을 버는 것과 같은 유용한 회화 전략을 강조했지만, 그것은 실용적인 효과나 목표에 대한 폭넓은 이해보다는 대화의 유창성과 관련이 있었다(〈인용 3.18〉). 교재별로 대비되는 전략은 Viney와 Viney(1996)에서 확인할 수 있다. 〈인용 3.19〉의 예시를 살펴보라.

〈인용 3.18과 3.19〉 시험 전략 대 의사소통 전략

전략 4: 멈출 수 있지만 너무 오래 멈춰선 안 된다.

만약 조사자의 질문에 대한 대답이 바로 생각나지 않는다면, 당신은 질문을 인식하기 위해 그리고 조사자에게 당신이 질문에 대해서 [sic]생각하고 있다는 것을 보여주기 위해 몇 가지 '채움말'을 말할 수 있다. 그러나 말하기 전에 너무 오랫동안 기다리는 것은 피해라. 조사자가 당신의 유창성에 대해서 낮은 점수를 줄 수 있기 때문이다.

—Kaplan, 2009: 172

생각하는 시간

1. 망설임 전략들 (hesitation strategies)

우리는 질문을 대답하기 전에 때때로 우리 스스로에게 생각할 시간을 주고 싶다, 특히 우리가 이해 할 수 없을 때! 여기에 4가지 기술들이 있다.

기술	예	장점	단점
듣지 못한 척	뭐라고? 다시 말해줄래? 어?	단순-오직 한 단어만 기억하면 된다	모두가 그렇게 한다
질문을 반복하기	니가 의미하는 건… 무엇이 45개를 9개씩 나누었다는거니?	생각할 시간이 많다	질문을 기억할 수 있는가?
지연하는 소리 사용하기	글쎄… 음… 어…	같은 문장에서 여러 번 사용할 수 있다	너무 자주 사용하면 멍청해 보인다

'의존' 사용하기	좌우되지. (상황)에 달려있지.	똑똑하게 들린다 (동시에 너의 턱을 쓰다듬어라)	하나 이상의 가능한 답이 있을 때에만 사용할 수 있다

한 가지 이상의 기술을 사용할 수 있다는 사실을 잊어버리지 마라.

잘 못 들었어. 여기에 대해서 내가 뭐라고 생각하는지 알고 싶은 거지?

글쎄… 음… 상황에 따라 다르지. 진짜로.

당신의 파트너에게 질문을 하라. 당신의 파트너가 생각하는 시간을 가지려고 할 것이다. 다음과 같이 물어볼 수 있다.

- 수학적 질문 *500을 20으로 나누면?*
- 사실적인 질문 *몽골의 수도가 어디지?*
- 도덕적인 질문 *동물의 털을 얻기 위해 그들을 죽여야 할까?*
- 개인적인 질문 *산타클로스를 믿니?*

2. 다음과 같은 일이 당신에게 있었습니까?

파트너에게 다음과 같은 질문을 물어보라.

- 사람들의 실수를 고쳐주기 위해 말을 중단시킵니까?
- 사람들이 당신의 말을 중단시킬 때 화가 납니까?
- 대화 도중에 잠시 멈추면, 당황합니까?
- 일시 중지를 채우기 위해 무언가를 말합니까?
- 대화중에 당신이 먼저 의견을 제시합니까?
- 대화가 지루해졌다면, 주제를 바꾸려고 합니까? 아니면 조용히 있습니까?
- 주목을 받는 것(모든 이가 너의 말을 듣는 것)을 좋아합니까?
- 큰 집단 안에서 (말할 때) 부끄러움을 느낍니까?
- 큰 집단 안에 있을 때 말하기가 부끄럽다고 느끼는 것을 본 적이 있

습니까?

- 그들을 대화에 포함시키려고 노력합니까?

—Viney & Viney, 1996: 79

위의 다양한 망설임의 유형을 사용할 때 각 유형의 단점과 장점을 고려하고 더불어 이 유형별 의사소통의 영향력 역시 고려해야 한다. 학습자들은 자신의 대화 방식에 실제로 이러한 유형들을 반영하도록 하는 과제에 참여하게 된다. 〈인용 3.19〉에 나타난 두 가지 접근은 대화와 관련하여 자신이 속한 실제 세계에서 필요한 것이라는 생각을 학습자에게 갖게 함으로써 이들이 이 학습에 대한 동기를 갖게 하고, 학습 활동에 더 참여하게 한다. 또한 학습자가 시험보다 더 넓은 범위의 상황 맥락에 자신이 배운 바를 적용할 수 있도록 학습자를 준비시킬 것이다.

3.5. 말하기 기능들을 함께 연결 짓기

어떤 언어에 능숙한 화자가 어떻게 훌륭한 기능을 갖추게 되었는지를 기억하는 것과 실제 대화에 참여하도록 하는 과제가 많은 것은 매우 유익하다. 〈인용 3.20〉은 이를 보다 더 명확히 보여준다. 말하기 기능들이 독특한 복잡성을 지녔다는 사실을 인정하는 것은 교사나 학습자가 구어 말하기에 접근하는 측면에서 자신감을 촉발시킨다. 음성학적 세부사항을 효과적으로 다룬다는 측면에서 구조와 어휘의 정확한 숙달을 이끄는 것은 간단한 문제가 아니다.

문어와 달리 구어 양식은 구두/청각, 지각, 정보 처리, 실용적, 대인 관계, 문화적 그리고 운동(motor)과 관련된 여러 기능들을 동시에 화자

〈인용 3.20〉훌륭한 화자의 특징

훌륭한 화자는 특정한 담화 상황에서 요구되는 담화의 패턴을 반드시 예상하고 생산할 수 있어야 한다. 또한 훌륭한 화자들은 또한 말차례 교대 (turn-taking), 바꾸어 말하기(rephrasing), 피드백을 주거나 재전송하기 등의 말하기와 관련된 개별적 요소들을 관리할 수 있어야 한다(Burns 와 Joyce, 1997).

이 밖에도 또다른 말하기 관련 기능이나 지식들은 다음과 같다.

- 언어의 소리, 강세 패턴, 운율 구조, 억양을 생산하기
- 정확한 문법 구조를 사용하기
- 목표 청자와의 공유된 지식과 공유된 참조자료의 지점 확인하기, 지위와 권력 관계나 흥미 수준, 혹은 관점의 차이와 관련한 목표 청자의 특성을 고려하기
- 청자에게 적절하고 이해 가능한 어휘 선정하기, 논의를 위한 주제 선정하기, 발화 행위가 발생하는 상황 조건 선정하기
- 핵심어를 강조하거나 자신의 이해도를 점검하거나 자신이 이해한 바를 바탕으로 바꾸어 표현하기 등 의사소통 간의 이해도를 증진시키기 위한 전략을 사용하기
- 바디 랭귀지나 몸짓을 활용하기
- 화자의 이해도나 참여를 최대화하기 위해 어휘나 말하기 속도, 문법 구조의 복잡도 등과 같은 말하기의 구성 요소를 조정하고 언어적 상호작용 간의 성공에 보다 더 집중하기(Brown, 1994).

—Florez, 1999: 2

가 활용하도록 요구하기 때문이다. 이 역동적이고 복잡한 말하기 성취의 조건들은 자동차 운전 경험이 많은 운전자가 능숙하게 운전을 하는 것과 같이(이는 운전을 배우는 사람들이 자꾸 운전을 멈추거나 아주 미숙하게 운전을 행하는 것과는 대조적으로) 모국어 화자들에게서는 아주 자연스럽게 실현된다.

말하는 방법(how to speak)을 안다는 것은 너무 많은 경우 단순히 언어적 지식을 언어화한 것으로 이해된다. 어려운 기술들을 늘리는 것보다 매우 자주 언어에 대한 매우 높은 수준의 수동적 지식을 갖는 것에 집중했던 학습자들은 말하기를 수행함에 있어서 실시간으로 부담을 처리해야하는 상황에 놓이게 된다. 구어 매개체로 전이하는 과정은 즉, 말하기의 과정이 심지어 모국어 화자에게도 어려운 과업이라는 사실은 목표 언어의 말하기를 배우는 그 어떤 수준의 학습자들에게도 학습을 시작할 때 좋은 격려가 될 수 있다. 화가 난 친구나 연인에게 자신의 화를 표현하기 위한 적절한 반응을 찾는 것, 논쟁적인 사업 회의 혹은 학문 세미나에서 자신의 아이디어를 표현하는 것, 구직을 위한 인터뷰 자리에서 예상치 못한 질문에 대답하는 것—이러한 경우는 실시간 언어 제약이 있는 상황 하에서는 모국어 화자라 할지라도 말하기를 통해 표현하는 것은 쉽지 않은 일인 것이다.

요약

이 장에서는 말하기 문법이나 발음과 관련하여 어떤 모델을 사용할 수 있을지 그리고 실제 발화와 관련된 다양한 논의들을 살펴보았다. 또한 가장 중요한 질문들로 '실제' 말하기 혹은 발화 자료를 어느 정도까지 말하기 교육의 국면으로 끌어들일 수 있는지, 화자의 기능이나 전략 선택에 상황 맥락이 미치는 영향력은 무엇인지, 그리고 우리가 유창성과 발음을 가르칠 때 어느 정도의 목표 기대를 지니고 있는지 등을 다루었다. 이러한 다양한 논의들의 근간에는 우리는 목표 언어의 구어 양식에 대해 실제로 얼마나 알고 있는지, 그리고 구어에 대한 연구의 결과가 얼마나 느리게 학교 교실에 확정된 구어의 형식으로 전이되는 것인지와 관련한 핵심 질문이 존재한다. 또한 ELT 말하기 교재의 혁신이 대형 상업 출판사들의 평가 지향적(assessment driven) 접근에 의해 이루어졌다는 논의 역시 살펴보았다.

더 읽을거리

Dat, B. (2003) Materials for developing speaking skills. In B. Tomlinson (ed.), *Developing Materials for Language Teaching*. London: Continuum, pp.375-393. 말하기를 위한 교재 개발의 문제에 관하여 좋은 개요를 보여주는 글임.

Folse, K. S.(2006). *The Art of Teaching Speaking*. Mahwah, NJ: Lawrence Erlbaum. 서로 다른 환경의 교사들에 의한 사례연구를 포함하는 쉬운 책임.

Nation, I. S. P. and Newton, J. (2008). *Teaching EFL/ESL Listening and Speaking*. London: Routledge. 이 책은 매우 전통적인 방법(훈련이나 구조화된 대화와 같은)을 거침없이 끌어들이며, 교실 내 의미있는 상호작용을 강화하는 방법에 우선적인 주의를 기울임으로써 실제적인 말하기 또는 목표, 말하기 모형과 같은 문제에 한 발 비켜 서 있는 흥미로운 책임.

Thornbury, S. and Slade, D. (2006). *Covnersation: from description to pedagogy*. New York: Cambridge University Press. 바로 위 2개의 책보다 주류이고 대화와 담화 분석에 대한 통찰력을 제공함.

Usó-Juan, E. and Martínex-Flor, A. (eds) (2006). *Current Trends in the Development and Teaching of the four language Skills*. Berlin:Mouton de Gruyter. 말하기 부분은 말하기 교수에 대한 맥락적인 접근과 다양한 맥락에서 어떻게 교재를 사용하는지에 대해 도움을 제공함.

제4장
말하기 평가

이 장에서는

- 근본적인 말하기 평가의 주요 문제를 논의할 것이다.
- 국제적으로 공인된 영어 말하기 시험의 말하기 구성요소를 기술하고 비교할 것이다.
- 말하기 기능의 범주가 기존 시험 패러다임에 부합하는지와 이것이 문제 여부인지를 논의할 것이다.

4.1. 도입

응용언어학의 하위 분야로 인식되는 언어 평가의 등장 이래로 말하기 평가(assessment of speaking)는 발전에 발전을 거듭해왔다. 말하기 평가에 대한 세간의 생각들은 응용언어학과 언어학의 연구 패러다임의 변화로 인해 보편화된 측면이 없지 않다. 초기 개발된 언어 평가의 형태는 특히 2차 세계대전 중에 효과적인 언어 교육과 평가에 대한 정부 주도적이고 식민주의적이며 군사적인 필요성과 강력하게 연결되어 있었다. 이렇게 극도로 실용적인 관점은 언어 평가의 실제와 이론이 언어학과는 말하기 수행평가에 참여한 수험자는 말하기 능력을 어떠한 방식으로든 지 평가받아야 한다. 언어의 사용은 의미협상을 할 대화 상대자가 필요한 복합적인 구성 현상이므로, 같은 메시지를 듣는 청자들은 없다. 언어 사용의 이러한 측면은 검사 점수에서의 편향의 근거가 된다. 이는 언어 시험 개발자들로 하여금 말하기 수행의 특징을 엄격히 제한하게 하고, 평가자들이 이러한 특징에 주의 집중하도록 요구한다. 언어 평가 개발자들은 만약 평가자들이 오직 발음, 문법, 유창성, 이해도(comprehensibility)에만 주의 집중한다면 다른 담화의 특징들은 평가자들에게 영향을 미치지 않을 것이라고 기대한다. 그러나 이는 헛된 희망이다.

—Douflas, 1997: 22

동떨어져서 발달해 온 경향이 있었음을 의미하며, 이러한 경향이 사라진 지는 불과 30여년이 지나지 않았다. 따라서 다소 분리된 듯한 느낌을 주었던 평가에 대한 연구는 1980년대 초가 되어서야 응용언어학 내에서의 더 폭넓은 작업들과 합쳐지게 되었다. 이러한 경향은 평가에서 사용되는 메타언어가 이 분야에서 훈련받지 않은 사람들을 다소 당혹스럽게 할 수 있음을 의미하고, 설득력 있고 객관적인 측정에 대한 요구는 말하기 평가가 교실 내에서의 더 인간적인 담화와는 다소 거리가 있어 보이도록 했다. 그러나 지도에 있어서 평가의 강력한 영향력은 기본 용어와 개념들에 친밀하게 하는 데 더 효과적이었다.

1980년대 후반 〈인용 4.2〉에서 제기된 것처럼 말하기 평가에 대한 관심 그 자체가 상당히 늦게 나타났다. 이는 다양한 이유가 있는데, 이들 중 일부는 여전히 말하기 평가를 바라보고 수행하는 방법에 영향을 주

왜 일반적으로 말하기 평가에 대한 관심이 적을까? 많은 책들이 언어 시험에 대하여 기술해왔다. 그 책들은 언어 교수의 변화하는 유행을 따르지만 주로 언어 평가의 본질에 대해서는 동일한 기초적인 추정을 하고 있다. 일반적으로 말하기 평가는 다른 능력 평가에 비해 거의 다루어지지 않고 있다. 왜냐하면 말하기 평가를 다루는 것은 다른 전통적인 평가와 같은 방식으로 대하기 어렵기 때문이다.

—Underhill, 1987: 3

고 있다. 1970년대와 1980년대, 전문적인 평가 개발과 연관된 주요한 관심사는 일반적으로 20세기 중반 언어학에서 명성을 얻었던 경향들—언어의 더 보편적인 측면을 밝히기 위해서 담화의 특정한 사례로부터 일반화의 원리를 도출하고자하는 강한 관심—을 반복하였다. 언어학 이론에서 이것은 이를테면 보편 문법의 구조에 대한 복잡하고 때로는 모호한 설명의 형식을 취한 반면에, 언어 시험 영역에서 이것의 일반화 경향은 이를테면 John Oller의 연구에서 강한 심리측정의 방향으로 나타났다(1970년대에 전개된 그의 생각에 대한 요약은 Oller(1983)의 사례를 보라)이것은 언어의 복잡성을 전제하며 선다형 평가와 같이 단순한 형태로 포착될 수 있는 국면(factes)으로 만드는 것을 목적으로 한다. 심리 측정의 방법과 시험 전반에 걸쳐 안정적인 지표를 포착하는 기술과 분야는 여전히 현재 시험 체계에 영향력을 미치며 수용되고 있다. 그러나 언어 수업에서의 우선순위와 삶의 기회에 강력하게 영향을 미치는 대단위 평가 설계상에서 많은 학자들은 검사의 윤리적 효과와 사회적 효과에 지속적으로 도전을 받고 있다(〈개념 4.5〉 참고).

말하기 기술을 위한 교과서와 교재 개발에 영향을 받은 방식과 비슷하게 언어 시험은 IELTS와 TOEFL과 같은 지배적이고 고부담이며, 매우 잘 알려진 시험들을 연구하고 제공하는 대형 상업 출판사들과 국제적인 단체들의 취향에 크게 영향을 받았다. 이러한 시험들은 영향력이 매우 크다. 이 시험들은 거대하고 상업적이며 국제적인 단체에 의해서 시행되며, 그 단체는 시험의 토대가 되는 작업과 관련된 연구 결과와 논문의 측면에서 연구 분야에 상당히 기여한다. 그들은 경쟁적인 경매 입찰을 통해 독립적인 연구에 투자한다. 어쩌면 다소 부정적으로, 이러한 매우 주요한 고부담 검사(high-stakes testing)들의 강한 영향력은 교사들이 교실 내에서 '시험을 치르기 위한 지도'만을 수행해야 한다는 것과 가장 높게 평가되는 말하기 수행은 시험에서 높은 점수가 나오는 결과로 한정된다는 것이다. Liz Hamp-Lyons의 환류 효과(washback effect)와 이것을 촉진하는 문화에 대한 연구는 여기에 관련이 있다(이 개념은 Hamp-Lyons(1997) & Hamp-Lyons(2007) 참고). 게다가 일반적인 평가 윤리와 수험자들과 출제자들 사이의 역학관계, 그리고 사회 내에서의 시험의 영향력에 대해서 의문이 제기되어 왔다(McNamara(2001), Shohamy(2001), Bachman(2005) 참고).

학술 공동체 내에서는 더 빈번하게 말하기 평가에 대한 논의가 1990년대 이래로 속도를 내어 왔고, 21세기 초에는 구어와 문어 사이의 차이에 대한 이해도 향상에 영향을 받았다(특히, 평가 개발 연구의 문맥 속에서 구어와 문어의 차이에 대한 대규모 연구인 Biber et al.(2004) 참고). 또한 어떻게 다양한 배경, 문화, 성별을 지닌 화자들을 평가할 것인가(O'Sullivan, 2000; Lumley & O'Sullivan, 2005), 그리고 국제 공통어로서의 영어와 비판적 담화 분석(Critical Discourse Analysis movement), 그리고 세계에서 사용되는 여러 형태의 영어들의 변화가 모두 어떤 역할을 하고 있는가에 대한 성공적인 연구 프로그램들이 꽤 있어왔다(평가 틀에서 언어 형태 간의 관계에 대한 추가 논의는 아래 참고).

이것은 앞서 말하기 시험에 관한 논의가 이루어져야 한다는 평가의 역사나 최근 경향과는 반대된다. 응용언어학의 다른 분야들에서처럼 초기의 매우 실용적인 목적들과 이후의 언어 교수, 연구, 시험에 대한, 보다 전문적이고 연구 중심적인 방향 간의 긴장은 오늘날에도 존재한다. 말하기 평가는 시험 개발자들에게 —실용성과 윤리성에 대한— 두 가

〈개념 4.1〉 평가와 관련된 말하기 영역들

Dan Douglas는 말하기 교수와 평가의 복잡성에 대한 원칙에 입각한 교수법 개발과 관련된 2004년의 글(chapter)에서 모든 의사소통 활동에서 학습자가 알 필요가 있는 여덟 가지 측면을 강조했는데, 이는 다음을 포함한다.

환경(setting)   어조(tone)

대화 참가자(participants)   언어(language)

목적(purpose)   상호작용의 기준(norm of interaction)

화제 내용(topical content)   장르(genre)

그는 말하기 언어에 대한 이러한 영역들의 영향을 더 광범위하고 세세하게 이해하려고 한다면 학습자들에게 그들이 구어를 생산하려고 노력하기 이전에 훨씬 더 충분한 문맥적 정보가 제공되어야 한다고 주장한다. 예를 들어 '환경'을 보면, 그는 문어적 지시문이나 그림이나 사진으로 제시되는 지시문뿐 아니라 냄새와 같은 장면을 구성할 수 있도록 하는 감각적인 과제 조건(input)을 가능하다고 보았다. 그는 맥락적 변수들의 영향력을 말하기 교수와 평가를 위한 미래의 연구 주제로 보았다.

—Douglas, 2004. 40-1

지 어려운 문제를 요구하며, 연구 집단에게 특정한 요구를 제안한다. 말하기를 평가하는 데 있어서 고려해야 할 점은 〈개념 4.1〉에 요약되어 있다. 심지어 교실 전문가가 특정 집단의 학습자를 위한 소규모의 말하기 시험을 만들려고 시도하는 것 또한, 일단 그 사람이 학생이 무엇을 성취하기를 원하는지, 어떤 점을 수행의 강점 혹은 약점으로 여길 것인지, 그리고 다양한 화자들을 어떤 기준을 통해 일관되고 공정하게 평가할 것인지를 질문에 자세히 반영하기 시작할때, 이 장의 나머지 부분에 기술된 것과 유사한 문제들에 의해 영향을 받을 것이다.

말하기의 본질이란 검사 국면에서의 주관성과 다양성에 대한 잠재성을 의미하며, 이 두 가지 요소 때문에 시험들 간의 일관성을 유지하는 것이 어렵다는 점이 쓰기 형태보다 말하기 형태에서 더 크다. 시험 상황 하에서의 말하기에 영향을 줄 수 있는 경쟁적인 요소, 예를 들어 참여자의 건강, 대화 진행 방법에 대한 문화적 예측과 같은 것들이 너무 많기 때문에, 시험 출제자는 언어 생산의 양적인 측면, 예를 들면 말하기 시간당 오류의 수와 같은 것들에 더 집중해왔고, 시험 과정을 제약해 온 경향이 있었다. 언어 능력에 대한 유의미한 평가는 상대적인 비교 목적을 가지고 얼마나 객관적이며, 반복 가능하고, 신뢰도가 일관되게 유지될 수 있는지에 달려있다. 말하기 평가는 이 세 가지 개념에 계속적으로 의문을 제기해왔고, 시험 과정을 통해 수행될 수 있으며, 일상적인 말하기 상호작용 용어들과는 매우 다르게 나타나는 능력을 통해서만 다루어져 왔다. 다음 절에서는 이러한 문제들을 좀 더 자세히 살펴보도록 하겠다.

4.2. 왜 말하기의 본질이 시험 출제자들에게 도전적인가?

4.2.1. 구인 이해하기

많은 시험 출제자들로부터 받는 가장 일반적인 질문은 우리가 평가하기 위해 목표로 삼아야 하는 구조가 무엇인가 하는 것이다. 이는 간단히 말하면 '이것은 무엇을 위한 시험인가'라고 묻는 것이고, 여기서 우리의 일반적인 대답은 '말하기'가 될 것이다. 그렇지만 말하기의 다양한 본질은 우리가 목표로 삼아야 할 구조의 정의를 어렵게 만든다. 통계적으로 봤을 때, 일상 대화는 말하기의 가장 중요한 종류이다. 방송 자료나 학술 강의와 같이 격식을 갖추거나, 준비된 공식적인 말하기를 배제하고, 방대한 규모의 말하기 담화는 아주 흔히 일어나고 상황적이며 비격식적이고 대화가 이루어지는 때의 참가자와 그들의 특정 생각에 의해서 무한대로 다양해진다. 주어진 정보와 새로 발생한 정보의 이해를 공유하는 담화와 같은 것들을 통해 관계, 의견, 그리고 사회적 독자성이 형성된다. 그리고 농담, 소설, 단어 놀이와 같은 것을 통해서 수행적(performative)이고 창의적인 대화의 측면이 실행된다. 그러나 이 장의 후반부에서 나타나겠지만, '일상적 대화'는 대규모 말하기 평가에서 다루어지는 구인이 절대 아니며, 말하기의 창의적이고 정서적인 측면은 국제적으로 기준이 되는 말하기 언어 시험의 준거에 드러나지 않는다.

말하기는 또한 삭제와 수정이 불가능하고, 계획하는 것이 어려운 엄격한 처리 과정의 제약을 받으며 수행된다. 따라서 화자의 주요 능력은 말하기 내용을 만들어내는 것에 대한 압박감을 잘 다루고, 생각의 흐름을 유지하며, 필요하다면 자기 수정을 할 수 있는 능력이다. 말하기의 분량을 완벽하게 암기할 수 없다면(일부 수험자들이 중요한 시험을 앞두

　자연스럽게 발생하는 일상 대화의 중심 특성 중 하나는 언어 사용자는 대체로 어떻게 대화가 일반적으로 조직되고, 관리되는지 눈치 채지 못한다는 것이다. 논리 정연한 대화에 대해 물었을 때, 원어민의 발표는 자주 화자가 실제로 말하고자 하는 것과 조화를 이루지 못한다(Wolfson, 1989). 대부분의 일상 대화가 이루어지는 방식은 너무도 교묘하게 유사하기 때문에 언어를 공부하고 평가하는 사람들은 종종 대화의 핵심적인 특징을 간과한다.

—Johnson & Tyler, 1998: 27

고 그렇게 하려고 노력하지만 일반적으로 실패하는 기술), 이는 화자에 의해 발화의 순간 창조되어야 하며, 이전에 발화되었던 내용과 거의 같아서는 안된다. 심지어 발화가 자신이나 다른 사람의 말하기를 인용하는 것이라 할지라도 말이다. 이 장의 후반부에 보일 기술어(descriptor)와 기준의 분석에 의하면, 시험 상황 하에서 부드럽고 통사론적으로 완성된 발화는 자기 수정 시 주저하거나 말을 재조합할 때 뚝뚝 끊어지는 발화보다 더 높게 평가될 것이다. 말하기 평가의 준거는 자기 수정을 능숙하게 다루는 데 높은 점수를 부여하므로 검사 수행에서 피험자들은 일상의 자연스러운 발화들이 갖는 특징들을 드러내 보이면 안 된다.

　자연적으로 발생하는 자발적인 대화 상대들은 상호작용적 역학 관계에 초점을 두기보다는 전달되는 생각, 감정, 정보들에 초점을 둔다. 언어 평가의 본질은 사용되는 언어의 실질적인 예시들에 강한 중점을 둔다는 의미이다. 예를 들면, 사전에 결정된 평가 준거(assessment criteria)와 관련된 범위, 다양성, 복잡성, 정확성과 같은 것들이다. 이는 시험 준거와 자연스러운 말하기 사이의 갈등의 원인이 된다. 예를 들면, 많은 원어민 화자들은 특히 갑자기 그들의 의견을 말하는 것과 같은 형태의 발화를 요청받을 때, 극도로 대화 전달을 주저한다. 그러나 청자들은 화자의 질문에 대한 대답이나 의견을 듣고자 하기 때문에 그들의 휴지(pause), 망설임, 그리고 실수 등에 동참하지 않을 것이다. 이러한 담화가 발생 이후 분석된다면, 언어 시험 맥락에서 발생된 이 상황은 앞뒤가 맞지 않는 것처럼 보일 수 있고, 아마도 유창하지 못하다고 여겨질 수도 있다.

〈인용 4.4〉는 의견을 표명하려는 대학생의 한 예를 보여준다.

이 남학생은 정치학 수업에서 미리 '아프리카가 프랑스를 필요로 하는 것처럼 프랑스도 아프리카가 필요한가?'에 대한 주제와 관련된 프레젠테이션을 받았다. 따라서 그는 자신이 갖고 있는 핵심적인 개념과 의견들에 대해서 생각할 시간이 있었다. 그러나 부드럽고 교양 있으며 유려한 발화를 하는 능력을 평가하는 말하기 능력 준거에 비추어 봤을 때, 이 영어 원어민 화자는 특별히 잘하지는 못하였다.

외부 관찰자나 혹은 평가자, 상호평가자, 자기 평가시험을 통해 수행되었든지 간에 성적은 '더 낫거나', '못하거나' 혹은 '더 효과적이거나', '부실한' 영어 사용과 연관된 일련의 신념을 통해서 매겨진다. 따라서 이

〈인용 4.4〉 분명한가 불분명한가?

그 계획은 언제나… [휴지]. 그 계획은 절대로 내버려 두지 않아요. 어…, 아프리카 사람들을 넓은 프랑스로 동화시키는 거죠. [안 들림]. 혹은 아프리카 사람들을 어…, 더 큰 프랑스에 동화시키든지, 영국처럼…, 두는 것이 아니라. 그 계획은, 내 말은 그들이 극단적인 면을 보고, 그들은 그들이 인내하였다고 절대로 말하지 않는다는 거죠.

—Carter & McCarthy, 1997: 137

영역에서 중요한 점은 발화와 관련된 신념 혹은 예상 그리고 지식의 상태이며 이것이 말하기를 평가하고 구조를 정의하는 데 필요한 기초적인 의문과 어떻게 연관되는가이다. 즉, 다양한 맥락 속에서 무엇이 실제에 가까운 발화인가 그리고 그러한 맥락에서 무엇이 좋은 혹은 적절한 발화로 여겨지는가이다. 위에서 언급하였듯 이 즉흥적인 상호작용 발화는 머뭇거림, 부실한 시작과 문법적 오류, 제한된 어휘 사용, 어휘의 반복과 짧은 생각 단위 구조 혹은 호흡과 말하기 언어 처리의 제한으로 인한 미완성 문장들로 가득할 것이다. 그러나 예상되는 언어 능력에 대한

〈인용 4.5〉 말하기에 대한 예상

친구들과의 대화는 평범하고 단순하고 친숙한 어휘를 필요로 한다. 워싱턴 대학교 학부 3학년 수준 '언어학개론' 수업을 듣는 학생들이 먼저 네 명의 원어민 화자가 포함된 저녁 식사 대화 인용을 들었을 때 그들의 첫인상은 원어민 화자들은 교육받지 못하고, 부분적으로 단순하고 평이한 어휘 사용에 기초하고 있다고 기술하였다.

이러한 기술(記述)은 또한 원어민 화자의 유창성에도 적용되었다. 초보적인 대화 분석에서 일반적인 원어민 화자의 대화 속에서 나타난 수많은 수정, 망설임, 그리고 부드러움의 결여는 다소 충격으로 여겨졌다. 유창성에 대한 전통적인 정의들—영어 말하기 평가(Test of Spoken English)와 같은 원어민 화자가 아닌 사람들을 평가하기 위해 만들어진 평가 척도를 반영한—은 '말하기의 부드러움', '용이함(effortlessness)', 그리고 '자연스러운 말하기'와 같은 문구들을 포함한다. …대화에서의 전형적인 원어민 화자의 말하기는 종종 이러한 특징들이 결여되어 있다.

—Riggenbach, 1998: 63-64

상당한 변화가 일고 있는데, 예를 들면, 단답형 대답 또한 '좋다'라고 여겨지기도 한다. 능숙한 말하기 수행의 범주나 구조적 복잡성 또는 양적 양상에 대한 개념은 언어평가 개발자들의 사고에 깊게 자리함과 동시에 많은 주의가 기울여지는 부분이며, 예컨대, 그들은 '측정을 위해 설계된 시험 점수에서 학습자의 능력을 도출하는 데에 유의미한 추론을 할 수 있을 만한 말하기 유형과 말하기 양을 이끌어내는 과제 설계(Fulcher, 2003)에 많은 관심을 기울인다. 또한 〈인용 4.5〉를 참고하라. 그들의 능력을 측정할 수 있도록 참가자가 가능한 한 완벽하게 말하기를 원하는 것이 비합리적이지는 않지만, 단순하고 단답형이거나 단편적인 발화들도 자연스러울 뿐 아니라 오히려 그것이 더 나은 맥락도 있다. 예컨대, 청자의 정교한 상호작용 기술 혹은 발언 준비가 되었음을 보여주는 것은 종종 단음절의 발화를 통해 실현된다.

지금까지 우리는 말하기 상호작용과 말하기 과정상의 기준의 측면에서 구인(즉, 어떤 평가가 지향하는 모형)을 살펴보았다. 그러나 이후의 논의들은 다양한 측면에서 발화의 기준과 관련된 논의들이다. 누구의 언어가 평가의 표준이 되는가?

Taylor(2006)의 〈인용 4.6〉은 주도적 공통어인 영어의 성장에 주요 평가 개발자들이 대처할 수 없을 것이라고 하는 논문(Jenkins, 2006)을 반증하는 것으로부터 출발하였다. 이것은 어떤 모형 혹은 목표가 말하기 평가와 관련되어 있는지 또는 있어야만 하는지와 관련된 차후의 주요한 의문점을 우리에게 소개한다. 만약 언어가 구어의 이형태나 원어민 화자의 것과는 매우 다른 형태로 세상에 존재한다면, 왜 훨씬 더 적은 원어민 화자 사회의 산출물을 대부분의 평가 규범으로 삼겠는가? 일반적으로 그 대답은 두 부분으로 주어진다. 우선 위에서 Taylor가 제시했듯 이 평가의 패러다임은 세상에서 일어나는 언어 사용의 변화를 인식하기 위해 충분한 시간에 걸쳐 변화한다는 것이다. 그 변화는 천천히 그러나 확실하게 일어난다. 좀 더 이론적인 두 번째 대답은 문어 평가 설계자들이 구성에 대한 그들의 이해를 반영하는 모형을 만들어내야만 했던 것과는 달리 구어 형태는 절대로 역사적으로 동일한 적이 없다는 것이다. 그러나 이 분야의 차후 연구가 추구할 수 있는 세 번째 입장이 있다. 이는 원어민 화자가 사용하는 규범들이 실질적으로 현재 수행되고 있는 대규모 평가들에서 어느 정도로 토대가 되는지를 묻고 있으며, 이전에는 갖지 못했었던 실질적인 데이터와 평가 규범을 근거로 하여 제안하고 있다. 실제로 내가 이 장에서 주장해온 것처럼 그 구인이라는 것은 엄밀하게 말하면 원어민이든 아니든 간에 화자 사이의 실제적인 말하기 상호작용이 아니다. 공통어 논쟁이 계속되고 있는 것과 마찬가지로 명백

〈인용 4.6〉 평가 준거와 구어에 대한 태도의 변화

영어 능력 시험이 한때는 오늘날의 것과 매우 달리 보이고 들렸다는 점을 상기해볼 필요가 있다. 그것들은 영국 표준 영어(Queen's English)라고 알려진 것과 표준 발음(용인 발음, RP: Received Pronunciation)이라 알려진 방식의 표준 사용법을 반영하였다. ELTS/ILTS의 경우에서 보이듯, 시간의 흐름에 따라 파생된 영어들이 일부 지역 평가 뿐 아니라 국제적인 평가에서도 전통적인 원어민 영어들과 나란히 자리를 차지하게 될 것이라고 추정할 수 있는 훌륭한 이유가 있다. 향후 10년 혹은 20년 후에는 EIL을 포함하여 새롭게 등장한 영어들이 어쩌면 영어 학습자들을 위한 교육학적, 평가적 모형으로서의 역할을 수행하고 특정한 지위로까지 성장하게 될 것이다.

—Taylor, 2006: 59

히 평가 설계에 있어서 항상 잘 드러나지 않았던 구인의 측면들을 알아내고자 하는 것이 중요할 것이고, 이는 일반적인 사회에서 다양한 맥락에서 말하기 교육의 규범라고 여겨지는 것에 지속적으로 영향을 줄 수 있게 한다. 최근의 말하기 규범에 대한 지식의 상태—여기서 언급된 두 가지 의미 모두—와 실질적으로 공정하고 지속적으로 평가할 수 있는 것 사이의 간극(gap)을 메워줄 수 있는 놀라운 연구가 필요할 것이다.

4.2.2. 검사 유형과 상호작용

말하기 평가에 추가적으로 영향력이 있는 측면은 수험자와 평가자가 상호작용하는 방식이다. 〈개념 4.2〉는 말하기 평가에 일반적으로 사용되는 주요 구성 방식을 요약해 놓은 것이다.

평가 상황에서 구두 담화에 참여하는 평가자와 수험자는 많은 면에서 일상 대화의 측면과는 이례적인 관계에 놓여있다. 구어 생산의 핵심

〈개념 4.2〉 평가 구성 방식과 과제 유형

말하기 평가는 많은 다른 유형이 있다. 이 유형에는 사전에 녹음된 글 혹은 시각적 자료에 반응하는 비상호작용적인 과제들(예컨대 인터넷을 기반으로 하는 TOEFL말하기 평가)에서부터 평가자와 수험자 사이의 일대일 상호작용적인 대화(IELTS 말하기 평가), 시험관이 참여하지 않고 수험자들 간에 두 집단(혹은 그 이상) 사이의 토론을 평가하는 것까지 다양하다. 케임브리지 대학의 ESOL 일반 영어 학위 시험(종종 'main suite' 시험이라고 지칭되는)은 하나의 말하기 평가에 두 명의 평가자와 두 명의 수험자가 참여하여 다양한 상호작용을 하는 다양한 종류의 과제 유형을 갖고 있다.

기술은 청자의 요구를 이해하는 것과 이것을 고려하여 대화에 적용하는 것을 포함한다. 예를 들어 동일한 지역 방언을 사용하고, 유사한 사회적 배경으로부터 온 화자들은 사회적 독자성의 측면에서 그들이 가깝다고 느끼는, 다른 이들과는 구분되는 발화 형태와 어휘들을 사용할 것이다. 이 동일한 화자들은 다른 환경에서는, 예를 들면 만약 그들이 자기 또래이지만 다른 지역이나 다른 언어적 배경을 지닌 누군가와 이야기를 한다면 자신의 말하기 방식을 점검하고 조정할 것이다. 그들은 만약 자기와 같은 지역 방언을 사용하지만 자신보다 더 나이 많은 사람과 이야기해야 한다면 또다시 자신의 말을 조정할 것이다. 잘 골라지고 잘 수정된 말하기 조정은 능숙한 화자의 표식이며, 이는 대화 상대자를 고려하지 않고서는 평가될 수 없다(또한 〈인용 4.7〉에서부터 〈인용 4.10〉 참고). 일부 평가 구성 방식은 둘 혹은 그 이상의 수험자들 사이의 상호작용을 허락한다. 평가자가 이해하지 못하는 부분을 서로 조율하는 것은 명백히 아무런 의미가 없다. 그러나 비격식적인 대화의 특징은 '외부인'이 이해하기는 종종 어렵다는 점이다. 평가 상황 하에서 불가피하게 화자들은 그들의 대화 상대가 아닌 평가자들을 위해서 이야기한다.

수험자가 평가자 혹은 또 다른 수험자와 상호작용을 하도록 요구받는 데 있어 말하기의 상호적 특징과 공식적 말하기에서도 드러나는 개인적 연관성 수준은 한 화자가 다른 화자에게 미치는 영향을 제거하는 것이 어렵다는 것을 의미할 것이다. 이는 부분적으로 좋은 구어적 상호작용은 한 명의 화자가 다른 사람에게 영향을 주는 것과 대화 상대자 사이에서 발생하는 반응들에 기초한 것이기 때문이다. 〈인용 4.7〉은 상호작용적인 대화를 평가하는 데 있어서의 문제점을 포착하고 있고, 〈인용 4.8〉은 대화 분석 작업이 앞으로 나아갈 길을 제공할 수 있음을 시사한다.

반응의 종류들과 상호작용적인 맥락을 더 많이 제한할수록 시험 과정

　말하기 의사소통은 두 명 이상의 사람들 사이의 의미 협상을 포함하기 때문에 항상 대화의 발생 맥락과 관련되어 있다. 말하기는 화자의 의도를 기반으로 청자와 의미를 협상하는 것이며, 청자에 대해 원하는 바를 이루고자 자신의 말을 조정하는 것이다.

—O'Malley & Valdez Pierce, 1996: 59

　이러한 점을 근거로 봤을 때, 집단 말하기 토의 과제는 학생들이 그들의 언어적 능력을 보여줄 수 있는 기회 뿐 아니라 다른 사람들과 관련된 상호작용적 능력 또한 보여줄 수 있는 기회를 제공한다. 예를 들어, 주제를 초기화하고 확장하거나 마무리하는 것, 의사소통을 위한 실제 같은 상황을 설정하는 것, 특히 주제와 관계된 것과 같은 말하기 상호작용이 이러한 능력이다.

—Underhill, 1987: 3

　검사는 평가에서 형성된 상호작용의 특징에 대해 특정한 제약을 부여하고, 또한 검사 수행에서부터 검사 이외의 일상적인 상호작용의 수행에 이르기까지 평가의 일반화에 대한 타당성에 특정한 제약을 부여한다는 사실을 인식하는 것이 중요하다. 구어적 상호작용의 성공은 (a)상호작용이 필요로 하는 것과 그 상호작용에서의 역할과 같은 과제들의 특징, (b)수험자들이 수행할 필요가 있는 상황, (c)개개인이 상호작용으로 가져오는 자원들에 의해 결정된다.

—Butler et al., 2000: 2

우선 수험자들을 어떻게 짝지을 것인가에 대한 문제이다. 두 수험자는 서로 친밀해야하는가? 혹은 그들이 서로 모르는 사이라면 문제가 있을까?

* 그들의 모국어가 같지 않아도 문제가 없는가?
* 그들이 제2언어 학습에서 대략적으로 비슷한 단계인가? 아니면 다른 단계일 수 있는가?
* 만약 두 수험자의 나이, 인종, 사회적 지위, 혹은 직업이 다르다고 한다면, 그것이 그들이 상호작용을 하는 데 차이를 만들어낼 것인가?
* 수험자 사이의 성격 차이는 어떤 영향을 줄 것인가?
* 만약 수험자들의 한 명이 외향적이라면 다른 한 명은 내향적으로 짝이 지어져야 하는가?

다음으로 이러한 짝을 짓는 형태에서는 대화 '상대자'가 있고, 두 수험자를 평가하기만 하는 '관찰자'가 있다.

* 수험자들에게 이러한 역할의 영향력은 무엇인가?
* 비록 자신 또한 상호작용에 참가한다고 하더라도 대화 상대자는 두 수험자를 평가한다. 이것이 측정과정의 타당성을 높여줄 것인가?
* 위에 열거된 모든 참가자들의 변수들이 각기 다르게 주어진 상태에서 한 명은 다른 사람을 '지원'해주고 다른 한 명은 어느 정도 그가 '협상'하거나 '배려'를 할 수 있는 기회를 주지 않는 상황에서 평가자는 어떻게 각각의 수험자들에게 점수를 부여할 것인가?

세 번째로 두 수험자 모두가 과제 수행이 불가능할 경우, 대화 상대자의 역할은 무엇인가?

* 대화 상대자가 어느 정도로 개입해야 하는가?

* 만약 '명백한 개입'이 필요하다면, 혹은 한 명의 수험자가 다른 사람보다 더 많은 발화 시간을 갖는다면 그것들은 담화와 점수에 어떠한 영향을 미칠 것인가?

　네 번째로 대화 상대자에 의해서 설명되어야만 하는 네 가지 과제를 포함하고 있는 15분짜리 인터뷰에서 각각의 수험자들의 발화 시간은 평가할만한 말하기 표본을 이끌어내기에 충분한가?

　다섯 번째로 가능한 다양한 조합의 '짝 유형(pair type)'에 따른 평가의 구성방식이 시험 불안의 감소 혹은 증가에 영향을 줄 것인가?

—Fulcher, 2003: 187-8

은 더 중립적이고 객관적으로 나타날 것이다. 따라서 이는 참가자에 대한 다른 참가자들의 영향과 수험자에 대한 평가자의 영향을 줄일 것이다. 이것의 극단적인 형태는 수험자와 평가자를 물리적으로 분리시켜 놓는 것과 시험의 기준으로 녹음된 말하기 표본을 사용하는 것이다. 이 방법의 장점은 모든 수험자들에게 청각적, 시각적 자극제들이 엄격히 동일하게 적용된다는 것이고, 시험 과정에 비인간성(impersonality)을 부여하여 대면적 요소로 인한 차이를 최소화한다는 것이다. 따라서 수험자 반응의 비교 가능성은 더 자연스러운 상호작용 속에서의 반응들보다 더 높다. 그러나 우리가 여기서 다시 생각해 보아야 할 의문은 그러한 실제적이지 않은 자극제에 대한 반응이 '실제적인 말하기'로 여겨질 수 있는가 하는 점이다. 이러한 접근은 말하기 능력과 관련된 Riggenbach의 개요와 같은 상호작용적인 측면을 포착한다고 주장하지는 않는다 (〈인용 4.11〉 참고).

대화에서 학습자의 담화와 전략적인 능력(strategic competence)을 보여주는 기술들은 아래 나열한 것과 같다. 상대적인 길이와 기능적인 측면에서 모두 작게 나누어진 이 기술들은 일관되고 부드러운 말차례교대(turn-taking)와 담화능력(discourse competence), 잠재적인 의사소통 단절과 같은 경우에서의 성공적인 의미 협상 모두에 필수적인 요소들이다.

대화 미시 기능
* 대화의 차례를 요구하는 능력
* 대화의 차례를 요구받았을 때 그것을 유지하는 능력
* 대화의 차례를 넘겨주는 능력
* 맞장구치는 능력
* 자기교정 능력
* 청자의 입장에서 확실하게 이해를 시키는 능력(예를 들면, 일리가 있습니까? 듣고 있나요? 이해되었나요?와 같은 이해를 확인할 수 있는 질문들)
* 잠재적인 의사소통 단절이 있을 때, 바로 잡을 수 있는 능력(예를 들면, 설명 요청하기)
* 보상 전략을 사용할 수 있는 능력(예를 들면, 학습자의 능력 밖에 있는 구조나 어휘에 대한 회피, 신조어 생성, 우회적으로 말하기, 그리고 주제를 변환하거나 다른 대화 상대자를 자극할 수 있는 질문을 하여 대화 흐름을 유지하는 책임을 공유하는 것)

—Riggenbach, 1998: 57

고도로 통제된 말하기 평가의 비판에 대한 반론은 시험 성적과 실제 말하기 기술 사이에 상관관계가 존재한다는 것이다. 즉, 비록 평가 준거와 상황, 그리고 자연스럽게 발생하는 대화 사이에 거의 불가피한 불일치가 있음에도 불구하고(《인용 4.12》 참고) 그 시험은 여전히 말하기 능력에 대해 정확하게 알려준다.

많은 TOEFL에 대한 연구 논문들은 이와 같은 점들을 담고 있다. 예를 들어 Sarwark et al.(1995)는 보조 교사를 대상으로 한 수업에서의 말하기 능력은 그들의 말하기 시험(SPEAK test)(테이프와 같은 도구를 통해서 교육을 받을 수 있고, 사이트를 통해서 훈련된 평가자가 필요치 않은 쉽게 등록할 수 있는 시험)에서의 능력과 크게 연관성이 있었다는 것을 발견했다. 이러한 제한된 평가 상황 내외에서의 말하기 능력에 대한 의문은 차후의 연구를 위한 영역으로 남아 있다(4.2.4 참고).

〈인용 4.12〉 시험 상황 하에서의 자연스러운 구어 담화의 문제점 요약

말하기는 상대적으로 평가하기에 가장 어려운 언어 기술이다. 한 사람의 말하기 능력은 주로 대면하는 상황에서 실시간으로 대화 상대자와 참여자의 사이를 통해서 평가된다. 평가자는 무언가가 말해지고 있을 때, 무엇이 말해지고 있는지를 즉각적으로 판정해야만 한다. 이는 평가가 대화 상대자가 언제나 주의를 기울여야 하는 말하기의 일부 특징들(예를 들어 발음, 정확성, 유창성)만을 통해서가 아니라, 언어 수준, 성별, 대화 상대자의 상태, 참가자와의 친밀도, 그리고 대화 상대자와 참가자의 개인적 특징들과 같은 다른 요소들 또한 고려해야 한다는 것을 의미한다.

—Luoma 시리즈 편집자 서문, 2004: ix-x

4.2.3. 장르와 기능

　말하기 평가에서의 차후의 문제는 어떤 말하기 장르가 평가될 것인가, 그리고 '장 특성화' 혹은 특정 목적을 위한 평가 대 일반적인 평가에 대한 의문과 관련이 있다. 이 두 문제들은 모두 Dan Douglas의 저서 『Assessing Languages for Specific Purposes』(Douglas, 2000)에 더 자세히 다루어져 있다. 말하기 장르의 경우에서는 화자에 의해서

〈개념 4.3〉 특수 영역 시험(field-specific test)과 말하기 장르(genres of speaking)의 평가

　특수 영역 말하기 시험은 특정 맥락에서 말하기를 평가하는 것과 관련이 있고, 이는 어느 정도 말하기 장르의 시험이라 할 수 있다. 일부 직업적인 맥락들은 매우 구체적인 말하기 언어 사용을 요구하고(예를 들면, 항공관제, 의사-환자의 만남(patient-practitioner encounters)), 따라서 시험은 목표로 하는 장르의 전형적인 언어와 관련이 있는 수험자들의 의사소통 능력을 평가할 수 있도록 구성될 수 있다. '특수 영역'이라는 용어는 평가 연구가 발전시킨 특정 용어의 한 예이고, 이는 평가와 관련된 문헌에서 잘 정립된 개념이다. 게다가 이는 말하기 장르에서 더 일반적인 것이다.

　특수 영역 평가는 종종 일반적인 능력 시험보다 우월하다고 여겨지는데, 왜냐하면 이것은 시험을 설계할 때, 언어의 사용, 맥락, 다양성(예를 들어, 특성화된 주제나 전문적인 어휘)을 더 명확하고 깊이 있게 평가할 수있기 때문이다.

　말하기 장르에서의 관심은 점점 더 커지고 있는데, 이 관심은 일반적인 말하기 평가 개발과는 덜 연관된 개념이다. 이는 아마도 '말하기 장르'라는 용어가 다소 부정확하게 정의되어 있고 언어 이론 내의 여러 영역에서 등장하기 때문이다. 이것은 Mikhail Bakhtin(1986)의 발화, 대화, 그리고 텍스트에 대한 저서, 언어 사용역 분석과 장르에 대한 Michael Halliday의 저서와 연관이 있으며, 큰 코퍼스들(corpora)이 될 가능성이 있는 코퍼스(corpus) 연구는 언어의 변이 형태와 말하기 장르의 일부 분석들을 가능하게 해준다.

이루어지는 언어 선택이 그들이 연관된 대화의 장르에 의해서 강하게 영향을 받는다는 증거를 코퍼스 언어학의 영역에서 찾을 수 있다. 예를 들면, 세미나에서의 발표와 같은 정보가 몰려 있는(따라서 명사구들로 가득한) 독백과 실제 상황 혹은 서비스 상황에서 발생하는 구조적으로 덜 밀집된 일상대화 내용으로 대비된다.

Webber(2005)는 의학 학회 발표(conference presentations)들의 코퍼스를 구성하였고, 격식 있는 독백 장르라고 예측될 수도 있는 상호작용적인 특징들이 널리 퍼져 있음을 깨달았다. 장르라는 범주에서 의학적 말하기 담화의 장 특성화된 평가에 대한 통찰력을 발휘하는 것은 포괄적인 말하기 평가에서 일반적으로 가능한 기준들보다 더 잘 다듬어지고 적절한 기준들(예를 들어, 보건 전문가들을 위해 호주에서 개발된 의료 전문 영어 시험 OET, Occupational English Test)을 제공할 수 있는 말하기 평가를 위한 한 가지 방법이다.

그러나 말하기 평가 설계자가 현실적인 말하기 장르가 만들어질 수 있는 평가 환경을 조성하기 위해서는, 그리고 평가 준거들이 실제 구어 데이터들과 더 근접하게 일치하도록 하기 위해서는 훨씬 더 많은 노력이 필요하다. 게다가 평가자들에 대한 대대적인 재훈련 또한 필수적일 것이다. 위에서 언급했듯 비격식적인 영어 말하기의 일반적인 평가라는 측면에서, 망설임, 짧은 절(혹은 한 단어 문장), 생략, 반복, 자기 수정, 그리고 특정 대화 장르에서는 훌륭한 말하기의 필수 요소일 수도 있는 단순하거나 분명하지 않은 어휘와 같은 것들을 인지하는 태도의 변화가 필요할 것이다. 대조적으로 긴 차례(turn), 명쾌한 표현, 그리고 잘 짜인 대화는 아마도 서술과 같은 말하기 장르에서 발견될 수 있을 것이다. 이와 같은 이유 때문에 말하기 장르, 말하기의 맥락과 목적들은 '실제적인' 말하기 평가에 있어 충분한 논의가 필요하다(〈인용 4.13〉 참고).

말하기 기술을 평가하는 데 있어 또 다른 문제는 평가 설계에서 다른 기술들과 말하기 기술을 구분지어 볼 수 있느냐이다. 이는 통합 기능 검사 대 분리 기능 검사(integrated versus discrete skills testing)로 알려져 있다. 예를 들어, 모든 언어 평가에서 제기되는 문제는 지필 평가에서 어떤 읽기 능력이 성적에 영향을 미치는가와 같은 것이다. 그러나 그 문제는 말하기/듣기 능력의 평가와 관련해서 특히 중요하다.

　〈인용 4.13과 4.14〉는 거의 십 년 정도 차이를 두고 있다. 그것들은 언어 평가 설계에서 한 능력이 다른 능력에 미치는 영향을 정돈하는 것의 어려움이 실용적으로든 이론적으로든 계속되고 있다는 것을 이야기한다. 이는 각각의 능력에 대한 개별적인 평가가 필수적이라는 결론을 가져온다. 그러나 말하기/듣기 의사소통의 평가라는 측면에서 더 어려운 점은 이것이 의미 있는 수준의 개별적인 언어 기술 평가가 가능하다고 여기는 위치를 알려주는 현대의, 매우 문식화된 언어의 개념화에 불과하다는 것이다(또한 Hughes(2004)를 참고하라). 에세이 쓰기 시험과 같이 평가자들에 의해 개별적인 연구 분석을 계속하게 만드는 개별적으로 작성된 글의 존재는 언어의 모든 측면들이 이러한 평가 친화적인 방식으로 평가될 수 있다고 믿도록 한다. 고정되어 있고, 탈맥락화된 '산물'을 모든 네 가지 언어 기술의 최고의 모형이 아니라고 여기는

〈인용 4.13〉 시험 방법의 역할과 영향

　[과제 혹은 평가 영역의 구체화]에 있어 일반적으로 '능력 영역의 구체화'는 중요하게 다뤄지고 포함되는 반면에 '내용의 적절성 평가'나 '평가 방법 측면의 구체화'가 필요하다는 점은 종종 무시된다.

—Bachman, 1990: 244

현재로서 듣기와 말하기는 이론적으로나 실용적으로 분리하기가 매우 어려워 보인다. 그것들을 통합하기 위해서는 방법론적으로나 심리적으로 고찰할 필요가 있다. 즉, 수험자들은 다양한 과제에서 의미를 생성하고 이해하기 위해 의사소통 언어 능력을 사용한다. 즉, 우리는 수험자들의 능력을 반영하는, 단일 점수를 받는 말하기/듣기 능력 시험에 대해서 잘 고민해봐야 한다.

—Douglas, 1997: 25-26

과제라는 측면에서 다양한 종류의 과제들은 새로운 말하기 평가에서 다양한 종류의 입력 자극제들(지시문, 읽기 지문, 독립적인 지문)과 연관이 있다. 따라서 한 가지 아주 흥미로운 연구 문제는 한 과제에서의 수험자들의 성적은 흥미 있는 일반적인 구성을 측정하기 위해 설계된 다른 과제들의 성적과 매우 유사한지에 대한 것이다. 잠재적으로 이러한 각각의 과제 종류들은 말하기의 다소 두드러지는 측면을 이용(tapping)하는 것이고, ―만약 말하기 점수가 이러한 다양한 종류의 과제들에 근거하였다면― 합산 점수의 신뢰성은 아마도 부정적으로 영향을 받을 것이다(혹은 다른 능력들의 영향들이 말하기 점수와는 다를 수도 있다는 것). 그런 측면에서 새로운 말하기 측정을 평가하고 타당화하는 데 있어 과제와 과제 종류들 사이의 말하기 점수 일반화 가능성을 검증하는 것이 매우 중요하다.

—Lee, 2006: 132

것은 어쩌면 신선하고 급진적(어쩌면 유익할)일 수도 있다. 게다가 말하기·듣기와 같이 역동적이고 대인 관계적인 능력들이 실제로 상호작용적, 운율적(prosodic) 역량을 통합한 평가 기준에 의해 평가될 필요가 있다는 것이 점점 더 명백해지고 있다. 그러한 기준들은 쓰기 형태와 같은 측면으로 제한되거나 한정되지 않을 것이며, 말하기 형태의 필수적인 측면들을 반영할 것이다. 이러한 아이디어들을 다루는 연구 주제들과 장르나, 언어나, 과제와 관련한 분야 특정적인 시험과 같은 미래의 연구 영역들이 산재해있다.

4.2.4. 시험 내에서의 수행과 시험 밖에서의 수행을 연결하는 것

말하기 시험의 설계자나 시험을 시행하는 관리자 그리고 말하기 시험 결과 점수를 활용하는 사람들은 특정한 날 얻게 되는 시험 점수 이상으로 말하기 능력을 포괄적이고 전체적으로 예측할 수 있도록 하는 단일한 평가가 없다는 것에 동의할 것이다. 구어 양식의 뚜렷한 속성을 충분히 고려할 때, 구어 양식의 본질적 측면에서 바라보면 객관적이고 중립적이며 탈맥락적이고, 탈관습적인(acultural) 시험에 대한 바람은 다소 이상한 것이다. 특히 이러한 측면의 극단에서 보면, 말하기의 직접 평가(direct testing)는 불가능하다. 그러나 대규모 국제적인 시험의 개발자들이 상당한 노력을 기울이며 엄청난 수의 말하기 평가들을 함께 맡고 있다. 그 노력은 그들만의 접근법의 유용성과 타당성을 설명하고, 말하기 구조를 정확히 시험하는 능력을 가능한 한 설득력 있게 유지하기 위한 것이다.

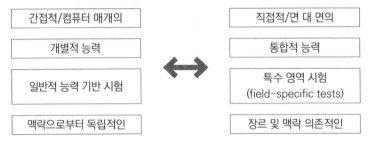

간접적/컴퓨터 매개의	직접적/면 대 면의
개별적 능력	통합적 능력
일반적 능력 기반 시험	특수 영역 시험 (field-specific tests)
맥락으로부터 독립적인	장르 및 맥락 의존적인

〈그림 4.1〉 말하기 평가 유형의 연속체(continuum of test types)의 대척점

　〈그림 4.1〉은 시험 종류의 다양한 '문화들'의 일부를, 양 극단의 대조적인 특징들로 이루어진 연속체로 제시함으로써 요약하려는 시도를 하고 있다. 그리고 이 연속체에는 각기 다른 평가 형태가 위치할 수 있다. 예를 들어, 비록 그것들이 상호 배타적이지 않다고 하더라도 면 대 면 평가는 통합된 능력 평가에 대한 더 '총체적'인 접근법을 선호하고 가능하게 하는 경향이 있을 것이다. 반면에 온라인 평가는 기능 평가에 있어더 세분화된 접근법을 장려하는 경향이 있을 것이다.

4.3. 세 가지 고부담 검사 내의 구술 평가에 대한 시험 패러다임 비교

　이 장의 마지막 부분은 세 가지의 대조되는 말하기 시험을 분석하여그들을 뒷받침하는 구어 형태에 대한 입장이 무엇인지, 그리고 〈그림 4.1〉에 제시된 평가 문화와 관련하여 그 시험들이 어디에 놓여있는지를살펴볼 것이다. 이것이 일상적인 대화에서의 규범과 시험개발자들의 요구 사이의 긴장 관계가 가장 눈에 띄는 대규모의 고부담 검사의 영역 내에 있다는 것은 흥미로운 일이다. 〈인용 4.16〉에서 알 수 있듯, 이러한

〈개념 4.4〉 직접 평가와 간접 평가

'직접' 그리고 '간접'이란 용어는 평가와 관련하여 두 가지 방식으로 사용된다. 전자는 말하기 평가 구성 방식과 관련해서 사용하는데, 이는 단순히 대화 상대자의 존재 유무에 따라 결정된다. 후자는 말하기 평가의 복잡성에 관한 논의와 관련되어 있는데, 전자와 헷갈려서는 안 된다. 평가와 평가 이론 내에서 직접 평가는 평가 상황 하에서의 수험자의 능력과 시험을 치르는 측면 사이의 강한 관계를 필요로 한다. 반면에 간접 평가는 수험자의 능력을 시험이 치러지는 언어의 종류를 가리키는 것이라고 여긴다. 이것은 시험 설계와 평가에 관한 논쟁에서 매우 기초적인 의문이다. 이것은 시험 중에 사용된 언어와 이로부터 추론 가능한 확장된 영역 사이의 관계에 대해 질문한다. 특히, 간접적으로 수행을 평가하는 패러다임을 지지하는 사람들은 매우 다양한 맥락 내에서 면 대 면의 불균형적이고 형식적이며 비연속적 맥락에서 수험자의 수행이 의사소통 수준을 나타내기 위한 말하기 능력에 대한 충분한 증거를 나타낼 것이라는 주장에 대해 논쟁하기를 즐긴다.

〈인용 4.16〉 시험 문화 대 학습 문화

교실 상황과 교사의 맥락과 요구는 대규모 평가와 일치하지는 않는다. 대규모 시험은 분류하고 분리하고 범주화하고 등급화 할 필요가 있다. 대규모 평가는 일반적인 것, 보편적인 것, 집단을 식별 가능한 것, 측정 가능한 것, 대체 가능한 것, 예측 가능한 것, 지속 가능한 것, 그리고 특징적인 것을 찾고자 한다. 교사와 교실 상황은 특별한 것, 개별적인 것, 변화하는 것, 변화 가능한 것, 놀라운 것, 사소한 것, 특징적인 것(textured), 그리고 독특한 것을 찾으려 한다. 어느 것이 더 낫다고 말할 수는 없지만, 그들은 분명히 다르다. 우리는 최근 몇 년 사이에서야 그 차이의 정도를 깨닫기 시작하였다.

—Hamp-Lyons, 2007: 487

〈개념 4.5〉 고부담 검사 (high-stakes testing)

'고부담 검사'는 수험자들의 삶에 있어 매우 큰 영향을 주는 일련의 시험을 묘사하는 데 사용되는 용어이다. 모든 시험이 그것을 치르는 사람에게 영향을 준다고 주장할 수도 있지만, 일부 시험에 떨어진 사람들 앞에는 명백한 장벽이 존재한다. 그리고 그 장벽은 그 시험을 통과하는 사람들에게도 생겨난다. 언어 학습 이외의 영역에서 이러한 시험의 예는 법이나 의학을 전공하기 위해 학위를 통과하는 것이나, 더 수준 높은 시험을 치르기 위해 학교에서 학생들에게 허가를 내어주는 사전 시험 또는 어떤 식으로든 다음 과목의 선택을 제한하기 위해 보는 사전 시험들이 있을 것이다.

본질적으로, 이 시험들은 사람을 집단으로 구분하고 각 집단의 기회와 제한은 시험 결과에 따라서 규정된다. 이것이 그 시험들을 '고부담'으로 만드는 것이다. 일부 언어 시험들은 그 시험을 보는 사람들의 삶에 특히 중요한 역할을 한다. 2004년 이래로 영국은 영국에 정착하길 원하는 외국인들을 위한 ESOL(English as a Second or Other Language)시험을 실시해오고 있다. 모든 영어 사용 국가들의 대학교 시스템과, 점점 더 영어가 고등 교육의 지표가 되어가고 있는 점은 훌륭한 학습 프로그램에의 입문을 위해서는 영어 능력이 필요하다는 증거이다. 이 두 가지 모두 영어 학습이라는 영역 내에서의 매우 중요한 평가의 예시이다. 그 중요도가 클 때, 평가 시스템에 대한 압박감 또한 분명해진다. 학생들의 상대적인 발달을 보여주기 위해 수업시간에 선생님에 의해 만들어진 작은 소규모 평가는 어쩌면 학생들의 삶에 거의 영향을 미치지 않을 수도 있지만, 이러한 매우 고부담 검사들에 통과하거나 혹은 떨어지는 것은 그들의 삶의 기회를 잠재적으로 꽤 많이 바꿀 것이다. 이는 그러한 평가들의 출제자들이 다소 그 시험의 개발에 있어 보수적이고 조심스럽다는 것을 의미한다. 그들의 고객들—개인이든 집단이든—은 요구하는 바가 많다. 고부담 검사에서의 보수적인 경향은 말하기를 평가하는 것과 관련하여 특정한 효과를 지니는데, 이것은 역학적이고 상호적이며 맥락 의존적이고 빠르게 변화하는 특징을 지닌 형태로 나타난다.

대규모 시험의 근본적인 패러다임에 대한 도전이 있을 수 있다. '학습하는 문화'와 같은 사회적 풍토에 영향을 받은 평가는 '개별적이고, 변화하며, 변화 가능한 것'에 대한 주목(Hamp-Lyons, 2007: 487)이 필요할 것이고, 이는 구어 형태를 정의하는 것에 큰 반향을 불러일으킬 것이다.

4.3.1. 인터넷 기반의 TOEFL 말하기 시험

〈그림 4.2〉는 매우 영향력이 있는 ETS(Educational Testing Service) 내의 시험 개발 집단이 갖고 있는 말하기의 다양한 측면의 근본적인 관계를 보여준다. 이들은 널리 치러지고, 영향력이 있는 TOEFL 시험을 연구하고 개발하고 전달하는 단체이다. 쓰기 평가가 중요하던 시절의 시험은 전세계에 7300개가 넘는 기관들과 단체들에 의해 영어 능력에 대한 기준점으로 인식되었으며, 대학 입학이나 이민과 관련된

〈그림 4.2〉 말하기 구인의 하위 범주 (from Xi et al., 2008: 29)

'고부담' 시험에 사용되었다.

〈그림 4.1〉에서 강조된 시험 패러다임의 연속점에서 이 시험은 확실히 왼쪽 끝에 가까이 위치하였다. 수사학적 환경의 측면에서 이는 어려운 학문('복잡성', '정확성', '정밀성')과 밀접한 관계가 있으며, 전반적인 상황에서 개인적인 면과 맥락을 배제하려는 시도를 하는 객관적인 측정법, 측정될 수 있는 개별적인 수준과 측면으로 말하기 기술을 세분화하는 것과도 관련이 있다. 도표 그 자체와 이를 설명하기 위해 사용된 말 모두 수험자의 능력을 평가할 수 있는 명쾌하고 견고한 틀을 보여준다. 기능의 각 수준들은 하위 구성요소와 국면들로 구성되며, 비록 이 도표 자체가 위계적인 측면을 드러내지는 못하지만, '전달'의 구체적인 요소로 구분되는 '언어 사용'에 따라 구축되는 더 높은 기능으로서 개념화되는 '주제 전개'를 통해 위에 언급된 것들이 '순서를 지닌 계열성을 보이는 것'은 명백하다. 독특하고 명쾌하게 정의된 영역이라는 면에서 그 구인의 도표적인 제시는 일반적 ETS 시험 개발 접근법의 풍토와 밀접하게 연결되어 있다.

'iBT/New Generation TOEFL'(이하 'TOEFL' 혹은 'TOEFL 말하기')의 말하기 요소와 관련된 구성 방식과 채점 과정은 의도적으로 개인적인 요소가 개입되지 않는다. 이는 말하기에서 면 대 면 평가가 영향을 줄 수 있다는 편견과 관련된 수많은 문제들을 회피하기 위함이다. TOEFL에서의 6개의 과제는 각기 다른 말하기의 측면을 평가하기 위해 설계되었다. 그 중 두 개('독립적')는 친숙한 주제에 대한 의견을 표현해 달라고 수험자에게 요청하고, 나머지 네 개('통합적')는 수험자가 입력을 제공하는 글이나 말하기 자료에 대한 반응을 이야기해보도록 요청한다. 독립적이고 통합적인 과제들에 대한 루브릭은 비록 준거의 세부적인 면이 조금씩 다르기는 하지만 동일한 근본적인 측면들을 기초로 한다. 평가 구성 방식의 특징 때문에 모든 대답들은 녹음된 독백의 형식이다. 본질적으로 독립적인 과제와 통합적인 과제들 간의 차이는 자료의 출처에서 차이가 있고, 또한 독립적인 과제들의 경우에서는 학생들 본인의 경험으로부터 나온 주제들, 그리고 통합적인 과제들의 경우에는 외부적인 지시문(prompt)과 시각적인 자극제(stimuli)로부터 나온 주제들과 관련이 있다. 또한 과제를 수행하는 능력과 수험자가 글이나 들은 것들을 처리하고, 종합하는 능력 간에도 강한 연관성이 있다.

　여섯 개의 각기 다른 말하기 과제에서의 수험자의 능력은 음성 파일로 기록되어 온라인 채점 네트워크를 통해 ETS 팀의 훈련된 평가자들에게 독립적으로 전달된다. 최소 세 명의 채점자가 동일한 수험자를 평가하고(즉, 각기 다른 과제들이 모두 동일한 채점자에게 보내지는 것은 아니다), 일부 과제들은 신뢰성을 확인하기 위해 두 명의 채점자에 의해 평가된다. TOEFL 말하기 점수는 네 개의 단계로 구성되고, 각각의 단계는 〈그림 4.2〉에 제시된 요소를 통해 나뉜다(전달, 언어 사용, 주제 전개). 이러한 각각의 여섯 개 과제 내에서 0점(응답이 없거나 주제와는 동떨어진)과 4점 사이의 점수들은 그 후 0~30점 사이의 단일 점수로 평균을 내고, 해석된다. 최고점과 최저점을 설명해놓은 기준은 〈표 4.1〉에 제시되어 있다. 전체적으로 시험을 뒷받침하는 중요한 전제(assumption)는 개인적인 요소가 개입되지 않은 시험 출제를 통해 평가자의 편견을 최소화하는 것과 그러한 문맥(context)들 속에서 과제를 수행하는 능력이 다른 영역(더 상호 교류적이고 비격식적인)들에서 추론될 수 있다는 것이다. 모든 여섯 개의 과제 내의 네 가지 단계에 필수적인 기준에서 매끄럽고, 오류가 적으며, 일관성이 있는 것들을 '높은' 점수의 능력이라고 고려하며, 내용 부족, 망설임, 반복적이며 기본적인 생각만을 포함하는 것들을 '낮은' 점수의 능력이라고 말한다. 이 장

<표 4.1> iBT/Next Generation TOEFL 시험에서의 ETS와는 개별적인 말하기 루브릭

점수	일반적 설명	전달	언어 사용	주제 전개
4 (가장 높은 수준의 성취도에 대한 설명)	대답이 과제의 요구를 충족시키고, 완성도면에서 실수 몇 가지가 포함됨. 매우 이해하기 쉽고 일관성이 유지된 담화를 보여줌.	일반적으로 훌륭한 흐름임(유창한 표현). 대화가 명쾌함. 사소한 실수들이나 발음 혹은 억양 패턴에 있어 약간의 어려움이 있을 수도 있지만, 그것들은 전반적인 이해에 영향을 주지 않음.	대답이 문법과 어휘의 효과적인 사용을 보여줌. 기본적이고 복잡한 구조들을 잘 다룸으로써 높은 수준의 자동성을 잘 보여줌. 일부 사소한 오류들이 눈에 띄더라도 의미를 방해하지는 않음.	대답이 과제에 대해 일관성이 있고 내용상 충분함. 대답이 일반적으로 잘 전개되어 있고, 일관성이 있음. 생각들 간의 관계가 명쾌함(혹은 생각들의 명쾌한 전개).
1 (전혀 응답이 없거나 주제와 무관한 반응으로 0점을 받는 것 이상으로 가장 낮은 수준의 성취도에 대한 설명)	대답이 내용면이나 일관성면에서 매우 제한적이며 과제와는 매우 조금 연관이 있으며 대화를 주로 이해하기 어려움.	발음, 강세, 억양의 지속적인 문제들이 청자를 상대적으로 힘들게 함. 전달이 조각조각 분절되어 간략하게 행해짐. 휴지와 망설임이 빈번함.	문법과 어휘의 범위와 사용이 생각의 표현과 생각들 간의 연결을 극도로 제한함. 일부 낮은 수준의 대답은 연습되어 있거나, 정형화된 표현들에 심각하게 의존하기도 함.	제한된 수준의 내용을 표현함. 대답은 매우 기초적인 생각의 표현 속에 일반적으로 핵심이 부족함. 화자는 과제를 완료하기 위한 말하기를 유지하기 어려워하고, 특정 문구의 반복에 크게 의존함.

의 앞부분에서 언급되었듯이 이러한 특징들을 범주화할 때에는 주의가 필요하다. 왜냐하면 원어민들의 대화에서도, 일상 대화 상황이나 압박을 받는 상황에서 의견을 형성하거나 표현할 때에 따라, 즉 대화의 상황 맥락에 따라 그러한 대화 특징들이 두루 나타나기 때문이다. 그래서 이 점에 대한 추가 논의는 이 장의 후반부에서 찾을 수 있다.

이 시험을 뒷받침하는 말하기 평가에 대한 다소 '비인간적'인 분위기의 접근법과는 분명히 대조적으로 TOEFL 개발자들과 ETS는 대중들을 위한 극도로 사용자 친화적인 인터페이스를 갖고 있다. 친근한 어조의 의사 소통 스타일과 상세한 기술적인 조언(《인용 4.17》 참고)은 수험자들에게 그들이 필요로 하는 시험 결과를 성취하기 위한 체계적인 진행 방식을 제공하고, 그러한 개인적이고 독립적인 노력들은 그들이 원하는 성과를 가져올 것이다. 시험 성적은 동일한 참고 기준을 지닌 채점자들에 의해 판정되기 때문에 이것은 시험 결과의 측면에서 좋은 조언이 된다. 게다가 국제적인 비즈니스, 상업, 학문에서의 지속적인 언어 사용의 증가가 초래한 영어 교수 및 평가 사회에 대한 거대한 압박감이 있기에, 개인이 스스로 연습할 수 있고, 잘 연구되고, 엄격한 기준을 지닌 시험을 보는 것은 걱정하는 모든 이들에게 도움이 된다. 주로 비대화적인 기술을 세미나 또는 빠르게 진행되는 대화와 같이 더 역동적이며 예측하기 어려운 상황에 반영하는 이 점수들을 수험자가 해석하는 능력은 예측하기 쉽지 않다.

〈인용 4.17〉 TOEFL iBT: 당신의 말하기 능력을 향상 시켜줍니다

말하기를 위한 조언

　기술: 친숙한 주제들에 대해 말하기

　능력 수준: 보통(fair)

　점수 범위: 18-25

　영어를 사용하는 원어민들과 말할 기회를 찾으세요. 다른 사람들과의 상호작용은 당신의 말하기 능력을 향상시키는 데 도움이 될 것입니다.

　대화 상대를 찾으세요. 서로 영어로 말하기를 연습할 시간을 매주 정하세요.

　만약 당신이 영어를 사용하는 원어민을 찾을 수 없다면, 영어 말하기를 연습하고자하는 친구를 찾아서 정해진 시간 동안은 오직 영어로만 이야기

하기로 약속하세요.

어려운 주제에 대해 많은 준비를 하지 않고 제한된 시간 동안 말하는 것을 연습하세요. 질문에 대한 대답의 시간을 정해보세요.

일반적인 말하기 주제들에 대한 목록을 작성해보세요.

- 당신이 존경하는 사람
- 당신이 방문하기 좋아하는 장소
- 당신이 하기 좋아하는 일

각각의 주제(부모님, 시장, 독서)에 대한 구체적인 예를 생각해보고, 각각에 대해 1분 동안 말해보세요. 위에 있는 주제들 중에 하나를 선택하여 주제와 적절한 세 개의 동사와 세 개의 형용사를 적어보세요. 당신이 말할 때, 그 단어들을 사용해보세요.

좋은 발음과 억양을 통해 명쾌히 말하는 것에 집중해보세요. 자신감을 갖고 말하고, 평소보다 당신의 입을 더 크게 벌리세요.

만약 당신이 단어만을 끊어서 이야기한다면, 당신이 하는 말을 알아듣기가 힘듭니다. '생각 단위'로 말하는 연습을 해 보세요.

읽기 지문을 보고 생각 단위를 표시해보세요. 그 후에 이 단어와 생각의 덩어리에 더 집중하여 크게 읽어보세요.

테이프가 있는 책을 사거나, 뉴스 기사, 인터뷰, 혹은 연극의 대본을 구하세요.

뉴스 기사, 인터뷰, 연극을 듣고 대본에 휴지, 강세, 억양을 표시해보세요. 그리고 그 대본을 읽으며 표시한 휴지, 강세, 억양 패턴을 모방하려 노력하세요.

오디오 녹음이 첨부된 책을 사용하여 영어 발음, 강세, 억양을 공부하세요.

—ETS, 2000

4.3.2. IELTS 말하기 시험

iBT TOEFL 말하기 시험과는 대조적으로 IELTS 말하기 시험은 대화 상대자/평가자와 면 대 면으로 진행된다. 이는 TOEFL 시험에 깔려 있는 분산된 언어 측면의 위계보다는 전체적인 의사소통 능력에 강한 초점을 맞추고 있다. 각각의 시험은 10~15분 가량 진행되고, 이는 녹음된다. 세 단계의 인터뷰가 진행되는데, 일반적이고 친숙한 주제들로부터 시작하여 4분 가량 이뤄진다. 시험의 두 번째 단계에서는 문구가 적힌 카드가 수험자들에게 제시되며 그들은 그들이 무엇에 대해서 말할 지 준비하고(1분 정도) 그 후 주어진 주제에 대해 2분 가량 혼자 말하도록 요구받는다. 세 번째 단계에서는 변화가 발생하는데, 평가자와 수험자는 두 번째 단계에서 생성된 자료들을 더 축약된 단계의 대화로 전개시킨다.

2001년에 IELTS의 말하기 시험은 1998년에 시작된 연구들을 토대로 수정된 버전(위에서 설명한)이 출제되었다. 구성 방식에서도 일부 변화가 있었지만 근본적인 구인에 대한 접근법의 분석이라는 측면에서 더 눈에 띄게 차이가 있었다. 이전 버전에서는 수험자를 단일한 기준으로 채점하였던 반면, 새로운 버전은 네 가지 구분되는 영역의 측면에서 능력을 분석하였다. 이 네 가지 측면은 유창성과 일관성, 어휘적 자원(lexical resource), 문법적 범위(grammatical range)와 정확성, 발음이다. 기준에 대한 설명 전체(공개된 버전)는 IELTS 웹사이트에서 볼 수 있고, 주요 인터넷 검색엔진에 'IELTS speaking band descriptors'라고 검색함으로써 당해 최신 버전의 설명을 독자들이 찾을 수 있을 것이다. 시험 기준에 대한 개요는 〈인용 4.18〉에 나와 있다. 그리고 〈표 4.2〉는 평가 척도의 상위, 그리고 하위 분석에 대한 설명을 하고 있다. 2~9점(0점은 수험자가 인터뷰에 참가하지 못했을 경우 사

용되고, 1점은 '의사소통이 불가능'하거나 '평가 가능한 언어를 사용하지 못했을 때' 사용된다)

〈표 4.2〉 IELTS 말하기 시험에서의 최고/최저 기준(IELTS, 2009)

범주	유창성과 일관성	어휘적 자원	문법적 범위와 정확성	발음
9	- 반복이나 자기 수정이 거의 없이 유창하게 말함; 망설임은 단어나 문법을 찾기 위해 일어나기보다 내용과 관련해서 발생함. - 완전히 적절하게 어울리는 특징들로 일관성이 있게 말함. - 주제를 완전하고 적절하게 전개함.	- 모든 주제들에 대해 충분히 유연하고 정확한 어휘를 사용함. - 자연스럽고 정확하게 관용적인 말을 사용함.	- 충분한 범위의 구조들을 자연스럽고 적절하게 사용함. - 원어민 화자의 말하기의 특징처럼 '사소한 실수들(slips)' 외에는 지속적으로 정확한 구조들을 사용함.	- 충분한 범위의 발음의 정교하고 미세한 특징들을 사용함. - 전체적으로 특징들을 지속적으로 유연하게 사용함. - 알아듣는 데 어려움이 없음.
3	- 말에 긴 휴지가 있음. - 단순한 문장들을 제한적으로 연결함. - 단순한 대답만을 하고, 빈번하게 기본적인 메시지 전달에 어려움을 겪음.	- 개인적인 정보를 전달하기 위해 간단한 단어를 사용함. - 상대적으로 친숙하지 않은 주제들에 대해 불충분한 어휘를 사용함.	- 기본적인 문장 형태를 시도하지만 틀리는 경우가 많고, 또는 명백히 암기한 발화에 의존함. - 암기한 표현들 외에는 수많은 오류(error)들을 범함.	- 범주 2의 특징들을 일부 보이며, 모두는 아니지만 범주 4의 긍정적인 특징들을 보임. - [예시: '특징적인 것들을 통제하려고 시도하지만, 실수가 빈번함'].
2 (1='의사소통이 불가능함'/ '평가 가능한 말이 없음', 0='참가하지 않음')	- 대부분의 단어 앞에서 긴 휴지가 있음. - 의사소통이 거의 불가능함.	- 개별적인 단어들이나 암기한 발화만을 사용함	- 기본적인 문장 형태를 사용하지 못함	- 대화를 종종 알아들을 수 없음

〈인용 4.18〉 채점과 평가

유창성과 일관성(coherence)

이 기준은 보통 수준의 계속성을 지니고 말할 수 있는 능력, 속도와 노력, 그리고 생각과 언어를 일관되게 연결할 수 있는 대화 생성 능력을 지칭한다. 유창성의 주요 지표들은 말하기 속도와 말하기 계속성이다. 일관성의 주요 지표들은 문장의 논리적 연결, 토론/서술/주장의 단계를 명쾌하게 구분(marking)하는 것, 그리고 문장 내와 문장 간 응결 장치(cohesive device; 예를 들면, 연결사, 대명사 접속사)의 사용이다.

어휘적 자원

이 기준은 수험자가 사용할 수 있는 어휘의 범위와 어떤 의미와 태도가 표현될 수 있는지에 대한 정밀성을 의미한다. 주요 지표들에는 사용된 단어들의 다양함, 타당성과 적절성, 그리고 눈에 띄게 망설이는 모습을 보이지 않고 우회적으로 표현하는 것(다른 단어들을 사용하여 어휘의 공백을 메우는 것)이 있다.

문법적 범위와 정확성

이 기준은 수험자의 문법적 자원 사용의 범주와 정확성과 적절성을 지칭한다. 문법적 범위의 주요 지표들에는 발화된 문장의 길이와 복잡성, 종속절의 적절한 사용, 특히 정보에 맞춰진 초점을 계속해서 이동시키는 것과 같은 문장 구조의 범위 등이 있다. 문법적 정확성의 주요 지표들에는 주어진 양의 말하기 내에서의 문법적 오류의 개수, 그리고 오류의 의사소통적 효과가 있다.

발음

이 기준은 말하기 시험이 요구하는 바를 수행하기 위해 명료하게 말하는 능력을 지칭한다. 주요 지표들에는 청자가 느끼는 부담감의 정도, 이해할 수 없는 말하기의 양, 그리고 모국어 영향(L1 influence)의 두드러짐이 있다.

—IELTS, 2007: 12

이러한 영향력이 있는 두 시험의 특징적인 점은 IELTS 말하기 시험에서의 상호 교류적 기술에 대한 큰 관심이다. 또한 더 인간적 요소를 배제한 TOEFL 말하기 시험에서의 능력에 대한 명백한 관심에도 불구하고 말하기의 구인에서 긍정적이거나 부정적인 측면이라고 인식되는 것에 대하여 두 시험은 크게 일치하는 부분이 있다. 〈표 4.3과 4.4〉는 이러한 특징들을 요약하고 있다. 이러한 두 개의 주요한 국제적인 말하기 시험의 기준들을 조합한 것은 시험과 과제가 함께 설계되는 방식을 생각해볼 수 있게 하고, 채점 체계가 설명하는 '능숙한 말하기'와 관련된 태도에 대해서도 생각하게 한다. 무엇이 평가 되는가(개발자에 의해 정의되는 구인), 시험 결과에 기초하여 적절하다고 여겨지는 자료는 무엇인가(개발자에 의해 설계된 과제에서 수험자가 제시한 결과), 그리고 표준화된 시험에서 각각의 평가자들에 의해 궁극적으로 사용될 긍정적이고 부정적인 특징들의 범주(수준차를 구분하기 위해 만들어진 설명) 등과 연관된 기준에 의해 밝혀진 일련의 명쾌한 추측들이 있다. 따라서 주요한 국제적인 시험들의 말하기 과제는 일반적으로 수험자가 시험에서 가장 높은 수준의 성취도를 보여줄 수 있도록 본인이 예상하고 있는 '최상의 상태'를 수행할 수 있도록 하고, 시험의 틀 안에서 중요하게 여겨지는 특징들을 담은 말을 할 수 있는 기회를 갖도록 한다.

〈표 4.3과 4.4〉가 보여주듯 높은 수준의 능력은 일반적으로 풍부하고 일관성이 있으며 어휘적으로 밀집된 '길게 이야기하는 것(long turn)'을 의미한다는 것을 알 수 있다. 평이함, 망설임, 자기 수정, 불완전함, 준비된 말만을 사용하는 것(using pre-packaged), 반복적인 말의 '덩어리'들과 같은 일반적인 말하기 대화적 담화(spoken conversational discourse)의 측면들은 반대로(역시 〈표 4.3〉과 〈표 4.4〉 참고) 바람직하지 않은 것으로 여겨진다. 반면에 유창성, 정밀성, 정확성, 조정, 범위,

그리고 완결성은 높이 평가된다. 위에서 언급되었듯이 전자로부터 자유롭고 후자에 의해 구별되는 담화를 만들어내는 능력은 누구에게나 쉽지 않다. 자연스러운 상호작용적인 환경에서의 원어민 화자의 말하기가 기준인 것은 아니다.

〈표 4.3〉 iBT 말하기와 IELTS 말하기의 제시된 말하기 담화 내에서의 부정적인 특징들이라고 여겨지는 것들의 요약(✔는 부족한 능력을 설명하는 기술어에 언급된 특징을 의미함)

특징	IELTS	TOEFL
반복	✔	✔
망설임	✔	✔
이해할 수 없음	✔	✔
휴지(긺)	✔	
휴지(빈번함)		✔
자기 수정	✔	
'단어 찾기'	✔	
'사소한 실수(slips)'	✔	
실수(완성도 면에서)		✔
실수(발음)		✔
어려움(발음)		✔
연관 없는 단어	✔	
고르지 못함		✔
분절됨		✔
너무 짧음		✔
암기됨	✔	
연습됨		✔
정형화됨		✔
제한적임(내용)		✔
제한적임(문법과 어휘)		✔
기초적임(문장 형태)	✔	
기초적임(생각)		✔
불충분함(어휘)	✔	
단순함(연결)	✔	
단순함(문장)	✔	
단순함(대답)	✔	
단순함(어휘)	✔	
개인적임(정보)	✔	

이 부분과 관련 있는 연구주제는 평가자가 정확히 수험자의 능력 중에 무엇을 자기 수정 단계라고 인지하는지 그리고 이것들을 수험자의 다른 담화 상황의 순간이나 이 영역 내에서의 원어민 화자의 능력들과 비교하는 것이 될 수 있을 것이다. 이는 어쩌면 명백히 부정적인 특징이 자연스러운 말하기에서는 반대로 나타나는 경우가 있고, 이것이 사실은 중립적이거나 긍정적인 특징이라는 것을 보여줄 수도 있다. 생각의 흐름을 '방해받지 않고' 유지하면서 목표 언어(target language)에서 이것을 다룰 수 있는 언어 학습자는 높은 수준의 성취를 이룬 것으로 볼 수

〈표 4.4〉 iBT 말하기와 IELTS 말하기의 제시된 말하기 담화 내에서의 긍정적인 특징들이라고 여겨지는 것들의 요약(✔는 훌륭한 능력을 설명하는 기술어에 언급된 특징을 의미함)

특징	IELTS	TOEFL
유창함	✔	✔
알아듣기에 어려움이 없음	✔	
이해하기 쉬움	✔	✔
부드러움		✔
속도가 적절함		✔
명쾌함(생산)		✔
자동적임		✔
일관적임	✔	✔
응집성 있음(방법/특징)	✔	
충분함(주제)	✔	
충분함(구조의 범위)	✔	
충분함(발음 특징의 범위)	✔	
완전함		✔
적절함(내용)		✔
정밀함(어휘)	✔	
관용적임	✔	
정확함(어휘와 숙어)	✔	
정확함(구조)	✔	
조정됨(구조)		✔
지속적임	✔	✔

있다. 낮은 어휘 범주의 담화와 같은 일반적인 대화 측면을 이와 비슷하게 재검토하는 것은 가치가 있을 것이다. 왜냐하면 많은 맥락에서 청자 친화적인 화자는 명쾌하고 단순한 메시지를 반복함으로써 가장 효과적으로 대화할 수 있기 때문이다.

4.3.3. 영국 국경청(UK Border Agency)의 영국 영주권과 영어 시험

2005년 영국 정부는 자국에 정착하고자 하는 외국인들을 대상으로 새로운 기준을 적용하기 시작했다. 이것은 영국 시험들 중 영국 영주권과 영어 시험(Knowledge of Language and Lifem, KOL test)의 형태를 띠었는데, 이름이 암시하듯 이 시험의 기능 중 하나는 영어에 대한 어느 정도의 능력을 증명하는 것이다. 지원자들은 영국 국가 역량 체계(UK National Qualifications Framework)에서의 Entry Level 3에 도달하였음을 보여주어야 한다(공통 유럽 체계 B1(Common European Framework B1)과 동등함). 영국에 거주하기를 원하는 지원자들이 이 수준의 능력을 보여줄 수 있는 방법들 중에 하나는 KOL 시험을 통과하는 것이다. 이 시험은 지식과 언어에 대한 평가가 혼합되어 있다. 평가 준거는 KOL 시험에 의해 직접적으로 설계된 것은 아니고, 이 수준을 포함하는 영국 문식성 교육과정에서 가져왔거나 연관이 있다. 이 기준은 〈인용 4.19〉에 요약되어 있다.

KOL 시험은 영국의 생활과 문화에 대한 일반적인 지식과 관련된 24개의 선다형 문제 구성으로 이루어져 있다. 이 시험에 통과하는 것으로 Entry Level 3의 언어 능력을 갖고 있다고 추정한다. 이 레벨에 도달하지 못한 사람들은 통과할 때까지 KOL 시험을 계속해서 볼 수 있고, 혹은 승인된 단체를 통해 'ESOL with citizenship materials' 자격을 얻

Sc/E3.1: 적절한 명료성, 속도, 표현을 사용하여 명쾌하게 들리고 이해되도록 말한다.

    a) 이해가 잘 되고, 의미를 명확히 하도록 강세, 억양, 발음을 사용한다.

    b) 의미를 명확하게 할 수 있도록 영어의 소리를 분명하게 표현한다.

Sc/E3.2: 격식 있는 언어를 사용하고 적절할 때 전환하여 표현한다.

    a) 격식 있는 언어를 사용하고 적절할 때 전환하여 표현한다.

Sc/E3.3: 익숙한 맥락이나 그렇지 않은 상황에서 정보를 얻기 위해 요청하고 질문한다.

    a) 요청한다.

    b) 개인적 혹은 사실적 정보를 얻기 위해 질문한다.

    c) 명령(direction), 지시, 혹은 설명을 요청한다.

    d) 사람, 장소, 그리고 사물에 대한 묘사를 요청한다.

Sc/E3.4: 사실적 진술을 명쾌하게 표현하고 짧은 설명, 해석, 묘사를 한다.

    a) 사실적 진술을 명쾌하게 표현한다.

    b) 개인적 정보를 제공한다.

    c) 과거의 사건에 대해 해석/진술한다.

    d) 설명한다.

    e) 명령과 지시를 내린다.

    f) 짧은 묘사를 하고, 비교한다.

—DIUS, 2009, from http://www.dcsf.gov.uk/curriculum_esol/
tree/speaking/speaktocommunicate/ e3/, reproduced under
the terms of the Click-Use Licence

는 것을 선택할 수도 있다. 이민 기준을 충족시키기 위해 그들은 자신이 속해 있던 단계보다 한 단계 나아갈 필요가 있다. 예를 들면, 이 프로그램에 참여했을 때, Entry Level 1이었다면, Entry Level 2를 달성해야 한다는 것이다. 오직 소수의 승인 단체들만이 KOL 시험을 대체할 수 있는 ESOL 프로그램 기준을 충족시키는 자격을 부여하는데, 그 중 하나가 Cambridge ESOL 'Skills for Life' 시험이다. 이민을 목적으로 하는 언어의 평가(immigration-related testing)는 말하기 언어의 의사소통적이고 기능적인 측면에 초점을 맞추는 경향이 있고, Cambridge ESOL 프로그램들의 다른 모든 것들처럼 이러한 ESOL 시험의 평가 준거는 언어 평가를 위한 공통 유럽 참조 체계(Common European Framework of Reference, CEFR)를 기반으로 만들어졌다.

그래서 우리의 마지막 시험은 전달의 방식 면에서 IELTS 말하기, iBT 말하기 모두와 대조되고, 여러 명의 수험자가 참여하는 방식의 예를 보여준다. ESOL 'Skills for Life' 시험은 또한 상호작용에 대한 큰 중점 뿐 아니라 CEFR의 '~할 수 있다' 진술을 참고하고, 상호작용 능력을 평가하는 일련의 기준들을 통합한다는 점에서 이전에 설명한 두 대규모 시험과는 대조된다. 〈인용 4.20〉은 수험자가 무엇을 성취할 것이라고 기

〈인용 4.20〉 Cambridge ESOL Skills for Life의 말하기와 듣기 처음 세 단계

말하기 시험 평가의 초점

Entry 1
　평가의 초점: 간단한 설명, 진술, 질문과 단일 단계의 지시를 포함하는 말하기를 듣고 대답한다. 익숙한 주제들에 대해 기본적인 정보, 감정, 그

리고 의견들을 말로 표현한다. 익숙한 상황에서 익숙한 주제들에 관해 다른 사람과 토론에 참가한다.

통과 기준에 관한 정보
(이외에도 더 있으나) 아래의 기능들은 포함한다.
묘사하기
의견 제시하기
개인적 정보 제공하기
좋아하는 것(싫어하는 것)과 선호하는 것 진술하기
논평하기(commenting)
정보 혹은 설명 요청하기
동의하기(반대하기)
설명하기/이유 제시하기/정당화하기
의견 교환하기
결정하기
제안하기
선택하기

Entry 2
평가의 초점: 간단한 정보, 짧은 서술, 설명과 지시를 포함하는 말하기를 듣고 대답한다.
익숙한 주제들에 대해 정보, 감정, 그리고 의견들을 의사소통하는 말하기를 한다.
익숙한 상황에서 익숙한 주제들에 관해 이해를 확실히 공유하기 위해서 한명 혹은 그 이상의 사람과 토론에 참여한다.

통과 기준에 관한 정보

Entry 1에 있는 것에 더해, (이외에도 더 있으나) 아래 기능들은 포함한다.

비교하기

우선순위 매기기

계획하기

설득하기

Entry 3

평가의 초점: 간단한 정보, 짧은 서술을 포함하는 말하기를 듣고 대답한다. 그리고 면 대 면이나 전화상으로 모두의 경우에서 간단한 설명과 지시에 따른다. 면 대 면이나 전화상으로 적절한 격식을 갖춰 익숙한 주제들에 대해 정보, 감정, 그리고 의견들을 의사소통하는 말하기를 한다.

익숙한 상황에서 익숙한 주제들에 관해 이해를 확실히 공유하기 위해서 적절한 점을 찾고, 다른 사람이 말하는 것에 반응하면서 한명 혹은 그 이상의 사람과 토론에 참여한다.

통과 기준에 관한 정보

Entry 1에 있는 것에 더해, (이외에도 더 있으나) 아래 기능들은 포함한다(다른 것들 사이에서):

비교하기/비교하는 질문하기

대조/원인/이유/목적 보여주기

우선순위 매기기

계획하기

설득하기

서술하기

과거나 미래의 사건에 대해 질문하기

미래의 확실성/가능성 표현하기

—Cambridge ESOL, 2009a

대되는가의 측면에서 첫 세 단계의 개요를 제시하고 있다. 이 세 단계의 마지막 단계는 위에서 언급한 시민권을 위한 영국 국경 및 이민 서비스 (UK Border and Immigration service for citizenship)이 요구하는 최소 수준의 E3 말하기 능력과 일치한다.

ESOL Skills for Life 시험의 말하기와 듣기 구성 방식은 지금까지 기술된 다른 시험들과는 뚜렷하게 구분된다. 수험자들은 짝을 지어 평가받고 대화 상대자(평가 기관의 직원, 종종 대학 직원)와 Cambridge 팀에서 나온 외부 평가자들은 독백과 대화 모두를 포함하는 과제의 범위와 상호작용의 종류에 참가한다. E1부터 E3 레벨에서 평가자는 참가하지는 않지만, 모든 레벨에서 참가자들을 현장에서 채점하는 과제가 있다. 이렇게 조금 더 전체적이고 상호 교류적인 접근법과 관련된 통과를 위한 평가 준거의 특징은 '~할 수 있다' 진술에 기반을 두고 있다. Cambridge ESOL 평가자들은 각기 다른 수준의 CEF 틀을 지닌 예시자료를 통해 훈련 받고, 그 후 이것들을 수험자들의 능력과 연관시킨다. 이민을 목적으로 필요한 E3 레벨의 개요는 〈인용 4.21〉에 제시되어 있다.

〈인용 4.21〉 CEF Level B1/Cambridge ESOL E3에 대한 개요

본인이 의도하는 요점을 뜻이 명료하게 연관 지으시오.

비록 문법적 휴지와 어휘 구상, 그리고 수정이 명백히 드러날지라도 뜻이 명료하게 계속 말을 이어나갈 수 있다. 본인의 관심사 내에서 여러 익숙한 주제들에 대한 간단한 기술을 위해 개별적이고 간단한 요소들을 연결된 순서로 배열할 수 있다. 주요 레퍼토리의 상당히 정확한 사용은 더 예측 가능한 상황들과 연관이 있다.

—Cambridge ESOL, 2009b: 11

최신의 기준은 인터넷 검색을 통해 찾을 수 있고, 동시기의 Cambridge ESOL(2009b: 12)의 글에서도 찾을 수 있다. 이전의 시험들에서 더 익숙한 주제들뿐 아니라 '상호 교류'를 포함하는 기준 전체는 '범위', '정확성', '유창성', 그리고 '일관성'에 대해서 묘사하고 있다. 이 말하기 시험이 포함하고 있는 것의 의도는 어떤 시험도 그것의 맥락과 고려사항을 배제한 채로 봐서는 안 된다는 사실이 목적, 풍토, 시험 설계, 전달, 그리고 채점 사이의 연결에 항상 필요하다는 것을 강조하고자 하는 것이다. 예를 들어, 이 시험에는 여러 집단이 수행하는 과제들이 있으며, 따라서 상호교류를 채점 체계에 포함하는 것이 적절하다. 반대로 iBT 말하기는 주로 독백에 기초하고 있고, 따라서 상호교류적인 기준은 이 채점 체계에서 불필요하다. 이러한 시험의 전반적인 설계가 아주 잘 들어맞는 것과 시험을 채점하는 데 있어 생기는 특징들과 관련하여 무엇이 구성적인 말하기인가에 대한 개념은 더 파악하기 힘들다.

이민을 목적으로 하는 언어의 평가는 말하기 평가가 매우 중요한 맥락에서 사용될 때, 어떤 일이 일어나는지에 대한 흥미로운 예이지만, 이를 논란 없이 구체화하기는 힘들다. 영국에 살고자 하는 지원자들이 KOL 시험을 웨일즈어나 게일어로 선택할 수 있지만, KOL시험을 통과하는 대안으로 인정되는 것은 시민권을 얻기 위한 과정의 ESOL이라는 점에서, 언어를 사용하는 것과 시민의 자질을 둘러싼 민감한 정치적 문제의 관계에 대해 생각해볼 필요가 있다. 이 시험들 중 하나는 읽기와 문화적 지식을 소수 언어로 선다형 문제를 통해 평가하는 것이고, 또 다른 하나로 영어를 평가하는 방법은 주로 듣기와 말하기를 통해서 이루어진다는 점은 이민 목적으로써 이것들이 동등하게 여겨진다는 것을 의미한다. 게다가 21세기의 다양한 문화를 지닌 영국 내에서 규모가 큰 소수 인종집단에 의해 사용되는 언어들 중 하나를 사용하는 화자는 이 시험이 켈트어(게일어는 켈트어의 한 분파임)로 진행되기에는 어렵다는 점을 알 수 있을 것이다. 이 글을 쓰는 시점인 2001년 인구조사에 따르면 영국 내에 거주하고 있는 우르두어 화자는 최소 40만 명에 이르고 있고, 반면에 영국 내 거주하고 있는 게일어 화자는 겨우 6만 명 이하이다.

다른 나라에서는 언어에 대한 지속적인 요구가 줄지 않고 있다. 예를 들어, 호주는 언어의 모든 네 가지 기능을 증거로써 요구하며, 국가에서 요구하는 언어는 영어이다. 캐나다(Canada)는 모든 지원자들에게 듣기와 말하기를 요구하고 있으며, 영어나 프랑스어 중 하나의 기준에 부합해야 한다. 독일(Germany)은 2005년에 이민을 희망하는 사람들에게 언어와 문화 지식을 묻는 시험적용을 시작하여 큰 논란을 야기했다.

그러한 중요한 평가를 위한 말하기 시험에 대한 정립되지 않은 실제 사례들은 학술적이고 전문적인 언어 평가 집단의 윤리적이고 사회적인 책임감에 대하여 연관 짓고 있으며 이것에 대한 오늘날의 우려를 강조하고 있다.

요약

이 장에서는 말하기 평가를 둘러싼 많은 질문들이 제기되었다. 그 중 핵심적인 세 가지는 다음과 같다.

- 평가 집단이 말하기 구인을 규정하는 방법을 분석하고, 그러한 구인의 평가 가능성을 위해 그들이 수행하는 방식에 대해 분석함으로써 말하기에 대한 태도에 대해 우리는 무엇을 배울 수 있는가?
- 말하기 평가 준거들은 말하기보다 쓰기의 준거에 맞추어져 있는가?

• 만약 우리가 각기 다른 맥락에서 '좋은', '효과적인', 혹은 '적절한' 말하기에 대한 더 나은 이해를 하고 있다면, 말하기 능력을 만들어내는 세부 기술들과 구조들을 더 밀접하게 조정하는 말하기 평가 준거로 발전할 수 있는가?

　이 장에서는 3장에서 제기한, 실제 사람들과 실제 말하기 맥락을 포함하는 자료들의 발전과 관련된 문제들과 말하기의 역학적이고 사람을 근본으로 하는 주요 측면과 관련된 문제들이 평가에 대한 중요한 문제를 제기한다. 역학적이고 순간적이며 상호적인 말하기의 특징과 전문적인 언어 평가의 근본적인 원리들 사이에는 상당한 갈등이 존재한다. 이러한 의문들은 말하기 능력에 대한 연구 프로젝트를 위한 흥미로운 시작점이 된다. 시험 상황 밖에서의 시험 능력과 의사소통 능력 간의 관계에 대한 차후의 논의를 담은 그러한 연구는 언어 능력 외의 관점으로부터 말하기를 평가하는 것이 어느 정도까지 가능할 것인가와 같은 더 큰 질문에 대한 해답을 형성하는 기초가 될 것이다.

참고사항

　이민 목적의 언어 평가와 관련하여, 이곳에 기록된 상황은 2010년 4월에 다소 바뀌었다. 그러나 요구 수준과 시험 형식은 여전히 변경되지 않았다. 최신 정보는 *www.ukba.homeojfce.go-v.uk/settlement*를 참조하라.

Bachman, L. and Palmer, A. S. (1996). *Language Assessment in Practice: designing and developing useful language tests.* Oxford: Oxford University Press. 연습과 이론을 연결하는 좋은 초기 연구임.

Butler, F. A., Eignor, D., Jones, S., McNamara, T. and Suomi, B. K. (2000). TOEFL 2000 speaking framework: a working paper. *TOEFL Monograph Series 20.* Princeton, NJ: Educational Testing Service. iBT/ TOEFL 말하기 시험과 그 뒤에 숨겨진 사고에 대한 더 자세한 정보를 담은 글임.

Fulcher, G. (2003). *Testing Second Language Speaking.* Harlow: Pearson Education.

Luoma, S. (2004). *Assessing Speaking.* Cambridge: Cambridge University Press. Fulcher (2003)와 Luoma (2004)는 모두 다양한 시험 형식의 실용적인 예와 함께 말하기 평가를 위한 핵심 이론적 문제 중 일부를 다루는 접근하기 쉬운 글임.

Shohamy, E. (2001). *The Power of Tests: a critical perspective on the uses of language tests.* London: Longman. 언어 시험의 사회적인 결과 문제에 대해 읽기 쉽게 소개함.

Taylor, L. and Falvey, P. (2007). *IELTS Collected Papers: research in speaking and writing assessment.* Cambridge: Cambridge University Press. 캠브리지 ESOL이 후원하는 연구 논문의 예임.

제5장
말하기 연구 방법

이 장에서는

- 질적, 양적, 이론 기반의 말하기 연구 방법을 소개할 것이다.
- 다양한 연구 프로젝트에 나타난 연구자의 입장과 연구 접근 방법의 효과를 살펴볼 것이다.
- 말하기에 대한 우리의 이해를 넓히기 위한 다양한 연구 사례를 요약하여 제시할 것이다.

5.1. 도입

말하기 연구 방법은 매우 다양하다. 이것은 말하기 형식이 삶의 다양한 양상을 다루고 있기 때문이며, 구어 데이터를 다루는 연구 영역이나 연구 문제가 매우 다양하기 때문이다. 대표적인 연구 방법으로는 질적, 양적, 이론 기반의 연구를 들 수 있다. 먼저 질적 연구 방법의 예시와 양적인 연구 방법의 예시를 살펴볼 수 있다. 질적 연구 방법의 예로는 다른 문화 간의 상황에서 비즈니스 협상을 하기 위하여 분석적인 대화 기술을 활용하는 역할극이 있다. 양적 연구 방법의 예로는 청자는 억양을 어떻게 인식하는가에 대한 실험 설계와 그 결과 통계적 분석이 있다.

여러 연구 방법 중 하나의 방법을 선택하는 이유는 그것이 연구 주제로부터 데이터 그리고 결론을 이끌어내는 최선이라는 연구자의 판단 때문이다. 이 책의 다른 부분에서도 언급한 바와 같이 구어와 언어 이론과의 관계는 매우 복잡하기 때문에 언어에 대한 우리의 관점은 우리가 정보를 수집하고, 표현하고 분석하는 것에 의해 구체화될 수 있다. 또한 이것이 바로 '말하기 연구'이다. 이 장에서는 말하기 연구 영역에서의 연구 문제에 대한 양적, 질적 방법을 모두 검토하고, 각각에 사용된 방식과 관련된 구어 데이터의 역할에 대하여 논의하고자 한다.

여기서 기술된 연구들은 세 개의 일반적인 범주로 분류된다. 먼저 두 개의 범주인 양적, 질적 방법은 명확하게 데이터를 지향하고 있다. 그 외 나머지 하나의 방법 범주는 어느 하나의 방법으로 설명되지 않으며 이론에 기반을 두거나 추상적 분야의 연구에서 다루어진다. 이 용어들은 모두 연구 방법과 관련되어 있고, 각 연구 방법론들은 엄밀히 말하여 연구자의 배경이자 그의 근본이 되는 연구 철학과 관련이 깊다. 이처럼 연구자의 인식론적 관점(epistemological standpoint)은 연구에서 중요하게 생각하는 것과 연구자가 연구에 접근하는 방식에 유의미한 영향을 준다. 〈개념 5.1〉을 통해 인식론적 관점에 대하여 자세히 살펴보자.

연구자의 관점과 접근 방법은 그들이 적절하다고 생각한 연구 질문과 그에 따른 논리적인 결과를 구체화하는 데에 도움을 준다. 이후 학문 공동체는 논문을 읽거나 연구 결과를 연구자와 그들 모두에게 분명한 일종의 규정 아래에서 평가하게 된다. 통계 조사에서는 받아들여질 수 없는 연구 설계 구조는 그러한 통계 조사의 틀에 기반하지 않은 조사 연구의 맥락 속에서는 완전히 수용될 수 있다. (예컨대, 한 개인으로부터 모든 화자의 특성을 추론하는 경우)구어 담화를 연구하고자 하는 초보 연구

〈개념 5.1〉 인식론적 관점의 영향

인식론은 지식을 연구하는 철학의 분과 중 하나이다. 인식론적 관점의 예로는 창조에 대한 설명을 할 때, 종교가 있는 사람과 없는 사람의 입장의 차이가 있다. 그리고 지구의 모양이 발견되기 전에 살던 사람과 오늘날의 사람 사이에 차이가 있을 것이다.

이처럼 하나의 관점은 주제에 대해 무엇이 사실인지 영향을 미치는 유효한 증거나 증명을 통해 형성된다. 만약 '확실한 사실'을 설명하고자 할 때 수집, 비교, 분석에 대해 믿는다면 양적인 접근을 할 것이다. 반면 사람, 아이디어, 맥락 사이의 관계의 중요성에 더 가치를 둔다면 양적인 방식보다 세세한 질적인 작업을 통해 연구 주제에 접근할 것이다. 이러한 두 가지 접근법은 말하기에 대한 탐구에서도 사용된다.

몇몇 응용언어학 분야는 양적이지도 않고, 질적이지도 않다. 오히려 주제를 이론적으로 뒷받침하기 위한 아이디어를 가지고 하는 작업에 비중을 둔다. 이러한 연구들은 드문 경우이기는 하지만 그 영향은 크다. 예를 들어, Harvey Sacks는 그가 젊었을 때 죽었지만 '대화 분석의 주제'에 대한 문헌을 검토할 때 핵심적인 자료들을 남겼다. 그의 작업은 일관성이 있고, 적용할 수 있으며, 설득력 있는 이론적 틀(특히, Gail Jefferson & Emmanuel Schegloff와 함께)을 만드는 데 관여하기 때문이다.

자들은 반드시 초기의 선행 연구 검토를 실행해야 하고, 연구자의 가정과 이를 입증할 수 있는 연구 방법의 틀을 확정해야 한다. 주제(topic)를 연구하기 위한 방법은 다양하다. 연구 접근 방법은 내부적으로 일관성을 갖고 있어야 하고, 표준적인 연구 절차에 따라 수행해야 한다.

또한 연구 방법론과 접근법이 적용된 형식(양적, 질적, 이론/아이디어 기반)은 구어 데이터가 연구 과정에서 어떻게 다루어져야 할지에 직접적인 영향을 미친다. 예를 들어, 한 연구자는 아이디어, 모델, 가설을 검증하기 위해 구어 데이터를 모을 수 있다. 혹은 이전에 존재했던 결론에 반박하기 위해서 구어 데이터를 사용하기도 한다. 또는 연구가 주로 1차적으로 새로운 이론적 모델을 만드는 것과 관련이 될 때, 연구에서 사용되는 데이터는 주로 이 모델을 설명하는 사례가 되기도 한다. 연구 과정에서 구어 데이터의 역할에 대한 양적 접근(가설을 검증하는), 1980년대 이래로 여러 영역에서 관심을 끌고 있는 질적 접근, 이론을 구축하기 위한 이론적 접근을 지향하는 각 연구자들 간에 명확한 입장 차가 존재한다.

5.2. 말하기 연구에 대한 양적 접근과 질적 접근

양적 접근은 말하기 연구에 일반적으로 많이 적용되어 왔다. 말하기 연구는 음향의 구체적 특징이 음성에 영향을 주는 방식(Maniwa et al., 2009)을 통한 연구부터 의학 담화 공동체가 신뢰하는 방식(Kvarnstrom & Cedersund, 2006)을 통한 연구에 이르기까지 매우 다양한 형태로 양적 접근에 대한 연구가 수행되어 왔다. 말하기 연구에서 양적 방법론은 우세하다. 이는 말하기 양식과 양적 접근법 사이에 필연적인 관련이 있기 때문이 아니라 응용언어학 분야에서 이러한 양적 접근법을 폭넓게 사용해왔다는 점이 반영된 결과인 것이다. Benson et al.(2009)에 따르면, 응용언어학에서 이루어진 연구 중 약 20% 혹은 그보다 적은 범위에서 질적 방법에 의한 연구가 수행되었다.

그러므로 말하기 연구는 언어를 다루는 다른 연구 분야의 영향을 받아 양적 방법을 주로 활용할 확률이 높은 것이다. 양적 연구는 기존에 존재하는 질문을 적절한 방법을 통해 실제 검증한 후 이에 대한 이론적 틀을 제공한다. 이 연구를 위해 데이터는 수집되고 이 데이터는 다시 통계적 방법(statistics)으로 분석되며 연구자가 상정한 질문에 대한 답을 데이터를 통해 획득하고 이를 일반화하기 위한 기초를 제공해 준다. 이러한 양적 연구는 나름의 강점이 있다. 그러나 양적 연구는 기존에 존재하는 범주에 대한 분석으로 데이터를 다루는 경우가 많다. 반면에 질적 연구는 그 데이터의 본질만을 탐색한다. 구어 담화처럼 동적이고 사회적 상호작용적 양상을 근간으로 하는 어떤 것들은 기존에 정해진 범주를 통해 분석하는 것이 도움 되지 않을 수 있다. 이러한 경우에 질적인 패러다임의 강점인 패턴과 규칙성을 참조하여 분석을 시도할 수 있다. 이러한 점에서 질적 연구는 구어 혹은 말의 본질을 살펴 예상치 못한 패턴을 발견할 수 있게 한다.

말하기 연구를 위한 질적 연구 방법 중 널리 사용된 방법은 대화 분석이다(〈개념 1.6〉참고). 이 방법은 화자가 사회적 행동인 담화를 어떻게 조직하고 의미를 창조하는지를 이해하기 위해 실제 말(유도된 것이 아닌)의 예를 주의 깊게 분석한다는 점에서 방법상의 의의가 있다.

담화 분석가들은 화자가 말을 할 때 사용하는 언어적 자원(통사, 운율, 시선, 웃음, 침묵 등)이 무엇인지와 이것들이 다양한 언어와 담화 맥락에서 구체적으로 어떻게 나타나는지에 대해 관심을 갖는다. 따라서 '순수한' 대화 분석 접근은 데이터를 그 자체로 관찰한 뒤 말하기의 본질을 탐색한다. 그리고 이 과정을 통해 언어적 상호작용에서 나타나는 전반적 패턴과 규칙성에 대한 통찰을 얻는다.

동일한 언어학적 현상을 다루는 두 가지 상반된 연구 방법들은 말하기 연구에 대한 양적 접근과 질적 접근의 차이를 명료하게 보여준다. Watanabe et al.(2008)과 Mushin & Cardner(2009)는 대화의 상호작용에서 나타나는 휴지 또는 침묵을 주요 연구 주제로 다루었다. 전자는 선행 연구에 기반하여 결과를 예측하는 고전적인 양적 접근법(가설 설정, 가설을 검증해보기 위해 설계된 실험, 통계적 방법으로 다른 상황에서 그것이 일치하는 시간 분석)을 따랐다. 그리고 그 연구 결과를 통해 휴지가 청자들이 복잡한 설명이 이어진다는 점을 예상하도록 실제 준비시키는 기능이 있음을 증명해냈다. 능숙한 언어 사용자와 미숙한 언어 사용자를 비교해보면, 그 결과는 흥미롭다. 언어에서 유창성의 수준 간의 관계 속에서 휴지와 뒤따르는 자료간의 연관성을 예측하고 이해하는 것에서의 실제 효과는 불분명하였다.

Mushin & Cardner(2009)의 연구는 대화의 휴지에 대해 많은 내용을 포괄하고 있지만, Watanabe et al.(2008)은 연구 주제를 탐색하는 데 대화 분석 방법을 활용하였다는 점에서 이 두 연구는 차이를 보인다. 대화분석은 민족지학적 근원(ethnographic root)으로 회귀하는 측면에서 적용된 방법이다. 이 연구 방법은 오스트리아 원주민의 말을 조사하고, 침묵이 호주 원주민과 호주 백인 말에서 다르게 사용된다는 다문화 연구 기반 하에서 적용되었다. 이것은 양적 연구 문제와 가설 변환되어 연구가 시행되기 이전에 본질적으로 수사적 문제의 연계성 속에서 그 시작점 연구의 방법으로 이러한 질적 연구 방법이 사용될 수 있다. 다음에 제시한 〈인용 5.1〉을 통해 선행 연구와 최근 연구 간의 관계를 보여주며, 그들이 무엇에 관심이 있는지와 연구 동기를 독자에게 어떻게 설명해주고 있는지를 살펴보자.

그들의 연구는 Garrwa 화자의 광범위한 말하기 샘플 자료를 분석하는 것으로부터 이루어졌다(4개의 오디오 레코딩과 1개의 비디오 레코딩: 거의 두 시간 가까이 됨). 연구자들은 양적 연구의 패러다임을 반영한 CA 방법을 사용해야하므로 양적 특성(휴지의 길이)을 주로 연구 대상으로 활용할 것이다. 이들은 주로 화자가 상호 대화에서 어떠한 방식

　　원주민이 말 속에 더 침묵하는 경향을 보이고 있다는 점은 호주 원주민 들과 주류인 호주의 백인들 간의 대화 상호작용의 스타일에 있어 상당한 차이로 받아들일 수 있다. 그러나 우리는 여전히 원주민의 대화가 조직되 는 방법에 대해 잘 이해하지 못하고 있다. 긴 침묵으로 '편안'하다는 것은 어떤 의미인가? '아주 긴 침묵'이 의미하는 바는 무엇인가? 편안한 긴 침묵 은 호주 원주민의 대화(Aboriginal conversation) 스타일의 특성(문화 적 특성)인가 아니면 그들이 더 일반적인 상호작용적 특성(지역 상호작용 상황의 결과)을 반영한 것인가?

—Mushin & Gardner, 2009: 2034

으로 의존하고 또 이들 간에 침묵은 언제 나타나는지에 보다 더 관심을 가진다. 이들이 침묵의 역할에 대해 더 이해하고자 노력한다면 침묵의 길이(데이터 자료로는 유용하고 비록 측정될 수 있다 하더라도)보다는 다양한 발화 상황 맥락에서 화자들이 어떻게 발화 차례를 조정하고 반 응하거나 혹은 반응하지 않는지를 살피는 것이 주 관심사라 할 수 있다. 〈인용 5.2〉는 이런 유형의 분석 예를 보여준다.

　　이 연구가 질적 접근 방법에 기반을 두고 있다는 점은 〈인용 5.2〉의 핵심 구절인 '~으로 보인다(is treated as)'로부터 확인할 수 있다. 양적 연구가 기존에 존재하는 구조를 데이터를 통해 가시화하고 가설을 검 증하기 위해 데이터를 사용하는 반면 대화 분석의 경우에는 이러한 구 어 데이터들이 의사소통을 수행하는 과정 속에서 참여자들에 의해 형 성되고 조직된다는 점을 명확히 가정한다. 더 나아가 대화 분석가들은 대화 참여자가 상호작용하는 순간에 포착되는 중요한 여러 특성 등에 주목해야 한다고 주장한다.

앵글로 오스트리아인에게 반응이라 인정되는 것은 … 적절성의 부족으로써 매우 나중에 일어나는 것으로 보이지만, 여기서는 문제가 안 되는 것으로 보인다. 끝에서 떨어지는 억양 선은 이 Mh hm이 계속된다는 것보다 장면이 끝난다는 장치(의미)로 제시되는 것처럼 보인다. … Daphne가 주장한 것과 같이 이것은 barriwa, 즉 대화 연속체 속에서 관습적으로 사용되어지는 형식으로, 이는 바로 다음 차례에서 명료한 종결이 나타남을 설명하는 것이다. 그러므로 barriwa란 인용구는 이 상호작용에서 긴 침묵의 일상적 사용에 관한 훌륭한 예라 할 수 있다.

—Mushin & Gaedner, 2009: 2047

앞서 제시한 개요에서 실제 연구자는 양적 연구를 지향하는지 그렇지 않은지 간의 차이는 명료하지 않다고 설명하였다. 여기 제시된 예시들은 다음과 같은 이유로 선정된 것들이다. 첫째, 언어학에서 말하기의 어떤 영향을 탐색하기 위해, 둘째, 더 넓은 문제를 탐색하기 위한 목적으로 구어 데이터를 활용하기 위해, 셋째, 관련된 것으로 묶거나 분류하는 작업을 하기 위해서이다. 응용언어학 분야는 21세기 발전 과정에서 더 학제적인 것이 변모하였으며 이와 반대되는 지식 분야와의 경계는 점차 희미해지고 있다. 예를 들어, 제2언어 습득(SLA) 공동체에서는 말하기 형식과 언어적 상호작용 속에서 도출된 실제적 사례를 상황을 연계한 연습의 모형으로 전이시킨다. 이는 매우 잠재적인 강점이라 할 수 있다. Mori(2007)는 제2언어 습득과 대화분석 간의 관계에 대한 깊은 통찰을 제공해주고 있다. 최근 생겨난 상호작용 언어학 분야 또한 구어 형식의 자세한 분석의 경향에 따라 대화분석과의 경계가 점차 희미해지고 있다고 볼 수 있다.

5.3. 말하기 연구에서의 이론 주도, 관점 혹은 아이디어 기반 접근

모든 연구는 이론과 아이디어에 대한 것이지만, 질문을 제기하는 이론 또는 가능한 대안적 논의를 이끌어 내는 이론은 연구를 통해 도출하고자 하는 가장 우선적인 중점 사항이라 할 수 있다. 이 연구들은 말하기 양상이 어떻게 개념화될 수 있는지에 대한 근본적 의문을 제기하고 이를 다루기 때문에 매우 흥미로우며, 만약 이러한 연구가 다양한 학자들 간에 그 개념이나 이론에 대한 찬반의 도전적 논쟁을 이끌어 낼 수 있다면 이는 매우 영향력 있는 연구로 인식될 수 있는 것이다. Liberman(1998)의 '말하기의 이론이 실제 세계와 만날 때'라는 논문은 매우 유명한 사례이다. 이는 이 연구가 논의가 되고 있는 연구 텍스트(일반적으로 학술지 논문)는 폭넓은 주제에 대한 학술적 입장을 요약하고 논쟁의 여지가 있는 문제를 중점적으로 다루고 있음을 의미한다. 이러한 연구 텍스트를 작성할 때는 충분히 비판받을 수 있는 아이디어를 보다 이해하기 쉽고 분명한 논쟁 요소로 요약하고 이에 대한 논리 정연한 대안을 제시할 필요가 있기 때문에 작성이 그리 쉽지는 않다고 볼 수 있다.

Liberman(1998)에서 공격받는 대상으로서 아이디어는 말하기의 흐름이 뇌에서 이해할 수 있는 담화로 해독되는 과정은 차례대로 개별적인 분절음(segment sound)에 따라 이루어진다는 점이다. 전체 논문은 단 하나의 근원적인 질문을 중심으로 삼는다. 왜 말하기를 배우는 것이 쓰기를 배우는 것보다 선행되어 나타나는가? Liberman이 만들고 있는 좀 더 절묘한 지점은 다음과 같다. 만약 정말 쓰기 체계를 이루는 임의적 기호(symbol)와 말하기 체계를 이루는 임의적 소리(sound)가 유

> 무엇이 말하기가 쓰기/읽기를 넘어선 생물학적 이점을 갖도록 진화해 온 것인가? 말하기 이론—넓게는, 언어—은 그 질문을 회피했지만, 이에 대한 대답을 제시하는 것을 회피해서는 안된다. 그리고 만약 말하기의 선제적 발달에 대한 답이 수월하게 설명되지 못하고 있다면, 연구자들은 현재 잘못된 이론을 지니고 있다고 생각해야 할 것이다.
>
> —Liberman, 1998: 112

사한 관계를 이루고 있다고 본다면, 왜 말하기는 쓰기만큼 인지적으로 부담스럽지 않은가? 〈인용 5.3〉은 이 질문을 요약한 것이다.

이론적인 연구 문제는 주로 "만약…?"이라는 생각에서 시작되고 '포지션 페이퍼(Position paper)'는 이러한 문제를 중점적으로 제기한다. 그 문제는 종종 현존하는 패러다임에 대한 근본적인 도전을 내포한 것일 수 있다. 그러나 주의해야 할 것은 심지어 가장 강력한 이론적 연구자들이라 할지라도 '주어진' 것으로서 그들이 제시해야 할 것과 도전해야 할 것을 명료하게 선택하여야 한다는 것이다. 예를 들어, Liberman은 말하기가 정말 쓰기보다 선행되어 발달한다는 자신의 근본적인 가정에 의문을 품지 않았다. 그는 말하기와 쓰기에 관련된 학습 과정 차이의 정도와 질의 문제에 대해서도 고심하지 않았다. 실제로 아이가 만약 몇 년간 하루에 10시간 또는 더 이상의 시간 동안에 말하기를 연습한다면 아이는 유창한, 문법적으로 표준적인(그들 자신의 사회나 가족의 규준 내에서) 화자가 된다고 반박하는 주장이 나올 수 있기 때문이다.

그럼에도 불구하고, Liberman은 자신의 입장을 완전하게 요약한 질문을 구성함으로써('왜 말하기는 쓰기보다 선행되어 나타나는가?'라는 질문), 논문 초반에 종래의 이론과 음운론에 관련된 관계를 대조하고 부적절성을 환기하고, 논문 후반에는 자신의 입장을 충족할만한 주요한 본질을 제시함으로써 자신의 입장을 일관성 있게 전개해 갔다(연구 요약을 보라).

연구 요약: 연구 문제 '쓰기를 넘어선 말하기의 생물학적 이점'에 대한 Liberman 의 정교화된 구조

말소리(speech sound)에 대한 기존의 이론은 말소리가 세상의 다른 소리와 본질적으로 다른 것이 아니고, 소리의 유의미한 분절은 쓰기 체계의 시각적 분절과 대강 유사한 수단이다.

↓

만약 말소리를 위한 생물학적 기초가 없다면 '어떻게 단순한 단어도 철자에 맞게 쓸 수 없는 사람들—단어에 대한 인식이 결여되어 철자에 맞게 쓸 수조차 없는—이 그럼에도 불구하고 그들이 말할 때마다 철자화된 음성 구조를 완벽하게 생산하는 것인가?

↓

종래의 이론 또한 말의 지각(speech perception)이 이루어지는 과정이 1차적인 소리가 뇌에서 음성적 요소로 바뀌는 두 단계의 과정으로 되어 있다고 제언한다. 두 단계의 과정은 그들의 일상적인 청각을 통한 음성적 의미 실현과 시각을 통한 의미 실현이 동일한 유형의 인지적 처리 단계를 거친다는 점에서 그 유사성이 충분하다. 그렇다면, 도대체 왜, 그 하나는 다른 것보다 아주 더 쉽고 자연스럽게 이루어지는가?

↓

만약 별개의 요소를 쉽게 지각하는 것이 언어의 핵심이라면, 구두/청각 수단은 사실 시각/운동적인 것보다 덜 안정적이다.

↓

우리는 언어가 단순히 언어 시스템의 사용에 적합한 소리를 입력하도록 진화해 왔다는 결론이 나기를 요구받는다. 기존의 이론은 그의 처음의 질문에 답하기 어렵다. 정확한 진화는 어떻게 이루어진 것인가?

논문의 다른 부분들에서 Liberman은 말소리를 즉시 처리하거나 다른 형식으로 변환하는 데 어떤 것의 개입도 필요로 하지 않는다는 '음운적 모듈'에 대한 설명을 제시하였다. 이 '성도(聲道)의 발성 제스처(articulatory gesture of the vocaltract)'라는 것은 언어 사용에 적합한 표준음을 만들어 내는 것보다 더 진화된 산물이라고 주장한다. Liberman의 논문에서 그의 입장은 'Sis(말은 특별하다)'라는 두문자어로 종종 다루어져 왔다. 이처럼 다른 사람들이 이를 동의하든 혹은 그렇지 않든 간에 연구자들 혹은 연구에 강력한 영향을 주는 이론은 맥락 내에서 구성원들의 이해나 동의를 돕기 위해 간명한 이론적 설명 체계를 지닌다.

Liberman의 논문은 연구 문제를 제기하는 그 기술이 이론에 대한 비판적 평가와 그 평가를 보여주기 위한 기본적인 방법으로 활용될 수 있음을 보여준다. 데이터로부터 오히려 한걸음 떨어져 있는 이론적 접근은 보편적이거나 일반적 수준의 질문(어떤 것은 너무 일반적이고 추상적인 것을 주장할 지도 모른다)을 할 수 있으며, 다른 것에 활용하거나 이의를 제기하기 위한 분명한 논의의 틀을 제공할 수 있다. 이러한 측면에서 Liberman의 논문은 여러 연구자들에게 폭넓게 인용되었고, 출판되자마자 수많은 논쟁을 촉발하였으며 매우 중요한 의미들을 입증해 갈 수 있었다. 21세기 초반부터 약 10년 간 말하기의 '운동 이론(Motor theory)'에 대한 논쟁이 한창 진행되고 때때로 과열되었다(예를 들어, Flower(2008)). Liberman의 연구 또한 이에 영향을 미쳤으며, 여전히 자기 공명 영상(magnetic resonance imagine, MRI)을 활용한 말하기 과정 연구에서 조차도 학술적인 '전망(landscape)'을 보여주는 핵심 연구물로 인용된다(Lotto et al., 2008). 말하기 연구 밖에서 그의 연구 아이디어는 난독증 연구(Uppstad & Tønnessen, 2007, 또한

그 결과 우리는 음소가 거부되거나 혹은 수용되는 상황에 놓여있어 자
연스럽게 혼란이 가중되고 있다. 이론 생성 과정의 귀납적인 특성은 특히
Alvin & Isabel Liberman(Liberman, 1997, 1999; Liberman et al.,
1989) 의 연구에서 명확히 확인할 수 있다. 여기서는 저자 자신의 입장과
결코 양립할 수 없는 이론적인 입장 간의 특성이 대조되면서 연구자의 입
장이 제기된다. 이런 유형의 논쟁은 물론 과학(학문)에서는 보편적이지 않
은 편이나, 독단적 범주에 속하는 논쟁의 비율을 고려하면 우려할 만한 수
준이라 할 수 있다. 이러한 주장들은 말하기와 쓰기 언어의 관계에 대한
A.M Liberman의 주장을 증명하는 데는 확실히 충분하지 않다. 우리의
관점에서, 독단적 주장들은 경험 과학의 수준을 높이기 위해서는 반드시
지양되어야 한다. 이와 같은 독단적 주장들은 인과 관계의 연역적 추정을
수행하지 않는 쓰기와 말하기 언어 연구 경향에서 주로 발생될 수 있다.

—Uppstad & Tønnessen, 2007: 163

〈인용 5.4〉를 보라)와 같이 다양한 분야와 연관되었고(그리고 종종 여
전히 논란이 많으며), 소위 말하기 연구의 혁명으로까지 여겨진다(Fitch
et al., 2005).

5.4. 상반되는 말하기 연구 방법의 사례

이 장에서는 말하기 연구의 다양한 접근법에 대한 요약을 제공하며,
폭넓은 범위에서의 포지션 페이퍼(position paper)의 사례들과 질적

연구, 실험 결과를 기술적으로 보고하는 것에 중점을 둔 논문 사례를 다양하게 소개할 것이다. 양적 연구의 더욱 많은 사례들이 우선 제시되고 이론 지향적이거나 질적 연구에 관련된 사례들은 그 후에 제시되도록 구성되어 있다. 이는 독자들이 말하기를 연구해 온 다양한 방법론을 풍부하게 이해할 수 있도록 하기 위한 구성이다.

5.4.1. 방법론과 연구 문제를 포지션 페이퍼로 작성하는 법: 제1언어 습득과 운율학(prosody)

앞선 예들로부터 포지션 페이퍼를 구성하는 방식은 Speer & Ito(2009)의 '제1언어 습득에서의 운율학 — 대화에서 정보를 조직하기 위한 도구로 습득하는 억양'의 연구에서 찾아볼 수 있다. 이 연구의 저자는 특히 운율학에 초점을 맞춘 제1언어 습득 연구를 위한 이해 가능한 조사 연구 방법을 제시하고 있다.

저자는 선행 연구 검토를 통해 다양한 접근법의 함의점을 논의하였다. 특히, 이 논문은 구어 발달의 양상이 하부연구(under-researched)의 대상이라 생각하는 독자를 설득하고, 이 간극(gap)을 채우기 위한 연구의 가능성을 탐색하고, 이전 방법론에서 가지고 있던 주요 문제를 설명하는 것을 목적으로 하며, 이 새로운 연구 프로그램이 동의를 받을 수 있는지를 고려하였다(〈인용 5.5〉 또한 보라). 저자들이 관심 있는 주제는 운율학과 정보를 표현하는 아이들의 이해력 발달, 다른 정보에 기반하여 그들이 앞으로 다루게 될 유사한 음운적 자원들 사이의 관계이다. 그들은 운율학의 두 가지 양상에 대해서 제안한다. 정보의 원천(source)은 '포장(packaging)'될 수 있고, 청자들에 의해 초점화될 수 있다는 점이다. 또 하나는 단어는 '청크(chunks)'나 구(phrase), 그리고 억양의 주도성(intonational prominence)의 범주에서 군집화될 수 있다는 것이다. 그들은 광범위한 선행 연구 검토를 통해 그 분야의 선행 연구에서 사용된 지식의 상태와 방법론을 탐색하며, 구어 통사론의 이해와 생산을 위한, 그리고 일반적인 언어 발달을 위한 연구 문제들에 관련된 선행 연구들의 사례를 수집하였다. 이 연구는 12개월 미만의 영유아를 대상으로 했으며, 도전적 방법론을 적용하였기 때문에 매우 흥미를 끌만하다. 또한 이 연구의 연구 방법 설계나 이론적 탐색을 통해 도출된 문제 간의 관계성은 이 논문이 제공해주는 통찰 중에 하나이다. 특정한 실험 연구 방법을 통해 도출된 결과적 함의와 이로부터 도출된 결론은 매우 신중함이 요구된 것이다.

아주 어린 영유아의 말하기 이해는 매우 다양한 기준을 통해 측정

〈인용 5.5〉 입장 제시와 관계성 입증

이전에 선행 연구에 서술된 것들과 비교할 때, 아동의 언어의 운율학이나 리듬(운)과 멜로디(율) 습득에 대한 최근 연구는 더 넓은 범위의 발화(utterances)에서 아동이 발화의 이해나 생산을 위해 운율을 사용한다는 사실을 입증했다. 운율적 형식으로 구성된 구어는 심적 표상으로 형상되고 이는 다시 언어 사용의 국면으로 처리된다. 아이들이 어떻게 운율 체계를 습득하는지, 운율 체계와 언어의 다른 양상들 간의 관계가 어떤지 이해하는 것은 언어 처리 체계에서 운율의 역할을 설정하는 데 매우 중요하다. 우리는 인간의 언어, 운율적 구의 그룹화, 억양의 중요성에서 조직적인 장치로써 사용되는 1차적인 역할을 한다는 것을 보여주는 운율 체계의 두 가지 양상에 초점을 둔다.

—Speer & Ito, 2009: 90

되어 왔다. 이는 상관관계 연구를 포함한 것이다. 언어 현상에의 관심 (attention)과 고개를 돌리는 것(head-turning) 간의 상관관계를 포함한다. 행동은 즉각적인 시각 혹은 청각 반응이나 아이들이 그것을 생산할 수 있게 되었을 때 아이들의 실제 발화 분석이 가능해진다. 실험은

〈개념 5.2〉 아주 어린 영아의 말하기 이해를 탐색하는 방법론적 도전

아동 언어 발달(child language development)에 대한 증거는 4개월 전후의 영유아에게서 출현하기 시작한다. 이 시기쯤에 영유아는 타인과 공유하거나 주의를 끌 수 있는 때라 할 수 있다. 응용언어학은 이 과정에서 무슨 일이 일어나는지를 알아내는 주요 연구 분야이며, 수많은 창의적 연구 설계 방법이 이 대상을 탐색하기 위해 사용되어 왔다. 연구 방법들로는 전자 센서를 가진 인공 젖꼭지(artificial nipple)부터 시선이나 제스처와 근본적인 언어 기능이나 구조 사이의 상관관계를 추정하는 것에 이르기까지 다양하다. 인공 젖꼭지 연구 방법의 경우는 젖을 빠는 속도와 힘은 아이가 들은 소리에 대한 새로운 관심과 관련되어 있어서 아이가 알아차린 언어적 특성이 무엇인지를 시험하는 데 유용하다. 예를 들어, 모국어로 표현된 구문에 주목하는지 vs. 비모국어로 표현된 구문에 주목하는지, 모국어의 표준 억양 경계의 유무를 반영한 발음에 의해 표현된 구에 유의하는지 주목한다. Özça ı şkan & Goldin-Meadow(2005)은 특히 영유아 언어 발달의 양상과 제스처 간의 관계에 대한 설득력 있는 설명을 제공한다. 뇌파(EEG)와 사건 관련 전위(event-related potential (ERP)) 방법 또한 연구자들이 구어와 시각적 입력과 관련하여 어린 아이의 뇌 활동을 탐색하도록 하는 데 활용되어 왔다(예를 들어, Tan & Molfese(2009)). 이러한 방법은 아이의 두피에 전극을 배치하도록 하고, 입력(예를 들어, 간단한 구어 설명이 일치하거나 일치하지 않는 비디오 장면)과 이러한 입력 자료에 대한 반응으로서 뇌 활동의 수준이 어떤 상관관계를 보이는지 분석한다.

연구 문제에 관하여 상당히 주의 깊게 설계된 방법에 의해 수행된다. 이 것은 아이의 제한된 인지 발달수준이 미치는 연구 결과에 대한 잠재적 영향, 아이의 발달 상태를 고려할 때 말하기 과제의 난도, 시선(gaze)과 제스처와 같은 준언어적 증거를 총체적으로 활용하여 언어 현상을 해석해야하기 때문이다.

Speer & Ito(2009)는 1980년대 후반부터 영유아의 통사론적인 처리의 발달과 운율론적인 처리의 발달 간의 관계에 대한 연구를 지속적으로 수행했다. 그 관계의 세세한 연구를 하는 가운데 그들은 일부 결론이 나지 않은 본질에 주목했다. 그들은 아이들이 과제를 처리하는 과정과 인지 발달의 본질 간에 핵심적인 관련성이 있다는 사실을 주장하였다. 또한 이러한 인지 발달 양상을 고려하지 않을 경우 그 연구의 결과는 왜곡되거나 모순될 수 있다는 사실 역시 제시하였다. 예를 들어, 그들은 하지 않은 것 이상의 통사적 그룹과 통사적 관계를 이해하기 위한 아이의 능력으로 볼 필요가 있어 보이는 증거로 나누어, 구문에 대한 아이의 수행이 나타난 연구들 간의 차이점에 주목하였다. 그것을 은 연중에 나타내는 아이는 단어들의 적합한 그룹은 말로 되는 것이고, 그 경계가 이것들 사이에 있다는 것을 들을지도 모르지만, 이것은 이러한 그룹과 근본적인 통사론 사이의 관계의 정확한 이해로 번역되었다는 것도 아니며, 이전 연구들에서 몇 살에 분명한 운율 체계를 통해 통사적 정보의 이해가 일어나며, 어떻게 그리고 언제 아이가 자신의 말하기에서 운율적—통사적 관계에 대한 정확한 인식이 이루어지는지도 분명하게 설명해주지 못한다. 그러한 문제(issues)는 그들의 논문에서 중심으로 다루고 있으며, 그들은 유사한 문제(questions)를 다루려고 시도했던 작업에 대한 요약과 비평을 통해 자신들의 아이디어를 구축하였다. 그들은 운율적 단서에 관한 통사적 인식으로 간주되는 가설을 검증해

보는 것을 일반적으로 약 3~7세 사이의 아이들에게 구문적으로 중의적인 문장에 대해 하나의 행동으로 반응하도록 요청함으로써 연구를 설계하고 이를 수행하였다.

예를 들어, Snedeker & Trueswell(2001, 2004)은 장난감—이동 실험, 즉 아이들에게 두 가지 방식으로 제시된 'Tap the frog with the flower'이란 문장을 들려주었다. 그것은 [톡톡 치세요(Tap)] [꽃으로 개구리를(the frog with the flower)]와 [개구리를 톡톡 치세요(Tap the frog)] [꽃을 가지고(with the flower]], 운율 체계로 구분지어진 것이다. 그들은 계속해서 다른 비슷한 실험에 대한 요약을 균형있게 제시해 주었지만, 과제 복잡성과 실험 설계가 아이의 이해 수준에 부적절하였으므로 확실한 결론에 도달하기에는 다소 한계가 있음을 보여주었다. 또한 발견된 또다른 결과(통사적 단서와 행동 사이의 상관관계가 더 낮다)에 그들은 주목하였다. 장난감이라는 시각적 자극(excitement) 없이 먼저 과제 지시문(prompt)과 언어 요소를 제시하여 아이가 산만해진 것을 정밀하게 조사하여 다루는 지시를 받았다(Meroni & Crain, 2003). Speer & Ito는 그들이 후속 연구(구와 정보에 대한 아이의 이해는 운율 체계와 관하여 초점을 맞춘다)로 확산해가는 나가는 가운데 언어 습득을 일반화하여 대중들의 이해를 돕기 위한다는 것에는 비판적 입장을 보인다. 또한 여러 학술 연구들에서 탐구하는 있는 바는 매우 가치 있는 것이지만, '실험 기술은 시대를 넘어 계속해서 정제되고 있으며, 우리는 아주 어린 아동들의 억양 사용에 대한 놀랍도록 정교한 증거를 계속해서 발견할 것'이라고 결론 내렸다(Speer & Ito, 2009: 106).

전반적으로 후속 연구를 위해 구조화된 사례로 위 연구 논문을 제시해 볼 수 있다. 위 논문 사례는 이론적으로 흥미로운 질문과 그것을 입증하는 방법에 대한 실제적 예시로서 충분하다. 말하기 형식을 탐색하는 방법론적 도전은 아동의 언어 실험의 맥락으로까지 확대되었으며, 이 논문은 일시적이고 상황—내포적인 양상을 다루고자 하는 연구자들에게 좋은 출발점으로 활용될 수 있다.

5.4.2. 질적 연구에 대한 포지션 페이퍼: 절, 문법, 그리고 상호작용

Sandra Thompson과 Elizabeth Couper-Kuhlen은 '문법과 상호작용의 소재(locus)로서의 절'(2005)이라는 논문에서 언어 사용자가 상호작용을 의도할 때 나타나는 언어의 핵심 특징으로 절을 사례로 들어 연구하였다[1] 〈인용 5.6〉은 그들의 입장과 연구 방법에 대한 개요를 제시한 것이다.

그들은 '패턴(양식/ pattern)' 혹은 '템플릿(templates)'을 설명하기 위해 '형식(format)'이라는 용어를 사용하였다. 이 용어는 상호작용 언어학 분야에서 중요한 주제로서 다루어지는데 이 연구 분야에서 언어 사용자들이 그들이 발언을 하며 다른 이들과의 상호작용을 할 때 발화의 특정한 양상을 설명하기 위해 이러한 용어를 사용한다.

---

1) 대화 분석적 접근방법은 문법에 영향을 미치는 담화요인을 분석하는 데에 있어서, 대화자체의 구조적인 특성을 기술하는 데에 중점을 두고 대화자가 서로의 말차례(turn)에 유의하면서 순차(sequence) 구조를 서로 구축해 나가는 가운데 수행하는 언어행위(speech action) 분석에 중점을 둔다(Sacks 1992, Sacks, Schegloff & Jefferson 1974). 대화 분석에서는 근본적으로 언어 자체의 분석보다는 화자 간의 사회 상호작용의 체계성을 밝히는 것을 목적으로 하지만, 화자 간의 상호작용에 있어서 언어의 역할이 중심적이기 때문에 언어가 화자와 청자 간의 상호작용 맥락에 어떻게 활용되고 접합(embedded)되는지에 주의를 둔다. 따라서 이러한 시각에서는 문법을 독립적이고 추상적으로 화자의 마음속에 존재하는 체계로 보기보다는, 일상 대화의 구체적인 맥락에서 화자들이 대화의 매 순간을 통해 절차적으로 구성하고 활용되는 자원(resources)으로 본다.

이 글은 언어사용자들이 대화상대자의 발언에 따라 어떤 행동을 할지 계획하고 이 계획에 따라 행동하는 것과 관련하여 가장 빈번하게 사용되는 문법 형식이 바로 '절'이라는 측면에서 이 절을 상호작용의 소재(locus)라는 것을 논의하기 위해 문법과 상호작용 간의 접점에 관한 연구를 탐색하였다. 이에 따르면 절이 어떻게 문법적 투사가능성을 제공하는지는 언어마다 상당히 다르다. 사실, 한 언어 내에서 소재로서 사용할 수 있는 절의 문법 형식의 특성에 따라 다르다. 어떤 언어에서는 말차례의 단위(turn unit)를 좀 더 빠르게 예상하기 위하여 사용되고(영어처럼), 어떤 언어에서는 그와 같은 기능으로는 사용되지 않는다(일본어처럼). 우리는 이 두 언어들 간의 차이에 주목하고 절이 가변적인 문법적 투사가능성이 세 상호작용적 현상-다음 차례의 시작(next-turn onset), 상호 협력적 구성(co-construction), 그리고 말차례 단위 확장(turn unit extension)-들이 언어 공동체 속에서 실현되는지를 제시하였다. 만약 사회적 행위의 형태로 매우 다양하게 구축된 것들이라면, 절의 상호작용성이 입증된다고 볼 수 있다.

—Thompson & Couper-Kuhlen, 2005: 807

CA에 익숙하지 못하거나 상호작용 언어학에 익숙하지 못한 사람들에게 이 연구의 의의가 쉽게 이해되지 못할 수 있지만, 이 논문은 언어사용자가 어떻게 말차례를 시작하고, 대화 참여자들이 되어 함께 이러한 말차례를 구성해 가는지 그리고 이미 명백히 구축된 말차례에 어떻게 절이나 발언을 추가하는지와 같은 대화 참여자의 행동 양식을 면밀히 분석하고 이를 입증해낸다.

Ford et al.(2002)은 영어에서의 증가[언어 사용자에 의해 가능한 완료 지점 후에 덧붙여진 단어나 구들]는 보통 부사적인 구성요소들을 포함하고 있음을 지적하고 있다. 우리는 이 모든 요소들-비록 그들이 대체적으로 절 안에 놓여질 수 있음에도-이 보통 끝에 배치된다는 점을 주목하였다. 이것은 절의 형식이 확장적이란 사실을 보여준다. 그리고 절은 말차례에서 언어 사용자 간에 겹쳐지는 양상을 보인다. 이것은 우리들이 수집한 자료 중 한 예이다.

(4) 자동차 영업사원(Car sales) 5 (Ono & Thompson 1995: 87)

　　1 G: … (H) 네가 할 수 있는 유일한 것은 네가 제일 잘 할 수 있는 것이야.

　　2 　 … [맞지?]

　　3 D: … [확실히](but definitely).

이 예시에서, G는 1번 줄에서 자신의 절 끝부분을 통해 완료 지점에 도달한다. D의 말차례 단위는 태그된 'right'과 겹쳐져서(괄호에서 보여지는 것처럼) 이 시점에서 D의 동의는 G는 그저 1번 줄에서 완료 지점과 동시에 겹쳐진다. 그러나 D의 말차례 순서는 말차례의 끝을 암시하는 운율과 함께 절 형식의 끝부분에 온다는 의미에서 볼 때 적절하게 잘 배치된 것이라 할 수 있다. 이는 발화 입력의 침해(violative incomes)에 해당하지 않음을 보여주는 대화 상대방의 말투의 변화(speech perturbations)가 전혀 존재하지 않음을 통해 확인되는 것이다.

—French & Local 1983, Schegloff 1987,
Thompson & Couper-Kuhlen, 2005: 820

이 연구는 절의 본질에 대하여 일본어와 영어간의 교차 언어적 비교를 통해 설명을 강화해간다. 영어에서 동사구는 발언의 나머지 부분(동사로 이어지는 주어, 추가의 단어, 구)에 대해 빠르게 예상(early projection)하도록 돕는다. 이에 비해 일본어는 구조가 영어에 비해 훨씬 더 열려있고, 절로 된 요소들은 덜 분명하게 나타난다. 그러나 그들은 두 언어의 발화자들에게 있어 절은 앞으로 다가올 말차례를 관리하는 측면에 있어서 그 표현이 충분한지에 무관하게 절 경계에 대한 민감성을 보여준다는 사실을 주장하였다.

Speer & Ito(2009)는 실험 방법을 통해 언어 발달을 분석하는 데 관심을 기울인 반면에 Thompson & Couper-Kuhlen(2005)은 아주 다른 패러다임에 기반한 연구를 수행하였다. 그들은 대화 분석 방법을 통해 내적 논리에 —매우 설득력 있게— 기반하여 자신들의 논의를 전개한다. 〈인용 5.7〉은 어떻게 대화의 증거(evidence)가 해석되고 연구와 어떻게 연계되어 논의되는지에 대한 전형적인 예를 보여준다.

CA 접근법은 특정한 상호작용적 기능들과 동등하게 제시된 언어적 자원/특질들로 간단히 추정하는 방식이 아니다. 오히려 국지적 맥락에서 사건을 보다 더 명확히 이해하도록 하고 그 분야의 선행 연구들로부터 연구의 가정을 추정해가는 방식인 것이다(French & Local, 1983; Schegloff, 1987). 질적 연구 패러다임과 더불어 추가로, 특정 해석 사례를 설명하기 위해 단 하나의 지배적이거나 권위 있는 증거 사례가 아닌 다양한 증거 사례들을 활용하였다. 이 예들은 화자들이 그 절 형식을 통해 지지하는 것은 말차례 종료(말 종결을 의미), 차례의 통사적 특징, 증가(increments)의 타이밍, 그리고 말 가로막기 등과 관련된 운율적 특징에 대한 사례들이다.

중요한 바는 이 사례들은 언어사용자들이 순서(turn), 증가

(increments), 그리고 상호 협력을 어떻게 다루는지를 설명하는 문법적 본질에 관련한 중요한 사례라는 점이다. 물론 이 사례들이 언어적 특징이나 전후 맥락, 일대일 관계상의 부족한 고려 등이 반영된 것들일지라 하더라도 말이다. 비록 저자들은 그것에 대해 언급하고 있지 않지만, 가르치고 배우는 제2언어에 대한 영향은 명백하고, 이 영역에 대한 후속 연구는 매우 흥미로울 것이다.

5.4.3. 질적으로 '특권 있는 내부자(privileged insider)' 접근법

말하기 장르를 이해하기 위한 효과적인 접근법은 Janne Morton의 논문 '장르와 학문적 능력: 학문적 말하기 장르(spoken genres)의 맥락화 사례 연구(2009)'에서 다루어졌다. 음성 장르(spoken genres)는 연구 주제 자체로도 흥미있을 뿐 아니라 이를 다루는 방법 역시 매우 독특하다 할 수 있다. 이 연구의 주요 부분인 민족지학적 접근이나 언어학적 접근의 중심에는 응용언어학 이 있어왔다. Morton(2009)은 〈인용 5.8〉에서 '학생 건축학의 발표'를 분명한 하나의 장르로 간주한다. 그는 초보자가 전문가로 변화하는 과정 중 하나로 보았고 장르에 대한 이해나 적절한 수사학적 형식으로 정보를 제시하는 것은 매우 중요하며 이는 발표(student presentations)의 내용만큼이나 중요한 것으로 다루어질 수 있다고 보았다. 학생들은 그들의 학문 분야에서 구어 장르를 수행하는 가운데 성취를 해가거나 사회화해간다.

방법적인 면에서 Morton은 두 그룹의 발표를 비교하여 1학년과 4학년 학생들을 내부자 시각에 따라 성공적인지 아닌지 분류했다. - 그들 강사의 시각 - 연구원으로부터 어떠한 추가적인 논평, 비평 또는 분석 없이 이러한 분류를 수행하였다. 이는 연구에 있어 연구자의 '고유한'

〈인용 5.8〉 전문성에 관한 사회화의 관점 소개하기

학문적으로 사회화되는 관점은 학문적 장르에 대한 점진적 숙달과 밀접한 관련을 맺는다. 이 글은 학문 분야 내에서 이와 관련된 장르는 지식을 생성하거나 혹은 지식을 이해하는 것에 대한 주요한 지표로서, 그리고 이에 대한 수사학적 특징으로서 장르를 다룬다. 이러한 체계 내에서 학문적 평가 장르(one academic assessment genre)에 대한 초보자와 준전문가의 사례들은 '학생 건축 발표'라는 장르를 통해 비교 분석되었다. 학문적 발표의 대면적 특성은 청중을 설득하는 화자와, 이와 관련된 대인 관계적 수행을 통해 드러난다. 학문 분야의 전문가들이 이러한 대인관계 측면에서 일정한 성취를 보이는 학생들의 수사적 전략을 도출해내었다. 연구 자료에 따르면, 건축 디자인에 대한 발표가 성공적이었는지 그렇지 못했는지를 구분짓도록 할 때 디자인에 대한 의도된 해석을 보다 더 촉진하도록 한 맥락화 전략에 주목할 필요가 있다. 건축 디자인 발표와 관련하여 성공을 한 화자들은 이러한 맥락화를 위해 서술 문체, 은유적 이미지, 그리고 역동적인 문법을 사용하였다. 이러한 사례들을 살펴본 결과 학생들은 그 맥락화 전략을 통해 학생들 자신의 디자인 산출물에 대한 생기있는 이해를 촉발시켰고, 청중들이 학생들의 디자인이 표현하고자 하는 그 세계로 이끌 수 있도록 하였다.

—Morton, 2009: 1

기준이 외부자의 시각보다 높게 평가된다는 연구의 경향과도 일치한다 (이러한 생각을 조사한 Yu(2007)의 도움이 될 만한 문헌의 개요와 연구 과제를 참조하라). 이 연구에서는 '적어도 성공한, 더 성공한, 가장 성공한'으로 세 수준으로 발표자의 수준을 나누고 자세한 분석을 진행되었다. 수사적 특징, 언어적 특징과 더불어 이미지, 모형, 몸짓 등 비언어적 특징에 대한 교차 비교를 통해 성공의 수준과 상관관계가 있는 특정한 요소들을 탐색하고자 하였다. 건축 발표를 성공적으로 수행하기 위해 학생들은 언어적 그리고 비언어적 요소들을 어떻게 처리하고 또 통합해가는지를 분석하는 가운데 Morton은 성공적인 발표와 다소 덜 성공적인 발표를 구분짓는 '맥락화 사례'에 대한 발표자의 능력이 명백히 존재함을 제시하였다. 맥락화와 관련된 능력이란, 내포된 서사와 스토리텔링 처리하기, 서사적 목소리와 자세 변화하기, 유머, 그리고 수사적 서사 속에서 디자인을 표현하고 이 표현을 다시 맥락과 관련짓는 전반적인 능력을 포함하는 것이다. 예를 들어서 미숙한 발표자는 단순히 기술적인 방식으로 이미지를 사용하였다. 반면, 준전문가는 역사적이고 예술적인 참고 자료를 활용하여 발표에 사용하여 이미지를 더욱 은유적이고 또 연상적 장치로서 사용하였다. 성공적으로 평가 받는 발표에서 Morton이 흔히 건축 구조의 고정된 블록을 묘사하기 위해 동작의 능동형 동사를 포함하는 '역동적인 문법'을 활용하여 이를 묘사한 한 발표자에 주목하였다. 마지막으로 이 건축 발표의 평가 기준에는 학생들로 하여금 자신의 프로젝트에 건축학적인 '자아(self)'를 투영할 것을 요구 받았다. 이 자아는 발표자와 다소 거리감이 있거나 혹은 어떤 대상으로 간략히 설명해내라기보다는 어떤 아이디어를 나타낼 것을 요구하는 장치라 할 수 있다(그에 반해서 높게 평가될 수도 있는 공학기술과 같은 다른 학문 분야에서의 접근법(Darling, 2005)).

지금까지의 논의는 내부자 시각에 기초하여 발표를 면밀히 살펴본 것이다. 전문적인 공동체에서 구어 담화, 전달의 맥락, 언어적이고 비언어적인 특징의 처리, 그리고 사회화 연습 사이의 연결은 다소 덜 '열린' 접근법을 통해 이루기란 쉽지 않은 일일 것이다.

5.4.4. 유창성 향상 연구를 위한 사전 사후 검사를 기반으로 한 실험 집단과 통제 집단 접근

앞선 사례들과 달리 여기서는 명백히 양적 패러다임에 기반한 연구 논문을 제시한다. Blake(2009)의 논문 '제 2언어의 구두 유창성(oral fluency)을 향상시키기 위한 텍스트 기반의 인터넷 대화의 가능성'은 온라인 채팅 환경에서 담화에 노출된 학생들이 실제 오프라인 환경에서 말하기 능력이 신장되는지에 대한 연구이다. 이 연구 주제는 언어 유창 성에서 거의 다뤄지지 않았던 교차 양식 효과(cross-modal effects) 에 대한 세부 주제라 할 수 있다. 이 주제는 제2언어 말하기 발달을 연 구하는 모두에게나 굉장히 흥미로운 주제이다. 게다가 이 논문은 언어 처리 이론들(Levelt(1989)의 표현 모형)에 관련된 아이디어를 교육 환 경과 연결시키고자 한다. 이 논문은 교육 환경에 대한 어떤 결론을 도출 하기 위해 시도된 연구 방법의 명확한 예를 보여준다. 예컨대, 연구 가 설을 설정하고, 이 연구 가설과 관련된 설문 문항을 개발하고, 이를 검 증하기 위한 교수적 처치 방안을 결정하고, 이러한 교육적 처치의 전후 에 학습자들에게 나타나는 교수 프로그램의 효과성을 검증하는 연구 방법의 일련한 사례를 명확히 보여준다. 이는 〈인용 5.9〉를 참조하라.

일반적으로 이 접근법은 통제 집단(표준적인 교수 방식이 제시된)과 실험 집단(연구 문제와 관련된 교수 방식이 제시된)을 설정함으로써 방 법론을 보다 더 탄탄하게 구축하였다. 이러한 방법으로 사전과 사후 검 사 결과가 통제 집단과 실험 집단에 적용된 교수 방식 간의 명확한 차이 나 교수 방식의 영향을 설명할 수 있게 되었다. 연구 결과에 대한 해석 을 위해서는 결과의 유의수준에 대한 견해를 제공하기 위해 통계적 분 석을 실시한다. Blake(2009)는 이 접근법을 가장 잘 보여주는 연구 사많은 연구들이 제2언어 교실에서 인터넷(internet) 대화의 긍정적인 효과에 대해 보고한 바 있지만, 이제까지 학습자의 말하기 유창성 발달과 텍스트 기반 대화 노출 효과를 다룬 연구는 거의 이루어진 바가 없다. 이 탐색 연구는 교수 환경은 분리되었지만 6주간 동일한 코스에 참여한 제2언어 영어 학습자 34명의 말하기 유창성 조사를 통해 실시되었다. 교수 환경 조건은 각각 텍스트 기반의 인터넷 대화 조건이고 하나는 전통적인 면대면의 수업 환경이었다. 이 연구에 따르면, 텍스트 기반 인터넷 대화 환경에 속한 참가자들의 점수가 전통적인 면대면 환경에서 참여한 학생들보다 더 점수가 높았다(본페로니 조정을 우선 시행함). 점수는 평균 발화 시간과 발성(phonation) 시간 비율의 변인에 대해 유의미하게 높은 점수를 획득했다. 그 외 점수로 측정한 다른 세 변인의 경우에는 점수 차이가 통계적으로 유의미하지 않았다. 저자는 Levelt(1989)의 언어 생산 모형에서 이러한 결론을 논의하고, 텍스트 기반의 인터넷 대화 환경이 언어 형성 단계에서 어휘와 문법적 지식의 자동화를 가능하게 함으로써 말하기 유창성을 쌓도록 하는 데 유용함을 제공해 준다는 사실을 보고하였다.

—Blake, 2009: 227

례이다. 그는 유창성 발달에서의 교육 매체 효과를 연구하기 위해 서로 다른 세 집단을 설정하였다. 그 이유는 그가 ① 학생들 간에 '실제' 상호작용이 없는 단순한 온라인 환경과 ② 면대면의 전통적 교실 환경, 그리고 ③ 온라인 대화방 맥락(더 엄밀히 말하면 뉴스 게시판, 포럼과 같은 비동시적 온라인 상호작용에 반대되는 동시적 컴퓨터 간접 의사소통(SCMC, synchronous computer mediated communication) 상황) 간의 차이를 확인하고 싶어 했기 때문이다. 그의 실험에서 통제 집단은 온라인으로 공부하며, 다른 집단들과 마찬가지로 교육과정에 근거한 듣기와 어휘 학습을 수행했지만, 즉각적인 피드백과 다른 학생들과의 상호작용을 경험하는 대신에 지도 교사로부터 이메일로 피드백을 받았다. 실험 집단 중 한 집단은 지도 교사와 학급 친구들이 동시에 온라인 활동에 참여한 반면, 다른 한 집단은 학급 친구들과 교사는 면대면으로 전통적 교실 환경에 기반한 활동에 참여하였다. 실험을 위해 비슷한 수준의 참가자들을 선택하고 성별, 모국어, 교육과정의 내용 그리고 교수 프로그램을 누가 제공하는지에 대한 계획이 우선적으로 수립되었다. Blake의 가장 흥미로운 연구 결과는 온라인 대화방을 활용한 교수 학습 집단이 사후 검사에서 말하기 유창성에 대한 가장 큰 향상도를 보인 것으로 나타났다는 사실이다. 실제로 면대면 교실 환경이 말하기의 기능 발달을 돕는 가장 큰 변인이라 생각할 수 있지만, 실제로 말할 기회는 대개 소수의 학생들에게 집중되며 말차례 규범을 정한다하더라도 실제로 말을 하는 경우에 이 규범은 잘 사용되지 않을 수 있다. 그러나 인스턴트 메시지는 모든 학급의 참여자들이 적극적으로 자신의 생각을 동시에 제시할 수 있다. Blake는 그가 사용한 양적 연구 방법의 패러다임에 의하여 자신이 발견한 사실의 한계점 혹은 유창성의 정의에 대한 몇몇의 질문들, 그리고 후속 연구들을 위한 여러 제언들을 신중하게 남기고 있다. 이 연구 논문은 초보 연구자를 위해 연구의 모형이나 후속 연구를 위한 출발점을 제시해주고 있다는 점에서 의의가 있다.

5.4.5. 구어 수행을 연구하기 위한 단일 요인에 대한 집단 내 실험 설계

말하기 연구의 양적 연구이자 통계적 접근에 대한 두 번째 예시는 언어 사용자의 상호작용에 대한 것이다. 이는 '맞장구'(짧고, 흔히 이해를 표하거나 지속을 격려하기 위한 청자에 의한 비언어적인 반응)에 관한 것으로 맞장구는 청자의 반응에 각각 어떤 영향을 미치는 것인지가 이 연구의 문제에 해당한다.

James Wolf는 'L2 구두 수행 과제에서 맞장구가 유창성에 미치는 영향'(2008)이라는 논문에서 가설을 시험하고 정량화할 수 있는 결과에 이르기 위해 실험 연구 방법을 적용하였다. 그의 연구 방법은 분석 연

〈인용 5.10〉 다양한 실험적 조건들 소개

이 논문은 청자의 맞장구(listener backchannels) 유형이 L2 화자 (speakers)의 유창성에 미치는 영향을 탐색한 실험 연구이다. 참가자들은 중급 영어 실력의 일본인 학습자 14명으로 세 가지 맞장구 실험 조건에서 구두 과제(oral task)을 수행하였다. (1) 언어와 비언어(V/NV), (2) 비언어만(NV) (3) 맞장구 없음(NB). 언어적 맞장구는 '음(mm-hm)'과 '우후(uh-huh)'를, 비언어적 맞장구는 머리를 끄덕이는 것을 포함한다. 유창성은 다섯 가지 항목으로 즉시적으로 평가되었다. 가설처럼 14명의 일본인 참가자들이 보여준 결과는 평균적으로 V/NV조건에서 가장 유창성이 높았고, NV 조건에서는 덜 유창했으며, NB 조건에서는 거의 유창하지 않았다. 이 차이들은 V/NV와 NB 조건 사이에서 유창성을 획득하는 데 중요하다는 사실을 뒷받침해준다. 또한 이 결과들은 L1과 사회 문화적 배경 안에서 맞장구의 사용의 자연스러움을 토대로 영어 중급 학습자의 구두 과제를 할 때 영어 유창성을 높일 수 있다는 '맞장구 산출 가설'(backchannel output hypothesis)을 지지하게 만들어 준다.

—Wolf, 2008: 279

구를 위한 통계적 분석법을 기반으로 삼고 있다. 이 분석 방법의 토대는 '단일 요인'(즉, 이 맞장구의 경우에 있어서 연구되고 있는 독립된 특성), '단일 집단(within-participant)' 설계(즉, 변수는 비슷한 언어적 배경과 능력 수준을 가진 단일 집단(single group of subjects)에게 실험하고 있다)라 할 수 있다(〈인용 5.10〉을 참고). 이 연구 방법은 연구자가 연구하고자 하는 단일 변인을 선택하고 동일 대상에게 약간의 변화를 주고 이 변화에 의한 결과를 조사하는 것이다. 연구 대상으로부터 결과 차이는 그 때 다르게 투입한 조건을 고려하여 해석할 수 있다. 복수 요인/요인 접근법(factorial approach)은 두 가지(혹은 이상)의 독립된 특성(예를 들면, 맞장구나 음절 속도)에 대해 살펴보는 것으로 집단 간 접근법(a between-group approach)을 통해 확실히 대조되는 대상 범주(예를 들면, 일본어 L1 사용자 대 만다린어 L1 사용자)를 토대로 이루어진다. 이에 이 연구법의 성공 여부는 독립 변인과 실험 대상의 분류를 명확히 구분하고, 이 실험 대상에게 적용하고자 하는 조건을 명료히 하고 이 참자가들의 산출 결과를 객관적이고 신뢰롭게 측정할 수 있는 평가 형식을 지니고 있어야 한다.

　Wolf의 근본적인 질문은 어떻게 영어의 맞장구 신호들이 구두 과제(oral task)을 수행하는 동안에 어떻게 일본어 EFL 학습자들의 유창성에 영향을 미치는가에 관한 것이다(Wolf, 2008: 281). 더 구체적으로 말하면, 그는 맞장구의 일반적 사용이라는 측면에서 영어와 일본어가 지닌 차이에 흥미를 느끼고, 중급 EFL 학습자에게 맞장구가 구어 유창성에 중요한 영향을 미칠 것이라 가설을 세웠다. 그는 상급의 EFL 학생들은 목표어인 영어의 맞장구 행동을 보이는 반면에, 하급의 학생들은 자신들의 모국어 내의 어떤 기준에 영향을 보다 더 받는다고 주장한다. 그는 또한 일본어 학습자들이 언어적, 비언어적 맞장구 신호의 조합(일본어의 맥락에서 이전 문헌에서 언급했듯이 머리를 끄덕이며 짧게 말하는 것은 전형적인 맞장구임)을 선호하는 양상을 보일 것이고, 비언어적 몸짓을 하거나 맞장구를 치지 않을 때보다 이 조건들에서 훨씬 유창해질 것이라고 가정하였다. 그는 14명의 중급 일본어 사용자들이 사진을 보면서 영화 줄거리를 말하도록 하는 과제를 제시하였고, 이 때 연구원들이 ① 언어적, 비언어적 신호를 주거나, ② 말하지 않고 고개만 끄덕이거나 ③ 맞장구치지 않는 세 가지 조건에서의 실험을 설계했다. 다른 이야기 유형과 이야기 과제(story task)의 반복이 지닌 효과성에 관련된 변인들은 이 연구 방법의 변인으로 다루어지고 있다는 점에서 이 연구의 설계는 여러 면에서 본보기가 된다.

Wolf(2008)는 언어적, 비언어적 맞장구 신호가 결합된 첫 번째 실험 조건에서 참가자들의 유창성이 가장 높게 측정된다는 가설을 실제로 검증하였다. 유창성이 최하점인 학생의 경우 드러나지 않았지만 맞장구 신호 보안에 의해 가장 높은 수준의 유창성이 확인된다는 가설을 검증하였다. 나머지 두 실험 조건 간의 차이는 명료하지는 않지만, 유창성 점수의 최하점은 맞장구에 대한 피드백이 전혀 없는 조건 내에서 발생하였다.

이 논문의 취약점은 L1 맞장구 기대(backchannel expectations)와 L2 행동(behaviour) 사이에 정밀한 관계를 맺고 있다는 결론을 도출함으로써 연구 상의 비약이 발생했다는 점이다. 이 연구에 제시된 증거는 중급의 학습자들이 L1 기대에 관하여 대화 상대와의 피드백의 질/양에 의해 불안감을 덜 느끼고, 기운을 얻는다는 가설을 분명 지지할 수 있다. 그러나 이 논문은 발화 상황의 서로 다른 세 조건에 대한 실험 연구를 수행한 것이고 이로부터 도출된 결과들은 보다 더 신중히 다루어져야 한다. 일반적으로 그러하듯 이 연구는 상호작용의 교차 언어적 비교에 관한 후속 연구에 흥미로운 출발점을 제공하고, 대화 참여자의 반응이 실제 다른 화자의 수행에 미치는 영향에 대한 이 연구 결과는 구두 평가 등의 다른 영역에도 유의미한 함의점을 제공해 준다.

5.4.6. 복합 양식(Multi-modal) 분석 연구를 위한 비디오 코퍼스 접근법(video corpus approach)

말하기 연구 방법에 대한 다음의 예시는 다중 모드 분석(Multi-modal analysis)이라는 새로운 연구 방법과 관련된 것이다. 이 방법은 새로운 연구주제를 다루고 있다는 것이다. 이 방법은 말투, 몸짓, 시선 그리고 상황 맥락적 참조(contextual references) 행위까지 검토할 수 있다. 비디오 녹화에 의해 언어적 상호작용 분석을 위해 수행된 전통적인 언어 분석(여기, 예를 들자면, 단어의 수, 순서의 유형, 그리고 발언의 길이)의 범주를 더 많은 구어 양식을 포함함으로써 연구 범주를 확장해 갈 수 있다(〈인용 5.11〉을 보라).

Clark & Krych(2004)는 '구어에 대한 급진적 견해'에서 양적 연구 방법을 제시한다. 시각 신호의 유용성이 언어 사용자에게 미치는 영향을 고려하지 않는다는 논의들은 구어적 양식(mode)을 불완전하게 다루어 왔기 때문에 촉발된 것이다. 그들의 결론은 〈인용 5.12〉에서 볼 수 있다.

〈인용 5.11〉 연구 과제를 위한 복합 양식(Multi-modal) 접근법 설명하기

언어 사용자들은 그들 고유의 말투를 모니터하고, 그들이 문제를 발견했을 때 고치고자 한다. 여기 검토된 계획서에 따르면 언어사용자들은 청자가 자신의 말을 이해하고 있는지를 점검하고, 필요하면 진행 중인 발언을

조정한다. 화자의 표지를 확인하고 그들이 이해하고 있는지를 살핀다. 화자와 청자는 상호 협조하는 것이다. 참가자가 짝을 이루며 책임자의 지시에 따라 10개의 레고 모델을 조립하여 만드는 모습을 녹화하였다. 연구 책임자는 한 집단이 실제 작업하는 공간을 볼 수 있었다. 그러나 다른 집단은 볼 수 없었다. 세 번째 집단은 오디오테이프에 녹음된 지시 사항을 전달받을 수 있었다. 짝들은 책임자가 실제 그 작업 공간을 보지 못할 때 레고 작업의 수행이 매우 늦었고, 녹음된 지시 사항을 전달 받은 집단은 실수가 많았다. 책임자가 실제 작업 공간을 볼 수 있었던 그 집단의 참여자들은 블록을 전시하고(exhibiting), 자세를 잡고(poising), 가리키고, 눈을 응시하고, 고개를 끄덕이고, 머리를 흔들면서 연구 책임자와 의사소통을 하였고 정확한 수행을 보였다. 책임자들은 자주 코스의 중간 지점에서(midcourse) 자신들의 발화를 조정하면서 반응을 보였고, 정확하게 시간을 측정하였다.

—Clark & Kryth, 2004: 62

〈인용 5.12〉 복합 양식(Multi-modal) 언어 사례

[언어사용자들]은 서로의 음성 신호 뿐만 아니라 서로의 몸짓 신호(물리적 대상을 전시하고(exhibiting), 자세를 잡고(poising), 가리키고, 놓아두고, 고개를 끄덕이거나 흔들고, 눈을 응시하도록 지시하는 것 같은), 그리고 상호간의 가시적인 사건들(events)에 실제 의존한다. 이들은 화자가 현재 말하고 있는 것에 근거를 둔 투사적 쌍(projective pairs)을 만들어내기 위한 일종의 신호 행동이라 할 수 있다. 대화란 이들 신호 행동들이 교묘하게 조직된 양상을 통해 실현된다. 보다 많은 목적을 위해 이 중 일부 신호 행동만이 사용되도록 국한된 언어 사용의 모델들은 불완전하고 부정확할 수밖에 없다.

—Clark & Kryth, 2004: 79

그들은 함께 과제를 수행하는 한 쌍(한 쌍의 말하는 사람들)의 대화들로부터 도출된 소규모의 코퍼스가 담긴 비디오 테이프 분석을 통해 자신들의 연구 결과를 도출하고자 하였다. 이 연구의 과제 목표는 10가지 '레고' 모형을 정확하고 최대한 빠르게 만드는 것이었다. 과제에서 한 명은 감독관이고 다른 한 명은 건축가의 역할을 수행한다. 감독관은 모형의 모습을 볼 수 있다. 건축자는 감독관을 볼 수 없는 상황에서 건물 모형 내 느슨한 벽돌 사이로 감독관의 안내를 듣게 된다. 말하기 상호작용, 몸짓 그리고 공유된 시각적 '작업 공간' 사이의 관계를 조사하기 위해 연구자들은 과제를 진행하는 서로 다른 작업 상황을 설계했다. 그들은 '상호작용적(interactive)' 조건과 '비상호작용적(non-interactive)' 조건으로 설명했다. 전자의 조건의 경우 감독관과 건축가 모두 말로 상호작용 할 수 있었고, 감독관은 건축가의 작업 공간을 볼 수 있었다(얼굴이 보이거나 보이지 않도록 하는 또 다른 조건이 설정되었지만 연구자들은 이 조건은 유의미한 차이를 만들어내지 않았다고 하며 이를 보고하지 않았다). 이들 조건은 각각 '상호작용적—작업 공간—숨겨진'과 '상호작용적—작업 공간—보이는'이라는 식으로 명명되었다. 비상호작용적 조건에서, 감독관은 지시 사항을 녹음하고 일주일 후에 건축가가 건축 모형을 만들게 될 것이라는 점을 들었다. 이때 건축가는 녹음된 지시 사항에 따라 레고 모형을 만들라는 과제를 부여받았고, 지시 사항을 듣고 이행하되 지시 사항에 해당하는 부분을 되감아 듣는 것이 허용되었다.

Clark & Krych는 서로 다른 조건에서 모형을 완성하는데 걸리는 평균 시간, 감독관 대 건축가에 의해 과제 마다 사용된 단어의 개수, 정확하게 수행된 행동을 확인하는데 사용된 시간, 실수한 비율, 지시적 표현(여기, 저기, 이것, 이것들, 저것, 저것들, 이와 같이, 이것들과 같이, 저것들과 같이), 행동, 몸짓의 유형의 수(예를 들어, 감독관에서 블록을 보여

〈표 5.1〉 구두 지시사항 관계에서 몸짓 타이밍을 보여주는 행동 그래프(Clark & Krich, 2004: 72)

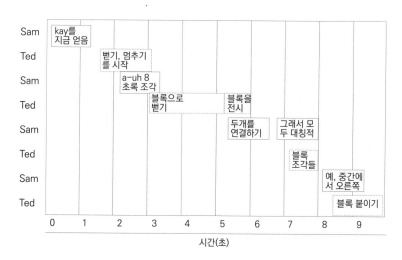

주기, 시험 삼아 블록의 위치)와 같이 과제 수행에 관하여 여러 측면을 측정하였다. 그리고 이를 통해 말하기와 행동의 관계를 보여주기 위한 '행동 그래프'를 만들었다(〈표 5.1〉을 참조하라).

그들의 연구에 따르면, 상호작용적이고 비 상호작용적 조건 사이 그리고 두 참여자 모두에게 작업 공간이 보이게 하는 상호작용적 조건과 그렇지 않은 상호작용 조건 사이에서 모두 유의미한 차이가 발생하였다. 예를 들어, 감독관에게 작업 공간을 숨긴 채 레고 모형을 만들도록 한 집단은 평균 레고 모형을 만드는 데 걸리는 시간의 2배 더 걸리는 것으로 나타났고, 과제를 수용하면서 감독관과 건축가 사이에서 사용된 단어의 수는 상당히 증가한 것으로 나타났다. 비상호작용적 조건에서도 (건축자가 녹음된 지시 사항에 반응한 것) 과제 소요 시간은 더욱 증가했다. 또한 10개 모형 중 마지막 모형(마지막 모형 구조에서 8번 그리고 블록 각각의 오용의 면에서 14번(예를 들어 잘못된 색상))에서 실수가 엄청나게 증가했다. 몸짓, 효율성, 언어 행동에 대한 세밀한 분석 과정에서 연구자는 작업 공간이 보이는 상황에서 지시 발화의 증가에 주목하였다. 그들은 상호작용적—작업 공간이 보이는 조건에서 증가된 효율성이 몸짓, 행동, 그리고 구두적 입력 사이의 정교한 상호작용의 결과라고 분석하였다. 예를 들어, 건축자는 올바른 블록과 정확한 위치에 대한 확실히 확인할 수 있음으로 하여 블록 위치에서 '균형'을 유지할 수 있었다. 이것은 이론적인 범주에서도 강조되는 상호작용과 관련된 것이며, 이는 상호작용의 측면에서 구어 담화를 살펴보아야 한다는 매우 설득력 있는 근거에 해당한다고 볼 수 있다. '우리의 발견은 말하기 모형의 일반적 결과를 제시한다. 아마도 가장 기본적인 사실은 언어의 가장 기본적인 지점인, 그들이 혼자 있을 때처럼 화자와 청자가 대화 속에서 조차도 같은 절차를 사용하지 않는다는 점이다(Clark & Kruch, 2004: 76).'

5.5. 새로운 말하기 연구 방향들

여기서는 말하기 연구에 특별한 영향을 미치는 응용언어학 의 최신 경향을 간략히 개요로 소개하면서 마무리하고자 한다. 말하기, 즉 구어 양식(spoken mode)에 관심 있는 사람들은 매우 흥미 있을 것이다. 이에 대한 최신의 경향은 지속적으로 변하고 있고 연구의 저변은 확장될 것이기 때문이다.

첫 번째 연구 동향으로 해당 학문(discipline)의 각기 다른 '진영'(camp) 간의 장벽이 허물어지고, 언어 이론에 대한 절충적인 방식의 접근, 학제 간 연구(inter-disciplinarity)가 이루어지고 있다는 점이다. 앞서 지적한 바와 같이, 이 경향은 실제로 예를 들어 대화 분석을 하거나 제2언어 습득, 혹은 제2외국어 말하기 평가와 비판적 언어학 (critical linguistics)과 같이 서로 교류가 없는 각 분야 간의 연계 연구가 더욱 강화되는 양상이 나타난다. 이는 또한 대화에 대한 응용언어학적 통찰력들이 경영학 분야나 건강학 등의 다양한 영역들로 전이되는 등 범학문 분야에서의 연구가 이루어지고 있다. 7장에 서술된 회계 담화(accountancy discourse)를 보다 더 이해하기 위한 Burns과 Moore(2008)의 연구 역시 이와 관련된 한 예라 하겠다.

두 번째 연구 동향은 세계에서 사용되는 여러 형태의 영어(World English)와 국제 공통어인 영어(English as a lingua franca)운동의 영향에 대한 것이다. 두 운동 모두 영어를 모국어로 사용하는 사람들에게 종속된 것으로 보지 않는 것으로부터 나오는 사람들로부터 나오는 누가 구어체 영어가 규범이고, 정치적이고, 교육적이고, 정책 관련 문제인가 하는 생각은 흥미로운 논쟁의 원천을 만들어내고 있다. 앞장에서 논의한 바와 같이 평가나 언어 교수법과 관련하여 이 논쟁은 영향을 미친다. 이와 같은 운동들의 영향이 교육과정, 교재, 교실과 평가위원회에게 이르기까지는 상당한 시간이 소요될 것이다. 이는 말하기를 교육하고 연구하는 대상들 모두 참여할 필요가 있는 운동 중 하나라 할 수 있다.

변분화용론(variational pragmatics)의 새로운 하위 연구는 이론의 토대를 보완하고 학교 교육에 미칠 통찰들을 제공해주고자 한다 (Barron, 2005). 7장에서 살핀 Cheng & Tsui(2009)의 연구를 통해 이를 확인할 수 있다. 자료언어학과 ELF 간의 접점에서 연구는 강력하게 자리 잡기 시작한 것으로 보인다. 그리고 비원어민들 간의 상호작용의 표준교재의 주요 원천은 현재 이 언어의 '핵심'이 무엇과 같은지, 그리고 그들이 그것을 가르치기 원하는지 아닌지를 점검해가면서 학자들이나 교사들에 의해 개발된다. 7장의 두 과제는 이를 전형적으로 보여준다. Lam(곧 발표될/ forth-coming)은 홍콩 영어 사용 상황에서의 코퍼스 자료(corpus data)와 수업 교재(materials for the classroom)를 대조하는 연구를 실시하였고 Hincks(2010)는 국제 공통어 프레젠테이션 맥락에서 말하기 속도가 미치는 효과(effect of using ELF on content and speech rate in)에 대한 쟁점을 살피고 있다.

마지막으로, 20년이 넘는 기간 동안 과학 기술은 발달을 거듭해 왔고 새로운 과학 기술 간의 결합(incorporation)은 구어 양식(spoken mode)에 대한 우리의 이해나 이에 대한 연구 방법에 큰 변화를 이끌었다. 이 과학 기술들은 연구 방법에 큰 영향을 미쳤고 이러한 경향은 지속될 것이다. 기본적인 수준에서 과학 기술은 대규모 코퍼스(corpora of speech) 분석을 가능하게 하였고, 더 정교한 수준을 연구하고자 하는 연구자들을 위해 발화와 표기, 디지털 오디오와 비디오 재료들과 결합한 복합 양식 연구를 가능하게 하였다.

이것은 연구자들에게 풍부한 자료를 제공해 줄 뿐 아니라 말하기 문법에 관한 통찰력을 얻을 수 있도록 하는 데 아마도 효과적일 것이다. '대화 문법(conversational grammar)'으로 출발한 초창기 연구들로부터 아직 우리가 알지 못하는 부분에 대한 연구는 아마 앞으로도 이러한 기술들로 인해 실행될 수 있을 것이라 예견하는 것은 타당해 보인다.

상호작용 언어학은 아직 대규모 코퍼스들(corpora)을 활용한 학문으로 이어지지는 못했지만 오디오 파일과 전사(transcriptions)가 결합된 여러 기능들이 기술을 통해 이루어지기 시작하면서 이러한 연구는 가능해질 것으로 보인다. 공동의 언어 구조를 파악하고 아주 신속히 다른 맥락과 언어들 간의 유사점을 찾을 수 있는 주요한 접근 방법이 될 것이라 기대된다.

이 밖에도 우리가 구어를 이해하는 데 있어 중요한 영향을 미치는 두 가지의 과학 기술 방법이 있다. 하나는 언어 처리과정을 분석하기 위한 뇌 스캐닝 기술이다. 이 기술은 의미 처리 수준에서 주로 사용되는 경향이 있지만 곧 다른 언어적 영역으로 확산될 것이다. 기능적 자기 공명 이미지 장치(fMRI) 스캐닝이 제공하는 '확실한' 증거(evidence)는 적절한 때에 발화 생산에 관한 주요한 이론적 문제들에 대답할 수 있는 가능성을 가지고 있다(38쪽을 보라). Straube 외(2010)의 연구 방법과 이 연구의 개요는 7장에서 상세히 다루었다. 다른 하나는 21세기의 월드 와이드 웹(world wide web)이다. 사용자들에게 인기 있는 웹사이트에서 '대화(conversation)'라는 용어를 찾으면 언어학자가 설계한 것보다 훨씬 더 많은 수백만 개 이상의 '코퍼스'를 사용자들에게 가져다주는 장면을 볼 수 있다. 추가로, 웹의 다음 세대를 개발하는 사람들의 윤리적 규준은 다른 사람들에게 자료를 공유하는 것을 말하고 다른 집단에 의해 분석되기 위해서 구성된 자료를 허용할 수 있는 표준 규약이 될 것이다. 데이터에 직접 접근하는 것과 구어 데이터를 분석하고 접근하도록 하는 기술적 진보가 지속되는 한 앞으로 우리는 말하기의 규준에 대한 본질적 이해가 가능해지게 될 것이다.

더 읽을 거리

Boxer, D. and Cohen, A. D. (2004). *Studying Speaking to Inform Second Language Learning.* Clevedon: Multilingual Matters.

Dornyei, Z. (2007). *Research Methods in Applied Linguistics: quantitative, qualitative, and mixed methodologies.* Oxford: Oxford University Press.

Hughes, R. (2010). Researching speaking. In B. Paltridge and A. Phakiti (eds), *Continuun Companion to Research Methods in Applied Linguistics.* London: Continuum.

제6장
말하기와 수업

이 장에서는

- 실제 수업에 강하게 영향을 미쳐 온 몇 가지 언어 발달 이론에 대해 논의할 것이다.
- 구어(spoken language)의 핵심 특징들을 살펴보고, 이 핵심 특징들이 언어 수업에서 다루어지는 방식을 살펴볼 것이다.
- 언어 교수 방법론과 구어 양식(mode) 연구와 관련된 몇 가지 논의 사항을 다룰 것이다.

6.1. 도입

〈인용 6.1과 6.2〉에서 볼 수 있듯이 말하기는 단순히 '화법 교수'로 여겨지는 것 그 이상으로 언어 교육과 응용언어학 이론에서 특별한 역할을 해왔으며 이 사실은 수업과 교사 연수에서 말하기가 어떻게 여겨지는가에 영향을 미쳤다. 이 장의 목표는 이 관계들을 강조하고 설명하고자 하는 것이다.

우리는 말을 할 때 우리의 생각들과 단어들 간의 모든 연관(associations)이 완벽히 순조롭게 작동되도록 해야 하기 때문에 구어가 가장 강력하고 직접적인 연상을 필요로 한다는 것은 명백하다. 말을 할 때에는 글을 쓸 때처럼 단어들과 구조들을 취사선택할 시간이 없다.

만약 우리가 먼저 그 외국어의 구어 형식에 대한 철저한 지식을 가진 후 문어 형식을 배운다면 우리는 원어민들과 연상의 상대적인 강도 측면에서 정확하게 같은 위치에 있게 될 것이다. 다시 말해, 우리의 연상이 구어와 바로 연관되어 있기 때문에 구어로 생각할 것이다.

—Sweet, 1990: 52-3

교사가 교실에서 벌어지는 의사소통을 이해하고, 학습자의 기여를 구체화하고, 수업이 전개되는 매 순간 전략적인 결정을 내리는 것은 공식적인 제2언어 교실 상황에서 제2언어 습득을 발달시키는 데에 중요한 것으로 여겨진다.

—Walsh, 2006: 133

6.2. 언어 수업에서 말하기의 지위

역사적으로, 응용언어학과 언어교육학에서 구어 상호작용이 특별한 지위를 가지는 데에는 몇 가지 이유가 있다. 이러한 관점들은 교육과정의 구성요소의 명시적 이름이 말하기인지 아닌지에 상관없이 무엇이 바람직한 교실 활동으로 간주되는가에 강한 영향력을 가진다. 구어적 상호작용은 핵심적이진 않더라도 언어 학습 과정에서 중요한 측면으로 여겨지며 그 중요성이 백년 이상 이어져왔다. 구어는 다음과 같이 다양하게 인식된다.

- '자연적 이해(natural uptake)'가 발생할 수 있는 일차적인 방식(mode) (지난 세기 초에서 1960년 초까지 유행한 '자연적 교수법(The Natural Method)'이나 '구두 교수법(The Oral Approach)'에서 인식되는 바와 같이)
- 문법적 패턴을 견고하게 하고 자동적이고 유창한 발화를 발달시키기 위한 강력한 도구('직접 교수법(The Direct Method)' 또는 '청화식 교수법(The Audio-lingual Approach)'에서 인식되는 바와 같이)
- 언어 탐구를 위한 이상적인 수단, 형식에 우선하는 의사소통에 초점을 맞추게 하는 이상적인 수단('의사소통 중심의 교수법(The Communicative Approach)'과 이후에 발달된 '과제 기반 언어 교수법(Task Based Language Teaching)'과 같은 교수법들의 기본적인 관점)

접근법과 방법이나 기법(종종 사용되며 여전히 유용한 Anthony (1963)의 범주화 방식을 교수 방법론의 서로 다른 수준을 구별하기 위해서 사용한다)의 관점에서 구어는 오랫동안 언어 수업에서 매우 중요한 지위를 유지해왔다.

하지만, 그 지위와 구어 방식을 다루는 방법은 고정적이지 않았고 특히 1970년대에는 중요한 과도기를 맞이했다. 1950년대와 1960년대에 영국이든 미국이든 혹은 이런 주요 영어권 국가들에 의해 영향을 받는 곳에서 언어 학습자는 구어에 노출될 확률이 매우 높았을 것이다.

실제로 헨리 스위트와 같은 초기 영국 응용언어학자들의 영향력은 20세기 전반기 전체에 강력하게 남아있었고 〈인용 6.1〉에 제시된 것처럼 구어 방식에 대한 강한 강조로 이어졌다. 이때 생겨난 '자연적 교수법(The Natural Method)'은 언어 항목들을 거의 완전히 구어를 통해 체계적으로 제시한 후, 명시적으로 가르친 언어 규칙과 특징들을 (음성학적인 측면에서) 매우 정확하게 구두로 연습하도록 했다.

미국에서는 구어를 자세하고 면밀하게 분석하게 하는 민족지학적 접근들이 또한 영향력이 있었고, 이런 접근들은 마침내 '청화식 교수법'으로 알려진 교수법으로 대체되었다. 이 교수법은 다시 구어 입력, 원어민 모델에의 노출, 맥락과 의미를 거의 참조하지 않고도 수행할 수 있는 반복적인 구두 연습('반복훈련(drilling)')에 극심하게 의존했다.

2차 세계대전 이후부터 1960년대 후반에 걸친 시간 동안 언어 수업에서 구어의 역할은 실험에서 쓰이는 페트리 접시(Petri dish-실험실에서 세균 등 배양에 쓰는 작은 접시)와 다소 비슷했다. 구어는 조심스럽게 (더 나은 프로그램으로) 선택된 언어 항목을 담는 그릇이자 도구였다. 그 언어 항목들은 안전하게 보호된 환경에서 번성했고 그 후 광범위한 연습을 통해 그 언어를 내재화시키고 흡수한 학습자에게 자동적이고 자연스러운 것이 되는 것이었다. 초점은 주로 의사소통에 있지 않고 언어의 구조와 정확한 발화에 있었다.

하지만 1960년대 후반 이후부터 언어 규칙과 입력에 대한 명시적인 초점과 연습이 학습자에게 오직 부분적으로만 도움이 되었을 거라고 점진적으로 인정되었다. 〈인용 6.3〉은 이 논점에 대한 초기 진술의 예를 보여 준다.

난점은 문장을 구성할 수 있는 능력이 의사소통에서 필요로 하는 유일한 능력이 아니라는 것이다. 의사소통은 본질적으로 사회적인 성격을 띠는 다양한 행동을 수행하기 위해 우리가 문장을 만들어낼 때에만 발생한다. 따라서 우리는 문장을 구성함으로써 의사소통을 하는 것이 아니라, 다양한 종류의 발언을 하고, 묘사하고, 기록하고, 분류하기 위해서, 또는 질문하고, 요청하고, 명령하기 위해서 문장을 사용함으로써 의사소통을 하는 것이다. 문장을 정확하게 만들기 위해서 무엇이 필요한지를 아는 것은 우리가 언어를 안다고 하는 것의 오직 일부일 뿐, 그것 자체로는 별 가치가 없다. 어떤 문장들이 정상적으로 사용되었을 때 의사소통의 수단으로서 여겨지는지에 대한 지식이 문장을 정확하게 만드는 지식을 보충해야만 한다. 그리고 나는 추천된 접근법이 이런 종류의 지식을 가르치는 데에 적합하게 제공된 것이 아니라고 생각한다.

—Widdowson, 1972: 16

'정확하게 문장을 만드는 것'의 한계에 대한 인정은 진보적 서양식 사고방식 속에서 교육계의 정신이 변화한 것과 같은 시기에 나타났다. 이 변화된 정신은 '교사'와 '학생'의 위치를 바꾸었고 모국어 화자에 의해 제시되는 권위적인 모델을 덜 매력적으로 만들었다. 결국 몇몇 요소들이 동시에 결합하여 1980년대 학생이 전후시대의 학생과는 매우 다른 세트의 과업을 수행하도록 했다. 서구의 학문적 응용언어학적 사고에 영향을 받은 수업에서 언어 학습자는 언어 자질(feature)에 대한 구조화된 구두 훈련을 훨씬 덜 하게 되었을 것이다. 그리고 언어 규칙이나 '정확하게 말하기'에 거의 명시적으로 초점을 두지 않고 말하기를 통한 동료들과의 협상과 토론을 포함한 더 많은 학생 주도 과업을 수행했을 것이다. 초기 '의사소통적' 수업에서 구어 방식은 매우 중요했고 여전히 그렇다. 구어 방식은 더 이상 단순한 수업의 그릇이나 도구가 아니었으며 오히려 그것은 학습자의 언어적 지식의 상태가 형성되고 변화하는 실제적인 수단으로서 여겨졌다. 이러한 변화를 이해하기 위해 1960년대 중반에 일어나 지금까지도 중요하고 상당히 영향력 있는 경향들과 언어학 및 응용언어학에서의 논의들로 돌아가 볼 필요가 있다. 특히, 그 시기 이래로 당시 지배적이었던 Chomsky 패러다임을 언어 교수 영역으로 통합시킬 방법에 대한 다음과 같은 논쟁이 있었다. 어떻게 언어 전문가들 그들의 제1언어 습득 발달에 대한 통찰력을 바탕으로 제2언어 교수에 접근할 수 있었을까?

한 대답은 두 습득 과정 간에 진정한 차이는 없다는 전제를 기반으로 했다. 이런 생각들은 새로운 것이 아니었지만 영어 수업을 위한 방법이나 접근법으로서 '자연적 교수법(The Natural Approach)'(문법 번역식 교수법에 대한 반응의 일부로서 나타난 20세기 초반의 '자연적 교수법'과 혼동하지 말 것)에서 스티븐 크라셴(Stephen Krashen)에 의해서 가장 광범위하게 탐구되었다. 의사소통 중심 언어 교수(the Communicative Language Teaching) 운동과 마찬가지로 이 이론은 학생들이 선생님으로부터 문법적인 정보와 규칙들을 제공받는 것을 통해서가 아니라 학생들이 유의미한 의사소통에 능동적으로 참여하고, 그들 스스로 표현할 수 있는 것을 약간 넘어서는 담화를 이해해야할 때 언어가 가장 잘 습득된다는 것을 보여주었다. (Krashen의 '입력 가설') 〈인용 6.4〉와 〈개념 6.1〉을 보아라.

Krashen의 이론을 뒷받침하는 아이디어는 학생의 현재 능력을 조금 넘어서는 목표 언어에 노출되는 과정 속에서, 그리고 목표 언어를 통해 언어 **습득** [원본 강조] 이란 아이가 제1언어와 제2언어를 습득할 때 사용하는 과정과 매우 유사하다. 이것은 화자들이 그들의 발화의 형식이 아니라 그들이 전달하고 이해하고 있는 메시지에 관심을 가지고 있는 상태에서 목표언어로 유의미한 상호작용(자연스러운 의사소통)을 하는 것을 필요로 한다.

—Krashen, 1981: 1

입력 가설(input hypothesis)은 제2언어와 외국어 교수의 통상적인 교육학적 접근에 반(反)한다. 우리는 우리가 먼저 구조를 배우고 의사소통에서 그들을 사용하여 연습해서 유창성을 발달시킨다고 추측해왔다. 입력 가설은 그 반대를 이야기한다. 그것은 우리가 먼저 의미를 찾아가면서 유창성을 습득하고 그 결과로써 구조를 습득한다고 말한다!

—Krashen, 1982: 21

즐겁고 의미 있는 의사소통에 참여하면서 아이의 언어 습득과 유사한 어떤 것이 발생할 수 있다는 것이다. 이는 현재의 언어 수업의 현실과 연관 짓기 어려운 이상적인 체계로서의 언어를 다루는 언어 이론과 수업 간의 간극을 줄여주는 흥미로운 아이디어였다. 따라서 그것이 잘 받아들여진 까닭은 교실에서의 언어 '수행'의 세부사항들을 제2언어 '능력'의 내재적인 발달에 어떻게 연관시킬 것인가에 대한 논점에 직면한 언어 전문가들에게 이론적으로 설득력 있는 답을 주었기 때문이다. Krashen의 모델이 해결책을 제시하는 것처럼 보이긴 하다. 다시 말해, 제2언어 습득은 당신이 올바른 조건을 제공하면 제1언어 습득과 마찬가지로 자

〈개념 6.1〉 학습 대 습득, 그리고 '자연적 접근법(Natural Approach)'에서의 입력가설

Stephen Krashen은 1980년대 초반동안 '자연적 접근법(Natural Approach)'이라고 알려진 것에서 그의 영향력 있는 제2언어 발달 이론을 개발했다. 이것은 몇몇 단체들에 의해서 도전을 받아왔다. 하지만 중심이 되는 몇몇 아이디어들은 제2언어 습득 이론(SLA)을 형성하는 데에 도움을 주었고 오늘날까지 영향력을 유지하고 있다. 그의 아이디어 중 두 가지는 – 학습과 습득의 구별과 입력 가설 – 구어적 상호작용이 오늘날 언어 수업에서 어떻게 다루어지고 있는지에 연관되어 있다.

이 틀 안에서 의식적으로 언어를 배우는 것은 기껏해야 부차적인 과정이고 실제 관심을 가지고 주목을 받은 것은 습득이었다. Krashen은 제2언어 학습자가 아이가 제1언어를 배우는 것처럼 피상적인 문법 지식 보다 더 깊은 수준에서 언어에 관여하고 노출됨으로써 두뇌 기저의 '배선(즉, Chomsky의 이론에서 '능력(competence)'라고 불리는 체계)'에 다가간다고 가정했다. 이 이론의 가장 확고한 버전은 사람은 언어를 '배울' 수 없으며 습득에 알맞은 환경을 찾기보다 학습을 너무 많이 강조하는 것은 제2언어 발달에 해롭다고 주장한다.

습득에 이로운 조건이 무엇인지에 대한 질문에 대해 논의 할 때, 두 번째 핵심 개념인 입력 가설이 중요해진다. 이것은 'i+1'이라는 공식으로 나타내어진다. (Krashen, 1982, 20-1) 'i'는 언어에 대한 지식의 현재 상태이고 '1'은 언어 습득의 다음 단계와 같다. Krashen은 'i'바로 위의 수준에 있는 자극적이고 동기부여되는 입력이 학생에게 주어져 그들이 자연스럽게 입력에 집중하고, 그들의 지식 상태를 '1'을 향하여 재형성하도록 하는 환경이 습득을 위한 이상적인 환경이라고 주장하였다. 이 매우 깔끔한 진술은 증명할 수 없다고 곧 도전받았지만(McLaughlin, 1987), 제2언어 습득론에 영향력 있는 패러다임이자 틀을 제공했다.

연스럽게 일어날 것이다. 구어 상호작용이 아이들의 언어 발달에서 일차적 경로이므로 이런 관점은 제2언어 학습 이론에서 구어 방식이 강조되게 하였고 1980년대 후반까지 언어 수업에서 좋은 방법으로 여겨지는 것에 변화를 주도하기도 했다.

그러나 제2언어 습득은 제1언어 습득과 다양한 방식에서 차이를 보인다는 학계의 의견이 커지면서, 다소 빠르게 Krashen의 이론은 어떻게 그것을 적용하고 입증할지에 관하여 뜨거운 논쟁거리가 되었다(예를 들어, Ellis, 1986). Krashen의 아이디어의 영향력은 컸다. 크라센의 아이디어들은 표준 영어 교사 연수 교육과정에 유지되고 있고, 명시적 교수 보다는 상호작용에 초점을 두었던 그의 아이디어는 오늘날까지도 언어 습득에서 말하기를 강조하는 것을 설명한다. 앞서 언급한 바와 같이, 명시적인 수업과 반복 훈련으로부터 실제 언어 사용의 측면에서 언어를 바라보는 것으로 강조점이 변한 것이 또한 1970년대 초반부터 매우 영향력을 가지기 시작한 의사소통 중심 언어 교수 운동에서도 나타난다.

6.3. 의사소통 중심 언어 수업에서 말하기 상호작용의 역할

1980년대 영어 교육에 지배적이었던 의사소통 중심 언어 교수(Communicative Language Teaching, CLT)의 접근과 교사 연수에 강한 영향력으로 남아있는 자연적 접근법(Natural Approach)은 언어학적 사실보다는 의미 있는 상호작용과 의사소통에 초점을 두자는 생각에서 발전하였다. 이 둘은 교실에서의 말하기 활동에 가치를 두고, 말하기 활동에 학생들이 참여하도록 하는 데에 관심을 둔다.

그래서 교실 담화(classroom talk)를 다룬다는 것은 좋은 언어 학습 환경을 촉진시킬 수 있는 능력의 표지 같은 것이 되었다. 그것은 또한 교사가 말하는 시간(Teacher Talking Time, TTT)이 적을 때와 학생 참여와 자율성이 높을 때의 상관관계로 교사중심으로의 수업이 적당한지 학생 중심의 수업이 적당한지에 대한 척도로 사용되기도 한다. 말하기의 중요성과 그 중요성을 영어교수의 주된 철학에 접목 시키는 데에 중점을 둔 것이 학급 관리의 성향에 현저하게 영향을 주었고, 어떻게 특정 말하기 활동을 평가할지에 영향을 미쳤다. 의사소통 방법에 관한 세계적 수준의 교사 연수에서도 과도한 교사의 개입을 반대했다.

여러 '대안적' 접근의 하나는 '침묵 교수법(The Silent Way)'이다 (Gattegno, 1976). 이것은, 그 이름에서 알 수 있듯이 최소한으로 교사의 개입을 줄이는 것이다. 1980년대 교사들이 의사소통 지향적인 '개념기능' 교육과정을 만들면서 나타난 소규모 모둠 활동과 짝 활동의 인기 또한 교실에서 학생들의 말하기 활동에 가치를 둔 것과 관련이 있다.

무엇이 옳은지에 대해 권위적인 모습을 보이는 교사 보다는 조력자로서의 교사의 역할을 촉진시키고, 학생들의 최대의 발화를 끌어내기 위해 어떻게 교실활동을 효과적으로 다룰 것인가에 대해 관심은 여전히 크다. 이 철학은 지난 30~40년 동안 교실에서 어떤 것이 좋은 수행인지를 결정해오고 있다. 예를 들어, 최근 출현한 과제 기반 학습(task-based learning)과 형식 초점(focus-on-form)은 ELT교실에서 말하기 활동과 그 관리의 1차적인 지위에서 현저하게 변했다기 보다는 좀 더 정제된 형태인 것이다.

이전에는 학생과 교사 사이의 상대적 말하기 시간에 관심이 있었으나, 최근 들어서 교사와 학생 간에 혹은 학생과 학생 간에 말하기 상호작용이 어떻게 언어 학습에 영향을 주는가를 더 잘 이해하자는 방향으로 강조점이 바뀌고 있다(예를 들어 〈인용 6.2〉를 참조하라).

CLT는 지난 몇 년에 걸쳐 더 세련되고 다양화되긴 하였지만 언어는 일련의 규칙보다는 활동과 상호작용으로 접근하는 것이 가장 좋다는 기본 가정은 영어 교사 연수에 기초와 토대로 남아있다. 교실에서의 상호작용은 언어 습득에 영향을 미치는 것으로 보이는데, 한 가지 예는 교사가 피드백과 오류 수정(error correction)의 역할을 하는 데에서 볼 수 있다. 예를 들어 형식 초점(focus-on-form) 운동에서는, 학생이 말한 것에 주목하여 즉각적 피드백을 하는 것이 이 접근법의 일부이다. 이것은 학생이 정확한 형식을 인지하는 과정을 향상시키고 정확한 발화를 하도록 촉진하기 위한 것으로 보인다(행동에서의 이 과정의 예는 〈인용 6.5〉 참조하라).

CLT에서 말하기 방법을 크게 강조하고 있는 또 다른 영향력 있는 발달은 과제-기반 언어 교수(TBLT) 운동이다(〈개념 6.2〉를 보라). 이 접근에 논란이 없는 것은 아니지만 —특히 언어항목에 명백하게 집중하는 역할인지 내재적인 집중을 하는 역할인지에 대하여— 과제-기반 운동에 기저하고 있는 생각들은 CLT의 주를 이루는 기본적인 특성과 명백하게 조화를 이루고 있으며, 과제 기반적인 접근이 학술 토론과 교실 응용을 위한 현재의 화제로 남아있다는 점에서 의미를 갖는다.

〈인용 6.5〉 교훈적인 형식 초점(didactic focus-on-form)의 예

예 3에서, 학생은 정관사 'the'를 빠뜨렸다. 교사는 학생의 말을 이해하는데 어려움이 있었던 것은 아니지만 발언을 수정함으로써 오류에 주목했다. 이런 유형의 오류 교정으로부터 나오는 형식 초점 에피소드는 의미-초점 의사소통에서 교육학적인 '타임 아웃(time-out)'으로 여겨지고, 이러한 이유로 '교훈적'으로 간주 되어 질수 있다. 이것은 '의미의 협상'보다는 '형식의 협상'을 필요로 한다. 아무 의미 없음에 성패가 달려있기 때문에 학생들이 이런 (수정) 협상의 목표를 알아차리지 못할 수도 있다. 예 3에서는 학생이 교사의 피드백에 주목하고 있다는 증거가 없다. Ellis et al. (1999)는 성인 학습자를 포함한 얘기를 나누는 ELS 수업에서는 담화적 형식 초점 보다는 교훈적 형식 초점이 훨씬 더 일반적이라는 사실을 발견하였다.

예 3: 교훈적인 형식 초점

S: 나는 술집에 있었어. (I was in pub)

(2.0)

S: 나는 술집에 있었어. (I was in pub)

T: 술집에? (in the pub?)

S: 응 맥주를 마시고 있었어. (yeah and I was drinking beer)

—Elis et al., 2002: 434-5

〈개념 6.2〉 과제 기반 언어 교수(Task-based language teaching) – TBLT

이는 언어 학습에 대한 접근법으로 1980년대 후반 Prabhu(1987)에 의해 처음 개설된 통찰력에 기반하며, 여전히 교육과정의 디자인에서 중심되는 화제이자 언어 학습을 위한 논쟁으로 남아있다. 인도에서의 그의 연구에 따르면, Prabhu는 주로 실제 세계의 과제에 집중했던 학습자가 명시적으로 언어에 초점을 둔 교육을 받은 언어 학습자보다 더 많지는 않지만 동등한 정도의 실력이 늘었다고 하였다. 이것은 '과제 기반 학습을 더 광범위하게 구현하고 더 일반적으로 언어 수업과 연관시키려는 다양한 시도로 이끌었다. 이것은 실제성 있는 언어의 사용을 촉진시키고, 과업 완성에 있어 학생들의 적극적인 참여를 요구하는 과제를 설계함으로써 행해졌다.

전형적인 수업방식은 '준비'토론 형식의 과제를 주는 것인데 이것은 학생들을 주제에 집중하도록 하고 요구되는 언어를 발화할 수 있도록 돕기 위한 것이다. 다음 단계로는 학생들에게 과제를 소개하고 학생들이 그들의 역할과 과제를 완전히 이해했는지 확인하는 단계와 (이 단계에서 명시적인 언어적 입력에 과제 완성에 필요한 특정 언어 항목에 중점을 두는 것을 포함할지 말지에 대한 교사의 입장에 따라), 학생이 조력자이자 질문자의 역할을 하는 교사와 함께 과제를 수행하는 단계, 과제와 사용된 언어에 대해 생각(숙고)해보고 종합하는 단계들을 제공하는 것이 될 수 있다. 교사가 발견한 신선한 측면 중 하나는 구조화된 입력과 특정 항목의 강요된 연습이라는 전형적인 패턴을 그만두었다는 것이다. 과제 기반 수업에서는 학생이 더 독립적인 위치에 있고, 더 신중하게 구성된 과제를 갖게 되는데, 이것의 의도는 그들이 다른 학생과 교사로부터 피드백(feedback)과 설명을 듣기 전에 언어를 생산할 것이라는 것이다.

어떻게 이러한 아이디어가 개발 되었는지에 대한 유용한 개관은 Bygate et al.(2001)의 *교육학적 과제 연구: 제2언어 학습과 교육 및 평가*와 Samuda & Bygate(2008)의 *제2언어 학습에서의 과제*에서 찾을 수 있다.

어떻게 TBLT를 실행하는지에 대한 자세한 견해가 있는 더 실용지향적인 연구로는 Willis & Willis (2007)에 있다. 이론적 측면에서, Peter Skehan은 인지적 요구들, 언어중심 그리고 과제의 실제성을 어느 정도 유지할 것이라는 요소들 사이의 균형과 과제 설계와 관련하여 사고하며 TBLT를 발전시켰다. Skehan(2007)은 TBLT가 왜 여전히 논란이 되는지와 함께, TBLT에 대한 사고 상태의 균형 잡힌 요약을 제공한다.

어떻게 TBLT 이론을 수업에 적용할 것인가에 대한 광범위한 조사가 벨기에에서 행해졌고, van den Branden(2006)에서 보고되었다. 〈인용 6.6〉은 이 접근법에서 구어 방식의 중요성을 보여주고 이 접근법을 시행하면서 교사와 학생 사이에 관계가 발전되는 것을 느끼게 해준다.

〈인용 6.6〉 과제 기반 수업에서 교사-학생 간 말하기 상호작용의 역할

과제 기반 언어 교수법(TBLT)에서, 교사는 학습자 입장에서는 가장 많은 특권을 가진 대화상대자로서 여러 면에서 생각될 수 있다. 비록 TBLT에서 교사의 역할이 더 '언어적'인 구조 지향 접근법에서의 교사의 역할과는 다르지만, 그것은 똑같이 중요하다. … 간결하게 말하자면, 과제는 학생이 풍부한 활동을 하도록 이끌고 이러한 활동이 실제적인 학습으로 바뀌는 가능성을 높여야 하는데 우리는 이를 위해 교사가 취해야할 핵심적인 두가지 조치라고 믿는 것이 있다. 이것이 우리가 주장하고 예증할 것이다. 이러한 것들에는,

a) 과제를 완료하는데 정신을 집중하기 위한 동기 부여

b) (제2) 언어 학습에서 중심적인 것으로 믿어지는 의미와 내용의 협상, 풍부한 투입의 이해, 산출 생산물과 형식 초점과 같은 과정들을 유발하기 같은 방식으로 상호작용으로 과제 수행을 지지하기

—Van Avermaet et al., 2007: 175

위에서 개괄한 언어 교육 이론의 동향이 의미하는 바는 교실에서의 말하기는 교사보다 학생에게 더 좋다는 것과 교실에서의 이야기와 언어 획득 과정 사이에는 강한 관련이 있다는 것을 누구나 알고 있다는 것이다. 이는 결국 어떻게 구어 방식이 교실에서 다루어지는 지에 대해 영향을 미친다. 그러나 역설적으로 몇몇 이론에서 구어 방식의 지배적인 역

할은 그 자체로 구어 교수에 있어 좋은 것이 아닐 수 도 있다.

학생 대화를 촉진시킨다는 것과 '의미 있는 상호작용'을 하게 해주는 과제를 제공 한다는 것은 유창성, 정확성 그리고 문체상 다양성을 촉진하지 못할 수도 있다. 교실에서 눈에 띄게 구어 방식에 중점을 두는 것은 말하기 특성에 대한 이해와 어떻게 그 자체로 이 기술을 가장 잘 가르치고 평가 하는가하는 중요한 이슈를 가릴 수도 있다. 〈인용 6.7〉은 이 갈등을 보여준다.

〈인용 6.7〉 상호작용, 중요하지만 연구되지 않은 부분

언어 교수에서 '상호작용성(interactivity)'의 개념을 정의하려는 열의에도 불구하고, '상호작용으로써 언어' 모델은 언어이론의 구조적 관점과 기능적 관점을 측면에서 개발되어져온 모델만큼 자세한 수준에서는 기술되지는 않았다.

—Richards & Rodgers, 2001: 22

이번 장의 나머지는 교실에서 말하기의 특성의 결과의 부분을 간략히 보여준다. 그것은 더 일반적인 언어 습득을 위한 매체처럼 말하기를 다루는 수업과는 반대의 말하기 수업에서 구어 담론을 다루는 것과 관련이 있는 전문가의 요구사항의 일부를 보여준다.

6.4. 언어 수업을 위한 교실에서의 실천 방안

말하기를 활발하게 할 만한 적절한 과제 선택을 통해 말하기를 중심으로 한 활동은 교사에 의한 신중한 계획과 감독을 통해 운영되고 조성되어질 필요가 있다. 거기에는 과제를 수행하기 위해 협력하는 서로 다른 언어 배경을 가진 학생이 있고, 거기에는 기존 연구에서 도출하기 위해서 혹은 이 분야에서 그들 스스로 교실-기반 프로젝트를 수행하는 전문가들을 위한 풍부한 잠재력이 있다. 하지만, 또한 거기에는 언어 수업에 관련되어 연구가 적었던 이유를, 고려해 볼 필요가 있는 요인들 또한 있다.

말하기 상호작용의 복잡한 특성을 고려할 때, 심지어 가장 우수한 학생도 새로운 언어로 자발적이고 비공식적 대화에 참여하려고 시도 할 때 대부분 어쩔 줄을 모름을 느낀다는 것은 놀라운 일이 아니다. 학생들이 상호작용할 수 있도록 풍부한 기회를 제공하는 의사소통 수업 동안, 어떻게 크게 다른 말하기가 문법적으로 적절한(혹은 부적절한) 문장들의 엮음으로 부터 오는지 학생들에게 더 나은 이해를 주기 위해 구어 담화에 대한 기초 인식을 향상시키는 것은 유익하다. 목표 언어에서 자발적인 상호작용을 기준으로 두고 있는 언어 인식 활동은 모국어 사용자와의 성공적인 의사소통을 위해 필요한 문제, 위험 그리고 기술에 대한 이해를 높일 뿐만 아니라, 학습자에게 그들이 마주할 수 있는 어려움에 대한 더 나은 질문을 하기 위해 **메타-언어**(meta-language)를 제공한다.

언어 학습자가 인식해야 할 필요가 있고, 언어 교사가 그들의 학생들과 함께 반영한다면 도움이 되는 것을 발견할지 모르는 자발적인 말하기의 3가지 기본적인 측면은 다음과 같다.

- 말하기는 근본적으로 상호작용 과정이고 상호작용에 의해 정의된다.
- 말하기는 실시간 제한 하에서 일어난다.
- 말하기는 더 근본적으로 쓰기 형식보다 그것을 생산하는 개인과 연결되어 있다.

직접적인 말하기의 방식으로부터 온 주류는 표준 글쓰기 형식으로 부터 구별되고 생산되어진다. 나는 그것들의 각각에 대해서 좀 더 뒤따르는 3개의 하위 부분에서 논의하고 언어 학습자를 위한 결과에 대한 개요를 설명할 것이다.

6.4.1. 쓰기보다 구어 형식의 높은 상호작용 가능성

쓰기보다 구어 방식에서 상호작용 할 가능성이 더 높다. 쓰기로 하는 온라인 '채팅'에서조차 직접 대면하거나 간접 구어 상황(전화나 온라인 같은)에서 말하는 사람들의 상호작용과 비슷하지 않을 수 있다. 이것은 수정이나 반복하기 같은 중단뿐만 아니라 둘 이상의 사람들이 말하는 것을 시도하는 협력적인 모습과 즉시 상대를 이해하려는 것과 같은 특성들을 만든다. 그러므로 쓰기 방식을 기초로 하는 문자 텍스트와 수업 과제는 일반적으로 '자유' 말하기('free' speaking)를 많이 포함하고 있는 과제보다 예측가능하고 관리하기가 쉽다. 이전 부분들은 현재 언어 수업의 목표가 일반적으로 개인간 대화의 생성(generation of peer-to-peer talk)라는 것을 보여준다. 거기에는 고려해야 하는 여러 문제가 있을 수 있다.

그룹 과제를 완성함에 있어 학습자들은 그들 자신의 언어와 목표 언어에 잠재적으로 다른 상호작용 메커니즘이 있다는 것을 인식할 필요가 있다(〈개념 6.3〉에 몇 가지 예 참조). 전문가들은 대화 규범에 관한 문헌으로부터 얻을 수 있는 것보다 교실에서 학생 사이에 일어나는 역동적인 학생의 문화에서 더 많은 것을 배울 수 있다는 것을 발견할 것이다. 특정 과제를 완성할 때 구어 의사소통에서 기대하는 다른 문화의 영향에 관한 교실 기반 연구 프로젝트는 가치 있을 것이다.

〈개념 6.3〉 문화를 가로질러 의사소통의 패턴은 옮겨가지 않는다.

언어 교사에 대한 근본적인 이슈는 학습자의 모국어를 목표 언어 규범에 반영하는 정도에 있다. 예를 들어, Nelson, Mehmood & Nichols (1996)은 시리아인과 미국인이 칭찬(compliments)에 대응하는 다른 방법을 조사했다. 거기에는 유사점도 있었지만(예를 들어 칭찬을 완화하는), 또한 중요한 차이점도 있었다. 간단한 '고마워'라는 말을 미국인이 시리아인보다 더 하는 것으로 나타났다. 시리아인은 길거나 공식적인 대답을 할 가능성이 높았다(예를 들어, 칭찬할 때 칭찬의 목적을 붙인다). 그것은 구어(말하기)에서 교사가 특히 어려워할 수 있는 것으로, 서로 다른 문화에서 대화의 기능을 다루는 방법에 유사점과 차이점을 적절히 조합하는 것이다.

다른 문화 사이에서 예상되는 이슈와 그들의 의사소통에 대한 영향은 언어 수업을 넘어 확대된다. 그리고 전문적으로 설정된 언어 연수에 참여하는 교원에게 특히 적합하다. 예를 들어, Meeuwesen et al. (2007)은 인종과 언어 배경이 다른 독일 의사와 환자사이의 의사-환자 담화를 조사했다. 그들은 독일 환자들이 다른 배경을 가진 사람들보다 의사에게 이해하지 못했다는 신호를 훨씬 더 잘 보낼 수 있었다는 것을 발견했다. 그러므로 다른 문화 사이에 의사소통 인식을 기르고 제1언어와 제2언어 사용자를 훈련시키는 것은 '단순히' 언어를 습득시키는 것 이외의 설정 범위를 설정하는데 중요할 수 있다. 흥미롭게, 그들은 특수 목적 위한 언어 교실(Language for Specific Purposes classrooms)에서 영향을 미치는 것보다 더 많은 작업이 그 이슈에 전문적으로 설정되어 현재 진행되고 있다. 언어 교육의 결과로 여겨지는 응용 연구(applied research)의 일관된 프로그램은 분명 도움이 될 것이다.

6.4.2. 말하기는 실시간 제약 아래서 이루어진다.

쓰기 형식은 일반적으로 편집, 재작성 또는 다듬기가 가능한 반면, 구어는 —심지어 미리 준비된 말하기도— 단어의 회수나 문법적 오류 삭제 같은 가능성이 없이 듣는 사람에게 전달된다. 물론, 미리 기록되고

〈개념 6.4〉 구어 처리과 언어적 요구

어떤 언어에서든지 말하는 것을 인식한다는 것은 놀라울 만한 재주라 할 수 있다. 익숙하지 않은 언어의 발화를 인식하는 것은 좀 더 어려운 일이지만, 그것은 기본적으로 L1의 이해 과정과 동일하다. 학습자들을 단순히 L1 또는 L2로 이원화하여 나타내기보다는 구어 처리의 요구도를 고려하는 것이 보다 바람직하다.

이러한 처리 과정에 대한 최근의 설명은 신경학적으로도 학습자들 스스로가 직면한 어려움에 대한 이해와 더불어 구어 상호작용에 참여하기 위해 필요한 전략을 이해하는데 도움이 될 것이다. 대화 참여자들은 지속적으로 담화를 분석하고 자신들의 언어적 기대에 비추어 이를 비교하게 된다. 신경언어학에서 합의하고 있는 것은 '구체적인 단어들은 즉시 식별되고, 동시에 고려되며, 특정한 방식으로 경쟁한다.'는 것이다. (McMurray et al, 2009:3) 이 과정에서 청각적인 단서들은 대화의 흐름이 자연스럽게 펼쳐지고 해석될 때 매우 중요한 역할을 한다. L2 교실에서 성공적인 구어 상호작용을 위해서는 다음과 같은 사항을 유념하는 것이 중요하다. 다중 언어 그룹에서 과제를 수행하는 학생은 일반적인 L1 구어 처리 과정에서 요구되는 바와 같이 경쟁하는 어휘들을 처리해야 할 뿐 아니라 다양한 L1을 갖는 발화자들이 실현하는 여러 종류의 음소를 맵핑(mapping)해야 한다. 이러한 언어적 요구는 이미 언급된 잠재적인 문화적, 실제적 차이에 더해지는 것이다. 그러므로 실무자가 의사소통 과제를 계획할 때, L1별 차이와 상호 지적 능력의 수준을 초기 단계에 고려하는 것이 좋다.

필요한 경우 다시 재생될 수 있는 구어 담화는 예외이다. 하지만 구어의 대부분은 실시간에 자연스럽게 만들어 진다. 이것은 화자는 단순한 어휘를 사용하고, 잘 조직된 절을 자주 사용하고, 고정된 말(숙어 같은

〈개념 6.5〉 말하기 인식에서 고정관념 효과(stereotype effects on speech perception)

말하기 인식은 말하는 사람에 대한 인식에 의해 강한 영향을 받는다. 쓰기 방식과 달리, 담화의 내용은 저자로부터 분리될 수 있다. 그것은 구어로 전달되는 메시지는 특정한 사람으로부터 실시간으로 생산되어서, 말하는 소리뿐만 아니라 특정한 개인의 생산물도 대화하는 사람들에 의해 해석된다는 것이다. 이것은 말하는 사람의 인종, 나이, 성별, 성격에 대한 듣는 사람의 인식이 구어 담화를 이해하는데 큰 영향을 줄 수 있다는 것을 의미한다. 이러한 이슈를 조사하는 연구자는 '가장 쌍 접근법'(matched-guise approach)으로 알려진 방법을 만들었다. 듣는 사람들에게 말한 것을 발췌해서 재생하고 말하는 사람의 국적 같은 것에 대한 사실을 말해주었다. 그 결과는 투입과 인식이 불일치하더라도 내가 가진 인식이 있으면 영향을 미치고 상관성을 가진다는 것을 말해준다. 예를 들어, Hu & Lindemann(2009)은 광둥어(Cantonese) 악센트의 영어에 대한 태도 실험을 했다. 그들은 피험자들에게 영어를 모국어로 하는 미국인들의 말을 들려주었다. 그리고 중간 정도 지나서 피험자들은 그들이 광둥 사람이 영어를 말하는 것 같다는 말을 들었다. 이런 경우, 듣는 사람은 악센트와 관련된 하나의 특징을 인식할 가능성이 더 높아진다 - 놓친 마지막 자음 같은. 청자가 들은 것에 영향을 미치는 숨겨진 요인들은 개별적인 말하기에 대한 인식과 태도 사이에 얼마나 강한 연결이 있는지에 대해 흥미로운 통찰력을 제공한다. 고정관념을 이해하는 것은 교실의 역동성을 촉진할 수 있고, 학습자에게 말하기 방식은 해석에 근본적으로 의존할 수 있다는 것을 가르치고, 말하기 평가에서 분명한 타당성을 줄 수 있다.

것) 즉, 시간을 벌기 위해 'you know', 'you see'같이 표현을 사용하는
경향을 가진다는 것을 의미한다. 학습자는 단순한 심지어 반복적인 단
어는 말하기에서 받아들일 수 없는 것이 아니라는 사실을 알아야 한다.
그 때문에 어휘 선택에 많은 시간을 사용하면 안 된다는 것이다. 마찬가
지로 그들은 그들의 대화를 돕고 그들의 담화를 더 쉽게 처리하기 위해
자연스럽게 시간을 벌 수 있는 방법이 필요하다.

6.4.3. 강력하게, 담화의 발표자와 담화 사이에 인지할 수 있는 관련 성이 존재한다.

구어 담화는 인간의 발성 기관으로부터 직접적으로 세상에 이른다.
따라서 읽기 전에 다른 매체(컴퓨터 같은 기술적 진보 및 개인 통신 장
치 같은)로 전사되는 쓰기보다 구어 담화는 덜 간접적인 형식이다. 이것
의 일부는 구어로 인해 드러나는 개인적 참여의 큰 증거에 반영된다. 예
를 들어 자주 나오는 인칭 대명사, 특히 1인칭과 2인칭 같은 것에서, 그
리고 'think', 'feel', 'believe' 등과 같이 주제를 나타내는 동사에서
그것이 잘 드러난다.

그러므로, 구어의 자발적이고 개인적인 특성과 상호작용 효과에 대한
인식은 학습자에게 큰 도움을 줄 수 있다. 말하기 대한 자신감 있는 생
산과 함께 글로벌한 듣기 능력을 기르는 것을 돕는다. 하지만, 만약 구
어가 듣고 말하는 과정을 형성하는 기본적인 특징에 대한 고려 없이 말
하기가 가르쳐 진다면, 학습자는 말하기를 완성하기 위해, 문법적 표준,
그리고 자연적으로 발생하는 구어의 비전형적인 무작위 담화에서 끊임
없이 고군분투하고 실패할 것이다.

요약

이번 장에서는 언어 습득 이론과 교실 수행에서 영향을 미치는 것에서 구어(말하기) 상황을 강조하기 위해 몇 가지 이유를 대략 설명하였다. 언어 습득을 촉진하기 위한 몇 개의 구어(말하기) 상호작용의 사용의 예가 주어졌다. 그것은 일반적 언어 활용을 위한 말하기 상호작용의 중요성과 그 자체의 기술로써 말하기 교육에 필요한 특수성 사이에 갈등이 있을 수 있다는 것을 보여준다. 이번 장은 그것의 상호작용과 문맥 의존적 성격으로 인해 구어(말하기) 교육에 참여하는 문제를 검토하며 끝냈다.

Kumaravadivelu, B. (2006). *Understanding Language Teaching: from method to past-method*. London: Routldge. 다소 일반적이지는 않지만 언어 교수 방법과 접근법의 발전과정에 대한 조감도를 제공함.

Richards, J. C. and Rodgers, S. T. (2001). *Approaches and Methods in Language Teaching*, 2nd edn. Cambridge: Cambridge University Press. 실제 교실에서 이루어져왔던 언어 교육의 역사에 대한 표준적인 글로 이해하기 쉬움.

제7장
연구 프로젝트 아이디어들과 연구 절차

이 장에서는

- 구어 담화 연구 프로젝트를 위한 다양한 연구 분야를 살펴볼 것이다.

- 유사 분야에서 실행될 수 있는 연구 프로젝트를 설명할 것이다.

- 이러한 연구 프로젝트의 접근법과 체계(framework)를 논의할 것이다.

7.1. 도입

이 장에서 소개할 연구 프로젝트는 구어 담화를 보다 보편적으로 설명하거나 언어 교실에 적용될 수 있는 일반화된 접근 방식을 취하는 연구들을 살펴볼 것이다. 말하기 연구의 다양한 접근법들을 보여주기 위해 질적, 양적 연구 방법이나 코퍼스 정보, 대화 분석, 민속학적, 음성적, 실용적, 측면에서 수행할 수 있는 연구 방법과 더불어 현대의 뇌 영상 기술이 반영된 연구 방법들로 이루어져 있다. 논평과 관련해서는 신진 연구자들을 위하여 예컨대 귀무가설의 의의, 연구 제한점에 대한 서술, 그리고 결과나 접근법에 대한 잠재적 비판에 대한 것 등 주요 연구 기능이나 특질에 대해 강조하였다.

각 사례에서 설명된 연구 결과로부터 자연스럽게 확장할 수 있는 연구의 또다른 주제와 이 책의 독자들을 위한 연구 프로젝트 아이디어를 개요로 제시하였다.

7.2. 교과서에서 탐색된 구어와 코퍼스

<인용 7.1> Lam(2010)의 '교과서와 코퍼스 자료에 나타난 회화 보조어: Well의 사례'

회화 보조어(discourse particle)는 구어 담화에서 아주 흔히 사용되는 것임에도 불구하고 교육적 측면에서 이를 적용하는 것에 관한 연구는 매우 미비한 실정이다. 본 연구는 홍콩 거주 전문 영어 사용자가 쓰는 실제 회화 보조어와 동일한 공동체에서 영어 학습자를 위해 집필된 교과서에서 제시된 회화 보조어를 비교했다. 보다 구체적으로는 담화 사례를 중심으로 하여 Well이 두 자료들 간에 발생 빈도, 선호 위치, 담화 기능 면에서 어떠한 유사점과 차이점이 있는지를 조사하였다.

7.2.1. 더 나은 연구를 위한 아이디어와 논평

교과서나 실제 대화 국면에서 나타난 담화 표지 혹은 회화 보조어로서의 'well'의 사용에 대한 연구나 결과는 매우 흥미롭다. 이 연구들은 응용언어학의 최근 논쟁과 관련된 많은 부분들이 이와 관련을 맺고 있을 뿐 아니라 구어, 연구, 교육학에 관한 통합적 관점에서의 통찰력을 제공해주는 분석들을 제공해 주고 있기 때문이다.

Lam(2010)은 홍콩에 있는 중등학교에서 상중 영어 학습자들을 대상으로 한 구어적 전략 지도를 위해 개발된 교과서와 구어 코퍼스를 비교하는 연구를 수행했다. Lam은 유창성과 기능/맥락의 측면에서 조사가 잘 되어 온 언어적 항목, 즉 말하기의 전형적 요소(담화 표지 'Well')가 교과서에 어떻게 잘 제시되어 있는지 그리고 교실에서 어떤 차이들이 영향을 미치는지를 연구하는 데 흥미를 가졌다. 그녀는 두 자료 간에 그리고 장르들 간에 빈도나 표지의 속성적 측면에서 유의미한 차이를 발견하였다. Lam은 두 자료들 중에 상호작용성이 더 높거나 혹은 덜한 맥락의 측면 모두에 중점을 두어 분석을 실시하였다. 예를 들어, 상호작용성이 덜한 맥락 중에서는 교과서에 싣기 위해 '의도적으로 구성한' 프레젠테이션의 표본들과 비즈니스 상황에서의 프레젠테이션 코퍼스 자료를 비교하였고 상호작용성이 강한 맥락 중에서는 토론 표본과 다른 장르 양식인 회의나 인터뷰 표본과 대조하였다. 그 결과, 그녀는 코퍼스와 비교할 때 교과서에서 더 'well' 사용이 많이 강조되고 있음을 발견했다(교과서에서는 10,000단어 당 ±80개인 경우에 비해 코퍼스는 약 20~30개로 조사되었다). 대조적으로 프레젠테이션에 대한 표본 자료 분석에서는 실제 회화 보조어 사용량이 5배 정도로 더 적게 사용되는 것을 발견했다. Lam은 이에 대해 학습자들의 심리에 이러한 담화 표지의 사용이 오류에 대한 인상을 심어줄 수 있는 역할을 한다는 것이 형성되어 있기 때문이라고 주장하였다. 그리고 그녀는 다양한 자료들로부터의 'well'의 다양한 기능에 대한 상세 분석을 시도하였다. 이 분석의 결과로 그녀는 '교과서 개발자들은 자연적으로 발생되는 구어 사례들의 공통된 사례들에서 도출되는 다른 담화 표지에 대해서는 간과하는 한편, 'well'에 대해서는 과도하게 집중하는 경향이 있다.'라는 점을 제시하였다(Lam, 2010: 16-17).

일반적 수준에서 이 연구는 교실에서 이루어지는 교육에 관심을 가지는 신진 연구자들에게 유용한 단서를 제공해준다. 왜냐하면 그것은 출판된 교과서에서 학습자들에게 제시된 자료와 교실 밖의 실제 담화 간의 차이로 인해 발생하는 몇 가지 문제에 대해 의문을 제기해주고 있기 때문이다. Lam은 '한 가지, 꽤 합리적인 의문이 제기될 수 있다. 현실과 너무 동떨어진 교과서는 결국 '교육적 가치' 마저도 잃게 될 것이다.'라고 논평했다(Lam, 2010: 19). 이 논쟁을 계속 이어가고자 하는 연구자들은 이 Lam의 논평에 어느 정도 동의하는지, 그리고 그 동의 정도에 관한 자신의 결론을 도출하기 위해 추가적으로 이루어져야 하는 연구는 무엇인지에 대한 범주로 고민을 이어가게 될 것이다. 이 때 제기되는 한 가지 근본적 의문은 이미 이 책의 다른 부분들에서도 논의되어 온 실제 대화의 복잡성과 출판된 교재들 간의 명료한 차이들 속에서 과연 '교육학적 가치'가 지닌 명료한 의미란 무엇인가에 대한 것이다. 그러나 사람들은 그 언어로 말하는 법을 배운다. 그런 다음 자연스럽게 Lam이 지적한 규준에 가까운 표본 교과서 혹은 교재를 만들고 이후에는 실험 집단과 통제 집단에 이 교재를 사용해 보도록 할 것이다. 이 연구에 대한 보다 더 간단한 변인 설정은 동일한 교재를 두 집단에 제공한 후 실험 집단에 추가적인 인식 향상을 위한 처치를 제공하는 것이 될 것이다.

다양한 관점에서, 이 연구는 말하기 학습자에게 최적 모형은 무엇인지에 대한 연구로 이어질 수 있다. 예컨대, '모국어 학습자'와 높은 성취를 보이는 '비원어민 학습자' 간에 최적 모형을 찾는 것들 말이다. Lam이 분석한 교과서나 혹은 말하기 코퍼스는 국제적인 범주에서 다루어진 것이라기보다는 지역적 환경 범주에서 분석된 것이다. 홍콩에 거주하거나 혹은 실제 일을 하고 있는 광둥어 사용자 중 높은 영어 성취 수준을 보이는 사용자들(코퍼스 자료 참여자 대다수)과 이러한 성취 수준에 도달하고 싶어 하는 유사한 언어 사용 맥락을 지닌 학습자들이 주된 대상이었다. 이 논문은 논의에서보다 방법론의 설정 단계에 보다 더 많이 집중되어 있다. 또한 후속 연구를 위해 지역 기반 모형과 일반 모형에 대해 더 많은 흥미를 제공해준다. 만약 공통어, 데이터, 지역 시장을 위해 맞춰진 출판 자료들이 사용 가능하며 영어 자원이 있는 다른 언어 습득 환경에서 독자가 일하고 있다면, 모사 연구가 수행될 수 있을 것이다. 궁극적으로는 동일한 코퍼스와 동일한 교재 그리고 동일한 연구 방법을 통해 다양한 담화 특징들을 분석해낼 수 있을 것이다. 자료에 대한 근거로서 지역 모델의 찬반 입장과 다양한 맥락에서 가능해진 출판계에 부과된 제약들의 고려 사항에 대해서도, 더 이론적인 논문이 쓰여질 수 있을 것이다. 이와 관련된 질문은 다음과 같이 제시할 수 있다.

- 홍콩처럼 영어가 모국어와 동시에 사용되는 제2언어라는 맥락에서 제작된 교재와 그렇지 않은 지역의 학습자(중국의 지방에 살고 있는)들을 위해 개발된 교재 간에 원리 등에서의 특정한 차이가 반드시 존재해야 하는가?
- 코퍼스 자료에서 발견된 정확한 빈도 혹은 양상을 교실 수업을 위한 교재에서 재생산하도록 하는 방식은 항상 유익한가?

7.2.2. 잠재적 독자 프로젝트: 교실 대화로 확장

Lam(2010)은 실제 구어 데이터를 통해 'well'의 중요한 기능이 바로 프레이밍(framing)이었다는 점을 제시했다.

well의 프레이밍을 위한 용법은 보다 쉬운 이해를 돕기 위해 말의 내용을 전환하거나 구분하는 지점에서 사용되며 이는 코퍼스 데이터에서 가장 빈번하게 출현하는 기능 중 하나이다. 예를 들면, well은 각 담화의 경계 표지(boundary marker) 역할을 하므로 주제와 담화 단계에서 전환 신호라 할 수 있다. 이는 문어적 상황에서 단어들을 절이나 문장으로 구분하는 구두점의 역할과 유사하다고 볼 수 있다. 예시 (6)에서 볼 수 있듯이, 화자들은 주제 전환을 나타내는 메타 언어적 발화인 '갈등에 대해 이야기 해봅시다'라는 말과 함께 '그럼(well)'을 사용한다.

(6)
… 그러나 우리 집단의 화합을 동시에 침해하지 않았지만, (.) 그래 그건 그렇게 될 수도 있어. 잘 될 수 있어. 음 그럼(well) 갈등에 대해 얘기해 보자 (let's talk a little bit about conflict). 왜 갈등관리가 매우 중요한지……
—HKCSE, B123

텍스트를 구분하는 기능 외에도, well은 앞의 담화에 대한 부가적 정보와 설명을 소개할 때 이를 연결하는 기능을 수행하기도 한다.
—Lam, 2010: 11

그녀는 아이디어에 대한 예상되는 흐름에서 약간의 차이나 혹은 아이디어의 전환 지점(자기 수정 또는 어떤 추가적인 정보를 주는 것처럼)을 표시해주기 때문에 실제 이러한 기능은 말하기가 보다 더 확장된 맥락에서 청자에게 유용하다고 주장한다. 그녀는 데이터를 분석하면서 누군가와 의견이 일치하지 않거나 말차례 전환의 시작점에서 간략한 반응을 하는 방식 등으로 학생들은 과도하게 모형을 표상하는 것을 확인한 바 있다. 하나의 가능한 연구 문제는 '학생들은 그들 스스로 담화에서 실제로 어떻게 well을 사용하는가'이다. 또 다른 연구 문제로는 '이들 학습자가 말하기 수업에 사용된 교재들로부터 어떤 정보를 입력받는지 그리고 실제 상황에서 이를 어떻게 적용하는지 간의 관계성은 어떻게 설명할 수 있는가'에 대한 것이다.

1단계: 예비 결정 사항

첫 번째 단계는 Lam이 발견한 범주들 간의 관계성에 보다 더 중점을 두기 위해 연구를 위한 토론인지 발표인지에 대한 담화 유형을 결정해야 한다. 또 하나는 이 연구의 목표가 소규모의 학급 단위 기반의 조사 연구인지 혹은 실제 동료 평가가 전제된 학술지에 투고하기 위한 연구인지를 결정해야 한다. 이 결정 사항에 따라 연구 상에 요구되는 데이터의 양과 기준이 영향을 받게 될 것이다.

2단계: 데이터 수합하기

연구를 위해 데이터를 수합하기 위한 두 가지 방법이 있다. 첫 번째 방법은 학생들로 하여금 대화의 장르를 수행하도록 하는 과제를 설계하는 것이다. 과제의 길이나 주제에 대한 결정, 활동 지시가 연구자들의 통제 하에 이루어지기 때문에 연구가 신중하게 이루어질 수 있는 장점이 있다. 두 번째 방법은 말하기 수업에 대한 실무자 주도의 연구가 수행될 수 있다. 말하기 교실에서는 발표나 토론 모두가 수행되기 때문에 데이터 자료로 충분히 이들을 이용할 수 있다. 단, 이 경우에 분석을 위한 데이터를 구축하기 위해 연구자는 자신이 필요한 담화 유형을 녹음할 수 있도록 허가를 받아야 한다.

3단계: 예비 분석

가능한 많은 수의 학생 발표와 토론을 녹음하라. 앞서 언급했듯이 연구의 목표에 따라 데이터의 규모는 달라질 수 있다. 만약 이 연구가 소규모 연구에 기반을 둔 것이라면 4~5명의 학생 수로 이루어진 데이터 자료로도 충분하다. 하지만 논문으로 출판할 목적으로 수행되는 연구라면 통계상 유의미한 결론을 도출하기 위해 반드시 다수의 학생 자료를 수합해야 할 것이다. 이 경우에 연구는 반드시 피험자의 성별 변인이나 모국어 조건들에 대한 다양한 변인을 둘러싼 쟁점을 고려할 필요가 있다. 또한 교실의 맥락과 부여된 과제가 상호 잘 연계되는지 역시 확인할 필요가 있다. 데이터 수합을 위한 어떤 방법이든 간에 데이터 수가 많을수록 결과와의 상관성은 높아지게 되어 있다.

'well'의 빈도나 사용 맥락, 그리고 기능을 탐색하고 분석하는 방법 측면에서도 연구 목적에 따른 방법에 영향을 받을 수 있다. 소규모 연구에 의한 것이라면 간단한 비디오 녹화를 보는 것만으로도 'well'의 사례를 분석하는 데 충분하다고 볼 수 있다. 그러나 만약 논문 출판이나 수준 높은 학술지에 투고하는 것이 목적이라면 이러한 데이터는 매우 다양한 방식에 의해 기록될 수 있어야 하고 자동화 처리가 가능하게 되어야 할 것이다. 이에 'well'의 예시 처리가 자동화될 것이고, 추가 분석을 위해 용어 색인화된 자료로부터 유사도나 일치도를 쉽게 확인할 수 있게 될 것이다.

더불어, 말하기 교재에 입력된 데이터들을 수합하는 것 역시 필요하다. 회화 보조어와 같은 담화 표지가 교재를 통해 얼마나 노출되었는지의 여부와 실제 학생들의 사용상의 관계를 분석하거나 학습을 통해 후속적으로 이러한 담화 보조어를 어떻게 사용하는지를 분석할 때 이러한 데이터들이 활용될 수 있기 때문이다.

4단계: 결과와 결과 논의들

작은 단위의 표본들로부터도 중요한 양상은 도출될 수 있다. 예컨대, 연구자는 학습자들이 교과서나 교재를 통해 학습한 기능으로만 'well'을 사용하고 있다는 사실을 발견할 수 있다(실제로 Lam이 제시한 '동의하지 않는 것을 보여주기' 기능으로는 실제 구어 자료에서는 'well'이 사용된 양상을 발견할 수 없었다). 이는 교과서에 제시된 적절하지 않은 모형이 학생들의 화용론적 행위에 부정적인 영향을 줄 수 있다는 주장에 대한 신뢰성을 제공해주는 결과라 할 수 있다. 혹은 학습자들이 사용될 것이 기대되는 상황에서 이를 사용하지 않거나 혹은 그들이 명시적으로 배우지 않은 기능에 대해 사용할 수도 있다. 이러한 사례들은 Lam이 주장한 교재와 학생들의 실제 발화 행위 간의 유의한 관계에 대한 반증이라고도 할 수 있다. 즉 다시 말하면, 실제 교재와 모형이 연계되지 않아도 학생들이 실제 자신의 발화에 있어서 그러한 용례들을 적용하지 않을 수 있기 때문에 교재를 통한 입력이 기대보다 그 효과가 덜하다는 것을 보여준다.

7.3. 국제 공통어 프레젠테이션 맥락에서 말하기 속도가 미치는 영향 연구

〈인용 7.2〉 Hincks(2010)의 '국제 공통어(lingua franca) 프레젠테이션에서 말하기 속도와 정보 내용'

이 논문은 L1과 L2 상황에서 말하기 속도 차이를 수량화를 통해 점검한다. 그리고 화자의 정보 전달에 있어 속도를 늦추는 전략 효과를 조사한다. 이 연구의 참가자들은 두 나라 언어(영어와 스웨덴어)로 모두 유창한 14명의 영어 L2 화자였다(CEF B2/C1). 이들은 동일한 프레젠테이션을 영어와 모국어인 스웨덴어로 각각 발표하였다. 시간 변인으로 각각의 언어로 발표할 때 초당 발화된 음절 수와 발화 평균 길이가 설정되었다. 말하기 속도는 영어를 사용할 때 23% 더 느려졌다. 말하기 시간을 동일하게 제약한 상황에서 말하기 속도가 느려질수록 프레젠테이션의 정보량이 유의미하게 감소하는 것이 밝혀졌다. 이후 유럽의 대학들이 교육수단으로 채택함에 따라 교수법에 대한 영향이 논의되었다.

—Hincks, 2010: 4

7.3.1. 후속 연구를 위한 논의와 아이디어들

국제적으로 영어가 수업을 매개하는 언어로 증가하고 있음에 따라 Hincks(2010)의 연구 결과들은 이러한 수업 상황에서 유용성과 타당성을 충분히 확보한다. 이 연구는 동일 학습자를 대상으로 L1과 L2 조건으로 말하기 과제인 발표를 수행하는 상황을 기반으로 비교 연구를 수행했다는 점에서 매우 흥미롭다. 이 연구의 대상은 스웨덴어를 모국어로 사용하지만 L2인 영어 역시 매우 우수한 영어 사용자였다. Hincks의 연구 결과들은 이 화자들이 모국어 화자로서의 특성에 대한 참조 없이 L2 말하기에 관한 결론을 도출하고 있다. 그의 연구 결과 중 또다른 하나는 L1의 말하기 속도가 L2 말하기 속도에 전이된다는 것이다. 예컨대, 스웨덴어로 말하는 속도는 영어로 말하는 속도에 영향을 미친다는 것이다. 그녀는 L1화자의 수준이 L2 화자로서의 말하기 수행에도 영향을 미친다는 점이다. 이에 Hincks는 발화 속도와 '차이점(POD: points of diffrence)'의 두 측면을 모두 고려하여 분석하는 연구 시스템을 개발하였다. 예를 들면, POD란 각각의 언어로 발표를 할 때 동일한 시간 제한 속에 포함될 수 있는 정보의 항목 수를 제시한 것이다. 그녀는 다음과 같이 결론을 내렸다.

　　가장 낮은 유창성을 가진 영어 사용자인 S1은 시간을 표준화했을 때 그의 L1 발표가 L2 발표 상황과 비교할 때 POD가 세 배 더 많이 포함되었다. 하지만, 이는 더 유창한 언어 사용자인 S13과 S10 두 명에게서 분명히 드러났다. 이 두 화자들은 주제들에 관해서 예외적으로 지식 차이를 보였다(한 명은 판매원이었고 한 명은 그의 발표 주제와 관련된 박사학위 논문을 작성하는 대학원생이었다). 또 다른 한 명이 제시된 주제에 대한 지식이 더 많았기 때문에 L2로 이 주제로 말을 할 때 역시 그 차이가 두드러졌다(Hincks, 2010:16).

　　게다가, Hincks는 두 언어로 이루어진 발표 간에 미묘한 차이가 존재함을 지적하였다. 예컨대, 영어 사용자가 문자 그대로 정의를 전달하는 방식으로 발표를 할 수 있더라도 L2 맥락에서 발표를 할 경우에 비유와 같은 매력적인 표현 전략을 그대로 사용하지는 않았다. POD로 계산되지는 않았지만, 영어를 매개로 학문을 수행하는 학습자는 그들이 지닌 최대한의 잠재력을 온전히 실현할 수 없었다는 사실이 이 연구의 논의 가운데 도출되었다. 이러한 연구는 후속적으로 다른 연구 방법들과 결합되어 실행될 수 있다. Hincks도 후속 연구들을 여러 가지로 제안한 바 있다. 이러한 후속 연구로 L1과 L2로 섞여 있는 예상 청중의 이해 능력 간의 관계나 강의에서의 말하기 속도, 국제적인 청중들의 이해를 최적화하도록 하기 위해 화자의 분당 음절 속도가 빨라지는 것을 점검해주는 전자 모니터의 개발, L1사용자와 비교할 때 L2 교수자가 주어진 시간 내에 얼마 정도의 양으로 강의해야 하는지에 대한 질문 등이 포함될 수 있다. 이러한 연구들과 함께 보다 더 이론적인 수준에서 그리고 후속 연구나 다양한 논쟁을 촉발시키는 흥미로운 연구들이 존재한다. 예컨대, 다양한 제1언어 환경의 영어 화자들과 대화를 할 때 말하기의 속도가 고려될 필요가 있고 또 말하기 속도도 천천히 유지해야 한다. Hincks는 이와 관련한 연구의 결과로 L2 사용자는 L1을 사용하는 상황과 비교할 때 약 25%로 더 느리게 이야기할 필요가 있다고 말한다. 이 연구의 결과는 모국어 사용자가 화자이고 청자가 L2 학습자라 한다면 대화의 속도를 보다 더 느리게 수행할 필요가 있으며, 또한 좀 더 느린 속도로 말해야 할 필요가 있는 청자라 하면 그 청자에 맞게 대화 상대에 따라 말하기의 속도를 조정해야 함을 주장하였다. 그러나 독백하듯이 말하는 화자는 실제로 거의 이렇게 말하기 속도를 조정하지는 않는다. 그러나 그녀가 주목한 바와 같이 모든 L1 화자들이 대화를 할 때 이와 동일한 방식으로 수행하지는 않는다. 이러한 방식과 동일하게 수행하는 화자 혹은 그렇지 않은 화자의 유형 혹은 또다른 대화적 맥락이 있는지, 또 어떤 화자가 말하기 속도를 조정하는지에 대한 다양한 조건에 대한 추가적인 이해가 이루어질 필요가 있다.

7.3.2. 잠재적 독자를 위한 연구 제언: 질적 연구의 확대와 반복 연구

Hincks(2010)는 양적 연구 방법을 수행했다. 이 연구는 두 가지의 후속 연구를 제안하였다. 하나는 다른 언어를 대상으로 동일 연구 방법에 의한 반복 연구를 수행하는 것이고, 다른 하나는 발표를 한 피험자를 인터뷰하는 과정을 연구 방법에 추가하는 것이다. 이는 질적 연구를 통합하는 연구 방법이다.

단계 1: 예비 결정 사항

단일 언어의 교실 환경에 대한 연구가 진행된다면, 그리고 연구자가 지역 언어와 영어 모두 능숙하다면 반복 연구의 수행은 비교적 간단할 것이다. 만약 그렇지 않다면 이를 도와줄 보조 연구자를 구해야 한다. 또한 발표 자료가 수집되기 전에 우선적으로 학생들의 발표에 대한 사전 능력, 발표에 대한 연습량이나 학습 투입 수준이 동일한 수준으로 유지되고 있는지 점검해야 한다.

이 연구에서 사후 인터뷰에 관한 설계를 위한 의사결정은 매우 중요한 국면에 해당한다. 피드백이 이루어지는 시간 내 인터뷰를 수행할 수 있을지, 반 구조화된 인터뷰는 어느 정도 정교화될 수 있을지 등이 이러한 의사 결정에 포함된다. Hincks(2010)의 연구에서 주요 결과들은 인터뷰 설계에 관한 사례를 충분히 보여준다. 예컨대 인터뷰에서 시간 내에 충분히 전달할 수 있는 것들이나 혹은 비유적인 언어와 축어적 언어 중 요점을 전달하기 위해 어떤 언어를 사용해야 하는지를 결정해야 하는 사례들 말이다.

단계 2: 양적 데이터 수집

Hincks(2010)에 따르면 데이터는 현 연구 상황과 연구자의 맥락을 고려하여 수집해야 한다. 이 연구에서 피험자인 학생들은 비전문적 주제에 대해 10분간 영어 발표와 모국어 발표를 각각 수행해야 했다. 이 연구 방법이 적절한지 살펴야 한다. 이 연구의 결과는 기존의 연구와 현재 진행되는 연구 간의 유사점과 차이점을 정확히 이해할 수 있도록 도움을 줄 것이다. 이를 통해 최종 연구 보고서의 독자는 새로운 연구와 원본 간의 명확한 유사점 및 차이점에 대해 이해할 수 있다. Hincks(2010: 9)에서 발표는 여러 기술 방법을 동원하여 녹음된 후 기록되었다.

단계 3: 질적 데이터 수집

학생들에 관한 실제적 자료는 실제로 모국어로 수행된 두 번째 발표가 완료된 이후에 수집 가능하다. 연구를 위한 소규모 연구자 그룹은 학생들의 녹음 파일과 학생들이 두 언어로 발표를 수행한 경험을 인터뷰하기 위해 조직되었다. 필요하다면, 모든 피험자들과 연구자들은 일대일 인터뷰를 수행할 수도 있다.

단계 4: 분석, 결과, 논의

연구자들이 반복 연구를 완료한 후 기대하는 질문은 다음과 같다. 학습자들은 영어와 스웨덴어로 발표할 때 동일한 내용과 동일한 양을 전달하지 않을 것이란 점을 발견하였는가? 능숙한 영어 학습자와 스웨덴 원어민 화자로서의 차이점을 발견하였는가? 학습자가 영어와 스웨덴어로 각각 발표할 때 두 언어에 대한 초당 음절수를 비교함으로써 말하기 속도의 차이를 발견하였는가? Hincks의 결과들을 비교할 때 어떤 중요한 차이점이 발견되었는가? 국제공통어인 lingua franca가 모국어에 비해 더 문어적이라는 증거가 있는가? 학생들은 두 개의 언어로 말하기를 수행할 때 무엇을 느끼는가? 이러한 차이를 어떻게 서술할 수 있는가? 연구자로서 당신은 무엇을 제시할 수 있는가?

7.4. 대화에 대한 교차 문화적 연구

<인용 7.3> Cheng & Tsui(2009)의 '홍콩계 중국인 화자(Hong Kong Chinese speakers)와 영어 모국어 화자 간의 차이는 어떠한가?'

중국 문화에 대한 일반적 설명들과는 달리 홍콩계 중국인인 HKC(Hong Kong Chinese)는 영어 모국어 화자인 NSE(Native Speakers of English)와 대화가 불일치하는 것에 대해 전혀 부끄러워하지 않는다. HKC들은 대화 상대자와 말을 할 때, 보상 언어(redressive language)와 완화 장치(mitigating device)를 사용하면서 얼굴을 직접 보고 말을 거는 경향이 있다. 대화 발췌문 중 대화 불일치가 일어난 부분에 대한 질적 분석에 따르면 HCK와 NSE 화자들은 대화 상대를 고려하여 대인 관계를 구축하고 공통의 기반을 협상하도록 노력한다.

—Cheng & Tsui, 2009: 2368

7.4.1. 후속 연구를 위한 아이디어와 논평

여기서는 문화간 화용론(intercultural pragmatics)에 대한 연구를 제시한다. 이 연구자들은 영어 모국어 화자와 영어를 사용하는 중국인 화자들이 대화가 서로 불일치하거나 상호 간에 재(在)합의를 하는 국면에서의 대화 분석에 관심을 기울였다. 이 연구의 결과는 대화 행동에 관한 기존의 연구 결과들을 확장하는 데 기여했고, 서양인과 동양인의 행동 및 가치관에 대한 기존의 관점들과 관계가 있다. 이 연구는 전통적인 조사 연구 보고서의 일반적 구조인 선행 연구 분석, 가설 제시, 가설을 검증하기 위한 자료 간 비교, 수정과 결론을 충실히 보여준다. 이 연구는 양적 분석들이 종합적으로 제시되어 있다. 예컨대, 불일치의 수준을 '완화'시키기 위한 대화 행위 중 하나인 보상 언어(redressive language)를 사용했을 때와 사용하지 않았을 때의 불일치의 비율(들)이 이에 해당한다. 〈인용 7.4〉는 연구자들이 관심 있어 하는 다양한 가설들을 제시하였다.

NSE와 HKC 화자들 사이에서 이루어진 13시간의 대화를 수집하고 통계적으로 분석한 후에 연구자들은 첫 번째 가설에 대한 데이터를 통해 입증되지 못하였고, 나머지 두 가설들만이 데이터를 통해 입증되었다고 보았다. HKC는 불일치를 표현하는 경우가 다소 덜하였고 보다 더 많이 보상 언어를 사용하였다. 실제로 HKC는 NSE가 보여준 직접 표현 전략인 bald on record 전략의 빈도 중 절반도 못되는 표현 양상을 보였다. 불일치의 경우에 HKC 화자들은 약 90% 정도가 보상 언어를 사용하였으나 NSE는 단지 70% 정도만이 보상 언어를 사용하는 것으로 나타났다. HKC 화자는 대화적 갈등을 회피하지 않을 것이라는 영가설은 가치 있는 연구 결과를 도출하는 데 있어 명백히 주요한 사례이다. 선행 연구들은 HKC 화자의 대화적 양상은 조화나 체면 유지, 의견 일치를 지향하는 경향을 주장한 반면에, 이 연구의 결과는 HKC 화자들이 이러한 불일치 순간들을 다루고자 다양한 전략이나 방법을 지니고 있으며, 이는 자신의 대화 상대에 따라 다르게 적용한다는 사실을 보여주고 있는 것이다. 두 번째 분석은 자선 걷기 행사에 대한 이점이나 경로에 대해 서로 다른 견해를 지닌 두 경찰의 상호작용을 대화 분석한 것이다. 연구자들은 HKC 영어 사용자가 어떻게 공통 기반으로 돌아가 대화 주제를 이동함으로써 대화 불일치를 해소해가는지를 보여주었다. NSE가 자신의 입장에 대해 보다 더 비판적으로 변화하는 시점에서 연구자들은 결론 내렸다. '우리는 대화 참여자들이 형성한 담화 속에서의 공헌(contribution)은 다른 대화 참여자가 형성한 것이 아닌 바로 NSE 그들이 형성한 것이라는 점을 보여주는 흥미로운 사례를 갖고 있다(Cheng & Tsui, 2009: 2377).'

이 연구는 매우 명확하기 때문에 타 언어 집단이나 다른 맥락에서 반복 연구로 수행 가능하다. NSE와 NSE가 아닌 화자들 대화 상황에서 불일치를 다루는 방법 간에 직접적인 비교 연구가 가능하다. 요점은 영어 사용자가 반드시 'HCK'이어야 할 필요는 없다. 단지 모국어 화자와 비모국어 화자의 관계만 설정되면 반복 연구가 가능하다는 것이다. 다양한 언어와 문화 배경의 화자를 대상으로 수행하는 반복 연구는 이 아이디어를 검증하는 주요 방법 중 하나이다. 연구 실천가들은 이 연구를 통해 결과를 도출할 것이고, 그의 수업에서 학습자들이 어떻게 불일치를 다루어야 할지 이 연구를 통해 알게 될 것이다. 더불어 이 연구의 결과는 학생들이 대화를 이해하기 위한 방안 중 문화적 규준에 대해 인식할 수 있도록 하는 기회를 제공해 준다. 또한 이 결과들은 특히 직무 맥락이나 혹은 전문적 맥락에서 발생되는 불일치를 다루는 것과 같이 특수 목적 영어(English for Specific Purposes, ESP) 사용과 관련된 사항들을 보다 더 정교화해가는 데 기여할 것이다.

7.4.2. 잠재적 독자를 위한 연구 제언: 온라인 환경으로의 변화와 반복 연구

Cheng & Tsui(2009)는 동일 언어를 사용하는 맥락에서 HCK와 NSE는 불일치 표현(expression of disagreement in)의 사용 빈도가 크게 차이나지 않는다는 사실을 발견하였다. 하지만 HCK 화자는 다양한 완화 전략을 사용함으로써 불일치를 보다 더 부드럽고 간접적인 표현 방식을 통해 다루었다. 화자의 문화적 배경에 의해 화자에게 내재된 것이 무엇이며 대화 참여자의 맥락과 말하기 양상(mode)에 영향을 미치는 것이 무엇인지를 살피는 것은 매우 흥미로운 작업이 될 것이다. 이러한 맥락에서 가능한 연구 중 하나는 온라인 환경에서 대화 불일치 양상을 탐색하는 것이다. Carlo & Yoo(2007)는 채팅 담화(in chat room discourse)에서 공손 표지가 누락되거나 혹은 크게 감소하는 것을 연구하였다. HKC 화자들은 의견이 다를 때 온라인 환경에서 NSE 화자들보다 보다 더 공손하게 표현할까? 중국인 화자와 유사한 문화적 배경을 지닌 화자들은 다른 언어권 화자들과 달리 대화할 때 온라인 환경에서 불일치를 더 관대하게 다룰 것인가?

단계 1: 예비 결정 사항

Cheng & Tsui(2009)의 연구와 같이 동일한 연구 대상을 비교 집단으로 설정하지 않고 연구를 통해 결과적으로 비교 분석하고자 하는 대상을 우선 결정해야 한다. 예컨대, 어떤 언어 배경의 대상들을 선정해야 하는지 말이다. 또한 실제 온라인 채팅방의 대화 데이터를 사용할지 구조화된 토론 데이터를 사용할지를 결정해야 한다. 아래 제시된 연구는 후자의 사례를 보여준다. 풍부하고 실제적인 데이터를 온라인을 통해 사용 가능할 수 있겠지만, 온라인에서는 화자의 언어 배경이나 나이, 성별 등의 다양한 조건들을 파악하기에는 어려움이 있을 수 있다.

단계 2: 데이터 수집

교사가 다양한 언어 배경을 가진 학생들이 온라인 채팅을 할 수 있도록 학습 상황을 설계한다면 구조화된 토론을 이끌어 낼 수 있을 것이다. 이 때 교사는 학생들에게 의견 불일치나 대립이 자연스럽게 형성되는 토론의 주제 혹은 문제 해결의 과제를 3~4개의 채팅방에 할당할 수 있을 것이다. 이러한 온라인 토론의 자료 기록들은 학생들의 정체성과 더불어 온라인 상황과 연관하여 다양한 언어 배경을 지닌 학생들 간의 명료한 차이를 밝히는 결과의 기본 자료로 활용될 것이다.

단계 3: 분석과 결과들

이 연구의 장점은 별도로 대화를 글로 전사할 필요 없이 불일치를 확인하는 즉시 바로 코딩을 통해 손쉽게 문서로 저장할 수 있다는 점이다. 다양한 문화적 배경을 가지는 집단 간에 대화의 불일치를 조정하는 행동 패턴이 어떻게 형성되는지를 보기 위한 목적에서 이러한 연구는 양적 분석과 질적 분석 모두를 수행하는 데 효과적일 수 있다. 양적 분석은 다양한 언어 배경을 지닌 화자들의 불일치 표현을 측정하는 것을 통해 수행될 수 있다. 또한 질적 분석은 동양 문화권의 화자들이 다른 문화권의 화자에 비해 더 불일치를 완화하려고 하는지를 살펴보는 것을 통해 수행될 수 있다. Cheng & Tsui(2009)의 연구 결과와 토론으로부터 도출된 결과들은 각각 비교될 수 있다. 이 결과들이 동일한 경향성이 있는지 혹은 그렇지 않은지를 도출하는 과정은 매우 흥미로운 과정이 될 것이다. 온라인 대화 맥락에서 불일치를 완화하고자 하는 문화적 경향성의 강도가 확인되거나 혹은 그것 가시적 패턴으로 드러나지 않는다고 하더라도 면대 면 상황 혹은 온라인 상황에서 문화적 요소와 실용적 요소 간의 상호작용에 대한 다양한 질문들이 제기될 수 있을 것이다.

7.5. 교실 기반의 전문적 말하기 장르 분석 연구

〈인용 7.5〉 Burns & Moore(2008)의 '회계사-고객 간 모의 상담에서 나타난 질문: ESP 교육을 위한 시사점 탐구'

이 논문은 회계사와 고객 간에 이루어진 모의 상담을 통해 도출된 회계사와 고객 간 상담(accountant-client consultations)에 대해 조사한 연구이다. 이 논문은 Drew & Heritage(1992) 연구에서 핵심 내용 확인 질문의 말하기 관습에 대한 부분과 Heritage & Maynard(2006)가 최근 발표한 연구에서 의사-환자의 상담에서 도출된 질의응답 패턴의 복잡성에 대한 부분을 끌고와 연구를 수행하였다. 이 논문은 ESP 교사가 실제 직무 환경에 접근하기 어려운 경우에 대비해 이와 유사한 상황을 설계할 수 있고, 이 유사 상황에서 산출된 상호작용 데이터도 유용한 것이라는 점을 제시하고 있다.

—Burns & Moore, 2008: 322

7.5.1. 후속 연구를 위한 아이디어와 논평

이 논문은 전문적 직무 상황(이 경우 회계 조언을 받는 것) 맥락에 대해 ESP(English for Specific Purpose) 수업에서 이루어진 구어적 상호작용의 교차적 양상을 분석한다. 이 논문은 여러 측면에서 매우 흥미 있는 연구라 할 수 있다. 이러한 측면을 살펴보면, 첫째, 이 논문은 국제 학습자들에게 고도로 높은 수준의 훈련을 요구하는 분야에 해당하는 장르로 이 장르는 거의 연구가 이루어진 바가 없다. 둘째, ESP의 연구는 대개 글에 초점을 두어 왔고 이처럼 말하기에 초점을 둔 연구는 거의 없었다. 마지막으로 이 연구는 이러한 데이터를 다루는 많은 방법론적 쟁점들을 설명하기 때문에 후속 연구에 관한 제안을 폭넓게 다루고 있다.

연구자는 석사 과정에서 훈련받고 있는 회계사와 세금 형식을 어떻게 기입하는지 조언을 얻고자 하는 질문자의 역할극을 가정하고 이들 사이에 질의 응답 패턴을 분석하였다. 이러한 대화 자료를 기초로 조언을 주는 사람과 조언을 받는 사람들이 주로 사용하는 질문 유형에 대한 분류 방법들을 검증해갔다. 이 연구에서 연구자는 각 질문 전략이나 기능 그리고 답을 이끌어 내는 것을 의도한 대답 유형에 관하여 학습자의 이해를 높일 수 있는 다양한 방법들을 도출해냈다(Burns & Moore, 2008: 333). 이들 연구자들은 또한 훈련을 받고 있는 회계사들의 질문에서 대인관계 지향적 질문이 적었다는데 주목하여 '상담의 전체 취지를 개선하도록 하기 위해서'는 유머가 효과적이라는 점 그리고 수용성에 대한 인식을 높일 수 있는 질문들을 사용해야 한다는 점 등에 주목하였다.

이러한 모의실험에 근거한 상호작용 자료의 활용은 데이터 수집 시 사용된 연구 방법과 밀접한 관련이 있다. 연구자는 데이터 자료가 교실과 직접적인 관련이 없는 연구 논문이라는 점에 있어 이 연구가 명확히 의심을 살만하다고 지적한다. 다음 〈인용 7.6〉을 보라.

…모의실험의 상황은 실제 직업 현장으로부터 도출된 데이터와 비교할 때 데이터의 실제성을 확보할 수 없다는 점에서 비판 받을 수 있지만 (이런 데이터가 없음을 고려했을 때, 비판은 그 자체가 이론적이다), 이 연구는 회계사와 고객 간의 자연스러운 상호작용에 대하여 ESP 교사들과 학생들의 인식을 개선시켜줄 수 있는 것들을 논의를 통해 도출하고 있다. 직무 상황의 실제 데이터에 접근하거나 녹음하고 분석하는 것이 제한되었을 때, 대부분의 ESP 교사들은 주요 수단으로 이러한 모의실험을 구축하고 이 속에서 담화 패턴에 대한 통찰을 얻고, 가능한 대안을 제시한다.

—Burns & Moore, 2008: 333

실천 연구의 차원에서 모의실험을 통해 도출된 데이터는 일반적 기준이 될 수 있는 단일 기능이 아닌 다중 기능들이 도출된다. 다른 연구 맥락에서는 데이터가 전문가의 특정한 요구나 제약과 무관하게 우선적으로 언어적 통찰력으로 선별될 것이다. 현 연구의 맥락에서는 이러한 데이터들은 실제 의사소통의 대상 장르에 관한 주요한 가정의 근간이 되는 모델이자 상호작용의 유형의 관점에서 일반적으로 나타나는 특징들을 이해하도록 하는 주요한 틀이 될 수 있다. 동시에 이 데이터들은 훈련을 받고 있는 회계사가 충분히 잘 성장할 수 있도록 ESP 수업에 유의미한 영향을 줄 수 있다. 이러한 의미에서 모의실험을 통해 도출된 자료나 그 결과는 ESP 교육과정 개발의 주요 요소(학습자의 결핍된 지식이나 기능에 대한 정보 제공)를 파악하게 해주고, 교육과정에서 다루어져야 할 내용 요소(고객과 조언자의 입력 차이와 질문 패턴)에 대한 함의를 제공해준다.

실제 데이터에 대한 접근이 부족하다는 문제에 대한 비판이 이루어질 필요가 있고 초보 연구자들을 위해 유용한 예시들을 이 자료가 제공해 주는 것에 대해 염려할 필요가 없는 이유를 설명해줄 필요도 역시 존재한다. 능숙한 연구자라면 연구의 한계를 명백히 제시해줄 수 있어야 하고(이를 통해 비판을 미연에 방지할 수도 있다), 그들의 결론을 타당화하는 방식 역시 그 수준이 높아야 한다. 이 논문의 저자는 상반될 수 있는 이 연구의 저자들은 이를 잘 수행하기 위해 그들의 판단에 참조할만한 특정한 프레임을 명료하게 설정한다. 이 논문에서 발견할 수 있는 주요 사실 중 하나는 직접 교수법을 적용하는 상황을 염두에 두고 있었다는 점이다. 이는 연구를 수행하기 위해 데이터의 다중 기능들이 잘 활성화될 수 있도록 만들고 모든 상호작용의 일반화가능성의 대략적인 허용을 가능하게 하며 모의실험 상황의 데이터의 결함을 보완해줄 수 있는 견고한 근거를 제공해준다.

이 연구의 저자들은 후속 연구를 위해 다음의 방안들을 제안하였다. 첫째, 회계 담화의 일반적 수준에서 구체적 수준에 이르는 연구의 부재에 대해 그들은 지적하였다. 이에 이와 같은 회계 장르에 대한 보다 확장된 연구를 제안하였다. 둘째, 저자들은 ESP 학생들의 연구 경력별로 어떤 상호작용에 대한 학습 요구나 결핍이 존재하는지를 살펴보기 위해 연구 경력별 수준에 따라 석사 연수생들을 조사할 것을 제안하였다. 또한 이들 저자들은 이러한 연구가 다양한 언어와 문화적 배경을 지닌 학습자들 간에 이루어지는 상호작용 역시 분석할 필요가 있다고 제안하였다. 더욱 이론적 수준에서는 응용 언어 연구 환경에서 이루어진 모의실험 기반의 언어적 상호작용 데이터의 활용이 지닌 장점과 제한점을 논의하는 것 역시 흥미로울 수 있다. 모델 생산자로서의 학생의 아이디어와 미래의 직업 역할을 토대로 타인과 상호작용하는 자신의 역할 경험으로부터 획득된 통찰들을 탐색해보는 것 역시 매우 유의미한 연구가 될 수 있을 것이다.

7.5.2. 잠재적 독자를 위한 연구 제언: 직무 배치 학습(placement learning)에 대한 확장

Burns & Moore(2008)의 연구는 회계사와 고객 간의 상호작용을 분석하고 이 분석을 위해 실시한 모의실험의 역할극을 통한 데이터 산출의 유용성을 논의하며 이 연구로부터 도출된 결과를 ESP 교육과정에 포함시키는 것에 대한 것이다. 이 연구는 또한 직업상의, 전문가적인 목적을 위해 실시되는 영어로 이루어지는 대학 프로그램이나 대학원 프로그램 내에서 다루는 대학 수준의 직무 배치(placement) 평가의 상황과 밀접한 관련이 있다. 이 연구에서 제시한 모의실험의 상황은 고급 수준의 영어 학습자가 실제 복잡한 상호작용을 수행해보고 교육 환경의 외부에서 이루어질 수 있는 준전문가(semi-professional)로서의 관계를 실행해보도록 하는데 유용할 수 있다. 이때 참여하는 학습자는 학습자인 동시에 전문가로서의 정체성을 개발해가는 신규 '전문가'로 간주된다. 이를 고려할 때 직무 배치 학습을 위한 목적으로 이루어지는 모의실험에서의 역할극이 갖는 유용성을 조사하는 것은 매우 흥미로운 연구 주제라 할 수 있다. 이러한 연구를 위해 통제 집단과 실험 집단을 설정할 수 있다. 두 집단은 동일한 영역에서 학습을 수행하지만 연구 문제에 관련된 교수법이 각기 달리 적용될 것이다. 실험 집단은 모의실험 역할놀이를 통한 학습에 참여하게 될 것이며, 통제 집단은 일반적인 학습에 참여하게 될 것이다. 일반적으로 훈련 프로그램의 사전과 사후 수행을 각각 측정하고 두 집단의 차이를 분석하게 된다. 이 연구에서는 모의실험 역할 놀이가 실제 학생들의 성취 차이를 가져올 것이냐에 대한 분석을 실시한다. 이 연구에서는 실험 집단가 통제 집단의 학습자들이 나이나 성별, 교육과정과 교수법, 실험 전의 언어 발달 수준이 동일한지를 고려하는 것이 중요하다. 물론 실제로는 실제로, '실제' 교수 환경의 맥락에서는 처치(이 경우 모의실험의 적용)에 대한 경험이 거의 없는 학생들을 선별한다는 것은 거의 불가능한 일일 것이다. 그러나 연구자는 적어도 이러한 문제를 해결할 수 있도록 하는 모든 노력을 기울여야 하며 이러한 사전 동질성을 확보하기 위한 다양한 노력을 충분히 설명할 수 있어야 한다. 예컨대, 멀리 떨어진 학생들 경험의 모든 특징을 맞추는 것이란 꽤 비현실적인 것이다. 그러나 연구자는 조건과 다루는 문제를 일치시키는 모든 노력을 할 것이고, 시작점에서의 중요한 포인트에 대해 설명을 제공할 것이다. 예를 들어, 각기 다른 교사가 두 집단을 지도한다고 할 때 이 교사 변인이 미치는 영향에 관하여 연구 설계 차원에서 사전에 이를 논의해야 하고, 특정한 결과에 대하여 납득할 수 있는 설명이나 이유를 제시할 것이다.

1단계: 예비 결정 사항

ESP/EAP 전문가들이 이론적 배경이나 실험적 체계를 제시하는 연구자와 연계하여 연구를 수행한다면 연구는 훨씬 성공적으로 진행될 수 있을 것이다. 모의실험을 어떻게 구성할지, 예측하기도 어려운 발생 가능한 다양한 문제를 실제 연구를 진행하기 전 어떻게 해결해갈지를 함께 결정해 갈 수 있기 때문이다. 이러한 문제를 해결하는 방법 중 하나로 직무 배치 평가에 필요한 말하기 장르 유형을 미리 살펴볼 수 있도록 모의실험 상황을 동영상으로 동일한 전문 직업이나 혹은 직무를 준비하는 두 유형의 학생 집단을 선정해야 한다. 이와 관련하여 사전에 결정되어야 할 몇 가지 사항들이 있다. 예컨대, 실험 집단에게 교육과정이 이루어지는 속에서 어떻게 모의 역할극을 투입할 수 있을지를 고려해야 한다. 또한 연구에 참여하는 학습자의 특성에 대해서도 고려해야 한다. 연구를 시작하는 시점에 학생들의 구어 기능의 수준을 고려해야 하고 이와 더불어 학습자들의 언어나 문화적 배경에 대해서도 고려할 필요가 있다.

2단계: 실험 단계

실험을 위해 통제 집단과 실험 집단 이외의 학생 집단을 선정하여 예비 연구(pilot study)를 수행하는 것 역시 연구를 수행하는 데 있어 매우 유용할 것이다. 이는 전문들과 연구자들이 모의실험이 어떻게 진행될지를 우선 점검해 보고, 실제 실험을 위해 실시되는 수업 장면에서 발생 가능한 예측 불가능한 여러 문제들을 사전에 점검할 수 있도록 하는 기회를 제공해 준다. 이러한 문제를 해결하기 위한 한 가지 방법은 연구에서 다룰 장르 유형을 사전에 살펴보기 위해 모의실험 동영상 뱅크(bank)를 만들어 보는 것이다. 이러한 비디오들은 토론을 위한 과제(prompt)로 사용될 수도 있고 실험 집단의 수업 상황에서 역할 놀이를 위해서도 사용될 수 있을 것이다.

예비 연구를 토대로 실험 방법을 정돈한 이후에는 실험 집단과 통제 집단을 설정하고 이 두 집단에 대한 기준선 검사(baseline assessment)를 실험이 진행되기 전에 실시한다. 이 검사에서는 일반적인 말하기 기능을 검사하고, 실험하는 과정에서 학생들이 직면하게 될 직무 배치 환경과 관련한 학생들의 지식이나 자신감 정도를 파악하기 위한 인터뷰나 조사를 실시할 수 있다. 프로그램이 투입되고 실험이 진행된 이후에 학생들을 대상으로 사후 검사가 실시된다. 이 검사에서는 직무 배치에 요구되는 기능이나 이와 관련한 자신감의 수준을 파악하기 위한 목적으로 실시되는 것이다. 이상적으로는, 학생들이 훈련을 받은 영역에서의 수행과 실제 직무 배치 상황에서의 수행을 추적하여 이들 수행을 비교할 수 도 있을 것이다.

3단계: 분석과 논의

사전 사후 검사의 결과와 학생들의 자신감에 대한 탐색 결과, 그리고 그들의 실제 직무 상황에서의 경험과 관련된 결과들은 모의실험의 유용성을 평가하는 풍부한 자료를 제공해 줄 수 있다. 또한 이 결과들은 직무 상황에서 수행해야 할 말하기 교육을 위한 교육과정을 보다 더 정교화하는 토대로 활용될 수 있을 것이다. 또한 연구의 결과가 교육적 실천으로 이어지고 다시 이 교육적 실천에 대한 연구가 이루어지는 순환적 양상 속에서 이러한 연구가 보다 더 확산되어 갈 수 있을 것이다.

7.6. 저학력 이민자 대상의 연구

〈인용 7.7〉 Simpson(2006)의 'ESOL 학습자의 말하기 기능 평가에 대한 서로 다른 기대들'

이는 ESOL(타언어 기반의 영어 사용자(English for speakers of other languages)) 성인 학습자의 말하기 기능 평가에 대한 연구이다. 이 연구는 실제로 말하기 검사에서 제시된 발화 사건의 특성에 대한 기대가 검사 참여자마다 각기 다르다는 사실로부터 촉발되었다. 평가에 관련된 이러한 문제는 영국의 ESOL 수업에서 이루어진 실제 평가의 실행과 분석 과정에서 규명되었다. 이 논문에서는 학습자의 담화에 대한 지식 스키마(knowledge schema)와 프레임(frame/framing)의 관점에서 분석이 실시되었다. 말하기 평가는 인터뷰 혹은 대화로도 볼 수 있는 것이었다. 학습자는 이 평가에서 다루어진 대화 과제에 대해 서로 다른 해석을 하였고, 이와 관련하여 학습자는 대화자로서의 다양한 행동 양상을 보였다. 이는 영어 사용 국가로 이민온 학습자들을 대상으로 한 고부담 검사와 밀접한 관련이 있는 것이었다.

—Simpson, 2006: 40

7.6.1. 후속 연구를 위한 아이디어와 논평

이 연구는 영국의 ESOL(English for Speakers of Other Languages) 성인 학습자를 대상으로 한 언어 및 문식성 교수 학습과 평가에 대한 대규모 연구라 할 수 있다. 이 연구는 실제로 영국의 국가 성인 문식성 연구 및 개발 센터(National Research and Development Centre for adult literacy and numeracy)에서 수행된 교육 효과성 연구(Effective Practice Project)이다. 이 연구는 응용언어학이나 혹은 외국어로서의 영어 교육 분야에서 매우 다양한 관점에 대한 통찰을 제공한다. ESOL 수업을 듣는 학습자들은 망명 신청자나 난민일 수 있어 정신적 외상을 겪을 만큼 험난한 삶을 살아왔을 수도 있고 또 이들은 최소한도의 학교교육을 받았을 수도 있다. 이러한 학습자들에게 평가란 단지 평가에 머무르지 않고 자신이 현재 이 영어를 사용하는 국가에서 생존하고 살아가기 위해서 매우 영향력 있는 특정한 사건일 수 있다. 이와 관련해서는 앞선 4장에서도 다룬 바 있다.

이 평가의 대상이 되는 학습자들의 특성을 고려할 때, 평가 설계자들은 '당신은 왜 영국에 왔습니까?'와 같은 질문 항목은 삭제해야 한다. 이 질문은 일반적인 영어 학습자들에게는 본격적인 시험에 앞서 몸을

푸는 차원의 워밍업 질문이라고 인식될 수 있지만, ESOL 난민 학습자들에게는 다른 의미로 인식될 수 있다. 또한 이 질문에 대하여 난민 학습자는 감정적으로 동요할 수도 있고 영국에 입국하는 과정이나 입국을 승인받아야 했던 과정에서 경험했던 여러 인터뷰 상황 속에서 이와 관련한 질문들을 이미 받았을 수도 있다.

그러나 Simpson(2006)의 연구는 단지 난민 집단 학습자에 대한 통찰만을 제공하는 것이 아니다. 이 연구는 말하기 평가 상황에서 수험자와 평가자 간의 기대가 어떻게 평가 상황과 수험자가 수행하는 의사소통에 영향을 주는지에 대한 폭넓은 통찰을 제공해주고 있다. 이 연구는 ESOL 피험자 집단을 대상으로 할 때 말하기 평가는 무엇을 통해 이루어져야 하는지, 내가 상호작용해야 하는 말하기 과제 그 자체나 혹은 이 과제 상황에서 나는 어떻게 의사소통해야 하는가를 검사할 때 이들 학습자의 사전 지식이 어떤 효과를 미치는지를 논의할 때 매우 명확한 데이터를 제공해준다.

이 대단위 연구에서 총 400개의 구두 인터뷰가 수행되었고, 이들 중 23개의 구두 인터뷰 자료가 다음의 준거를 토대로 선정되었다. 이 준거는 수험자들이 두 개 이상의 높은 수준의 검사를 받은 경우인지 그리고 이 수험자들이 학교 교육을 거의 받지 않았는지에 관한 것들이었다. 전자의 준거가 적용된 이유는 말하기 검사의 낮은 수준의 문항은 대개 기본적 사실에 대한 간략한 응답을 요구하는 경우가 대부분이었다. 그러나 연구자는 보다 더 길고 복잡한 정보를 이 인터뷰 자료로부터 얻길 바랐다. 결국 인터뷰 중 검사의 수준이 좀 더 높은 경우를 선정하게 된 것이다. 후자의 준거가 적용된 이유는 학교 교육을 통해 훈련이 이루어지지 않은 학습자의 반응을 분석하기 위해서이다. 이러한 준거에 따라 추출된 5명의 인터뷰 자료가 연구에서 활용되었다. 이 학습자들은 학교 교육을 받은 기간이 0년에서 최대 4년에 이르렀다.

이렇게 선정된 데이터를 분석하기 위하여 대화 분석 방법이 적용되었다. 이 연구에서는 가설 검증을 위해 7.4절에 있는 CA 방법을 사용하였다. Simpson(2006)은 연구를 위해 보다 더 폭넓은 질문을 실시하였다. 그는 이례적이지 않은 ESOL 학습자의 평가 경험이 잘 드러난 데이터 구간을 선정하였다. 이 데이터 구간의 분석 자료는 '학교를 통한 형식교육의 경험이 없거나 거의 없는 학습자들이 말하기 평가에 참여할 때 어떤 일들이 발생하는가?'라는 연구 문제와 연관을 맺는다 (Simpson, 2006: 48). 이 연구 문제는 그는 자신의 연구를 통해 4가지의 구체적인 양상을 분석하고자 하였다. 이를 구체적으로 살펴보면 '발화 사건(speech event)의 다양한 유형 혹은 검사의 한 과제 유형으로 제시된 발화 사건에 대해 응시자는 이를 어떻게 인식하는가?', '평가에서 학생들을 거의 말하지 않도록 이끄는 이유는 무엇인가?(낮은 정교화 대답)', '화자 간 협력은 어떻게 응시자를 도울 수 이을 것인가?', '발화 사건에 대한 평가자의 입장은 응시자들에게 어떤 영향을 미치는가?'에 관한 것들이다.

지원자들의 낮은 정교화 대답 사례(under-elaboration of answers by canditates)는 매우 명확하고 흥미롭다. 이러한 사례들에서 응시자들이 평가 중 거의 응답을 하지 않거나 한 음절 수준으로 대답한 반면, 평가가 끝난 이후에는 말을 충분히 하는 경우가 나타났다. Simpson은 이 응시자들이 가능한 말을 적게 하는 것이 더 좋았던 경험이 있었거나, 대답을 자제하는 것이 올바른 행동을 하는 것이라 확신하고 있다고 추측하였다. 그는 실제로 평가에서의 응시자들의 수행 수준과 실제 행위 간의 불일치를 도출하는 원인이라고 보았다. 이러한 분석 결과를 도출한 것은 매우 유익한 것이다. 추측컨대, 만약 응시자의 이러한 특성으로 인해 평가 가능한 말하기 자료가 생산되지 않는다면 이들 응시자들은 시험에서 낙방할 수밖에 없다. 평가해왔던 자료를 많이 보여주는 것과 검사 이후에 응시자가 보여주었던 말하기에 대한 명확한 동기는 모든 응시자들에게 평가를 잘 준비할 필요가 있다는 인식을 고취시킨다. 또한 이것은 ESOL 학습자와 유사한 배경의 응시자들에게도 유사한 영향을 미칠 것이다.

7.6.2. 잠재적 독자를 위한 연구 제언: 테스트 결과로의 확장

이 연구의 후속 연구를 위한 다양한 방안들이 존재한다. 첫째, 이 연구 방법과 관련한 논평에서 살펴보았듯이 이 연구는 이 분야의 전문가들이 전형적을 사용해온 일반적인 접근 방법을 다루고 있다. 신규 연구자들은 덜 '개방된' 방법을 적용하고 싶을 것이다. 이에 신규 연구자들은 관심을 갖고 있는 한 가지 프로젝트를 선정하고 이와 관련한 기본 데이터를 바탕으로 하여 반복 연구(최소 학교교육을 받은 ESOL 학습자 대상의 말하기 평가)를 수행하거나 낮은 정교화의 사례나 응시자의 성별, 학교 교육 수준, 혹은 연령과 같은 다양한 변인과의 상관관계를 분석하기 위한 가설 검증 혹은 통계적 분석과 같은 다양한 방법을 적용할 수 있다. Simpson이 수행한 연구는 말하기 평가에서 나타난 상호 작용 행위에 대한 분석이 다소 간략하다. 이러한 연구를 다양한 변인을 고려하여 분석한다면 연구를 보다 더 상세히 수행할 수 있게 될 뿐 아니라 더 흥미로운 연구로 이끌 수 있을 것이다.

1단계: 예비 결정 사항
이 프로젝트가 가정한 것은, 연구자들은 Simpson에 기술된 이들과 유사한 배경을 가진 ESOL 학습자들과 더불어, 유사하게 낮은 언어 능력을 가졌지만 학교 교육에 더 많이 노출된 비교 그룹을 접했다는 것이다. 이를 선정하기 위해서 연구자는 우선 학교교육의 노출 정도의 높고 낮음의 기준선을 결정하는 것과 언어 수준을 판단하는 기준선을 결정하는 것이 동시에 필요하다. 이 조사는 또한 말하기 평가의 전문성과 표준 말하기 평가의 이용 가능성을 우선 확인해야 한다.

2단계: 가설 설정

Simpson(2006)에 따르면, 학교교육의 기간이 짧은 ESOL 응시자는 인터뷰 평가에서 대화와 인터뷰를 혼동하는 경향이 보였고 이러한 상황에서 자신의 역할과 관련하여 상호작용을 어떻게 수행해야 할지 모르는 경향을 보였다. 이러한 특징을 도출할 때 연구자는 응시자가 낮은 정교화 수준을 보이는 대답을 하는 사례에 주목하였다. 이를 통해 가능한 가설은 형식교육 기간이 짧은 ESOL 응시자(유형1)는 목표 언어의 수준이 비슷하지만 형식교육 기간이 긴 ESOL 응시자(유형2)에 비해 검사자의 질문에 더 짧게 대답할 것이란 사실이다.

3단계: 데이터 수집하기

두 집단의 학습자들은 선행 지도를 받은 다음 이후에 구두 평가가 실시될 것이다. 이러한 평가가 실시되는 상황에서 학습자와 평가자 간의 상호작용 양상은 앞서 설정한 가설 검증의 판단을 위한 토대가 될 것이다.

4단계: 결과 분석 및 논의

심사자가 질문을 하고 이에 대한 두 집단에 속한 학습자의 순서 전환의 길이나 횟수가 양적 분석을 통해 측정될 것이다. 이상적으로는 통계적으로 유의미한 수준의 표본과 적합한 통계 기술들이 적용되어 수행될 수 있다. 이 두 집단의 수행을 비교한 결과는 학습자의 형식 교육, 즉 학교 교육이 수행 결과에 영향을 미칠 수 있다는 결론을 도출하는 근거가 된다. 이상적으로, 이것은 통계상 의미 있는 표본과 적절한 통계 기술이 적용되어 수행된다. 만약 이 두 집단 간의 유의미한 차이가 발견되지 않는다면, 즉 가설과 반대로 유사한 언어 수준을 가진 두 집단이 유사한 수행 수준을 보인다면, 더 흥미로운 논의를 이끌 수 있다. 이 상반된 결과는 말하기의 형식 평가에서 응시자의 수행 수준이 응시자의 학교 교육 수준과 연관성이 있을 것이라는 Simpson의 가설은 다소 덜 지지될 수밖에 없을 것이다. 그러나 이와 반대로 유의미한 차이가 두 집단 간에 발견된다면 말하기 형식 평가에서 ESOL 학습자는 이 평가에서 요구하는 바를 예측할 수 없어서 성공할 수 없었기 때문에 이 평가가 공정하고 적절하게 시행되지 못하였다는 가설이 지지될 수 있게 된다.

7.7. 기능적 자기 공명 이미지 스캔 기술을 활용한 제스처 및 말하기 정보 처리 사이의 관계성 조사 연구

〈인용 7.8〉 Straube et al.(2010)의 '사회적 신호, 정신화, 제스처를 동반한 말하기의 신경 프로세스'

몸의 방향(body orientation)과 시선은 면대면 대화에서 이루어지는 정보 전달 과정에 영향을 미친다. 일상 대화를 위한 상호작용 과정에서 이러한 사회적 신호를 이해하는 신경 경로에 대한 탐색은 충분히 이루어지지 않았다. 이 연구는 화용적이거나 비화용적인 측면에서 몸의 방향성이나 제츠처를 동반한 말하기에 대한 정보를 처리하는 말하기에 관한 신경 처리 프로세스에 대해 조사하였다. 연구를 통해 사회적 신호인 제스처를 활용하여 말을 하는 것이 표현 신경 프로세스에 영향을 준다는 사실을 밝혔다. 정신화(mentalizing: 다른 사람의 정신 상태를 추론하는 과정)는 이 영향에 있어 중요한 요소라 할 수 있다. 특히, 개인이 말하는 내용과 관련하여 제스처를 활용하면서 의사소통을 하는 경우에 사회적으로 관련된 특정한 신호가 포착되었기 때문에 이와 관련된 전방측두엽 영역이 활성화되는 사실이 드러났다. 다감각 정보 경로가 지각과 의미의 수준과 종합적으로 사용한다는 사실을 데이터를 통해 입증해내었기 때문에 이 연구의 새로운 발견은 대인관계 의사소통의 복잡성을 설명하는 데 기여하였다.

—Straube et al., 2010: 382

7.7.1. 후속 연구를 위한 아이디어와 논평

이 연구는 구두 의사소통에 관한 연구를 제시하고 있다. 기능적 자기공명 이미지 장치(fMRI) 스캐닝에 관한 기술에 관한 설명은 앞서 설명하였다. 이 연구에서 연구자들은 말하기, 자세(stance), 제스처의 조합을 통해 수행되는 의사소통 정보를 처리할 때 이러한 다양한 자극에 대해 청자의 뇌 중에 어떤 부위가 활성화되는지를 알고자 하였다. 이 연구는 누군가 직접적으로 화자에게 말을 하는 경우에 화자의 뇌는 매우 다양하게 반응한다. 그들은 또한 제스처를 수반하며 어떤 대상을 말하는 이가 서술할 때, 부엌에 있는 그릇이 둥글다는 것을 표현할 때 손을 둥근 모양으로 표현하거나 인간의 외양을 묘사할 때, 공통적으로 이해될 수 있는('전형적인') 제스처(연극에서 훌륭한 연기를 보여준 배우에게 엄지를 치켜드는 행위)를 사용할 때, 화자의 뇌의 특정한 영역은 활성화된다. 자세(stance), 응시(gaze), 인물(person)-메시지 관련 대상과 문화적으로 잘 알려진 제스처와 같은 변인들은 제스처와 4가지 조건으로 결합된다. 이는 인물 관련 내용+정면 자세, 인간 관련 내용+측면 자세, 사물 관련 내용+정면 자세, 사물 관련 내용+측면 자세에 대한 것이다.

이들 4개의 조건은 비디오 영상으로 촬영되었고 각 조건마다 30개씩으로 구성된 비디오 영상을 18명의 피험자에게 보여주었다. 실험 패러다임 내에서 예측 가능한 변인들을 모두 고려하면서 피험자는 신중하게 선택되었다. 이들 피험자들은 모든 남성, 모든 오른손잡이, 시각과 청각에 전혀 손상이 없는 모든 독일 모국어 화자, 나이가 20세에서 30세 사이에 분포하며 평균 연령이 24세인 화자들이었다. 뇌의 각 부분을 흐르는 혈류가 분석되었고 말하기, 내용, 자세, 제스처의 조합에 따라 뇌의 활성화가 다양하다는 사실이 확인되었다. 수업 전문가들이 신경 언어 연구의 이러한 유형에 직접적으로 참여한다는 사실을 추정하기는 어렵고 실제 그들이 바라는 바대로 기능적 자기 공명 이미지 장치(fMRI) 도구에 접근하는 것은 더 어려운 일이다. 그러나 신경언어학적 측면의 연구들은 우리가 이해하는 구어 의사소통의 범위를 보다 더 확장시켜 줄 수 있고 이러한 의사소통에 관한 기능 지도에 어떤 함의를 제공해 줄 수 있다.

이 연구를 통해 우리는 말하기를 이해하기 위해서는 말하기 외에도 제스처, 사회적 신호 등과 같은 다양한 신호 방식 그리고 그 신호 방식들 간에 발생되는 상호작용의 복잡성이 보다 더 고려될 필요가 있다는 사실을 확인할 수 있다. 그리고 이러한 연구가 거듭될수록 시간이 지남에 따라 말하기에 관한 우리의 이해의 범위 역시 확장되고 또 급격히 변화해 갈 것이다. 특히, 화자가 자신의 아이디어를 말하는 것을 글쓰기와 유사하게 단순히 선조적인 정보 처리의 과정을 통해 설명될 수 있다는 사실은 지지받지 못할 것이다. 이 논문의 저자는 다음과 같이 결론을 내린다. '우리가 도출한 결과는 지각 수준과 의미 수준 모두에서 정보와 상호작용하는 다중 경로들과 관련지어 자연적인 의사소통의 복잡성을 설명해준다(Straube et al., 2010: 393).' 교육의 측면에서 이를 적용해 보면, 인물과 관련된 정보를 아는 것은 인물과 무관한 정보를 처리하는 과정과 명백한 차이를 보인다. 어떤 인물을 신뢰하는 것은 뇌가 말하기를 '준비'하는 방법에 영향을 미친다. 또한 말하기와 관련한 제스처는 일반적으로 면대면 교실 수업과 더 명확한 관련을 맺고 있다. 아마도 이러한 제스처가 의사소통에 미치는 미묘한 효과를 이해하는 것은 온라인 말하기 수업을 운영하는 교사의 능력과도 명확한 관련을 맺고 있을 것이다.

7.7.2. 잠재적 독자를 위한 연구 제언: 다중 감각 기능(multi-sensory skill)으로 말하기에 대한 인식 기르기

Straube et al.(2010)의 연구 결과는 음성 이외에도 수많은 신호들이 단서가 되어 구어적 의사소통을 돕는다는 사실을 뒷받침해주고 있다. 앞서 서술한 바와 같이, 말하기가 종종 문자 언어가 단순히 구두/청각적 경로로 전달되는 것으로 가르치는 경우들이 있다. 그러나 여기서 보고된 논문은 말하기에 관하여 다른 관점에서 이해할 수 있도록 하는데 도움을 준다. 이 연구는 시각적 단서의 효과 유무에 따라 설명한 바를 청자가 이해하는 것 사이에 잠정적인 차이가 있음을 보고하였다.

1단계: 예비 결정 단계 1: 예비 결정
여기서는 7.3.2장에서 제시한 바와 같이 프레젠테이션을 수행하는 화자의 말하기 속도 연구를 위하여 수집된 데이터로부터 연구가 수행될 수 있음을 보여준다. 피험자에게 목소리만을 녹음한 화자에게 목소리만을 녹음한 자료와 시각적 단서를 포함한 비디오 녹화 자료를 틀어준다고 하자. 이때 프레젠테이션의 어떠한 특정 부분을 선별하여 틀어줄 것인가에 대한 결정이 이루어져야 한다. 예를 들면, 학습자가 전문 용어를 설명하는 장면 혹은 전체 프레젠테이션 장면 이 두 장면들 중에 연구자는 어떤 장면을 사용할 것인지 우선 결정해야 한다. 설명하기나 예시 사용하기와 같이 특정한 기능 범주의 장면을 사용하는 것은 응시, 자세, 그리고 제스처가 그 기능들과 어떤 관련을 맺으며 패턴을 도출하는지를 분석하는 데 용이하다는 이점이 있다. 또 다른 방법으로는 화자가 의미를 향상시키기 위해 제스처를 사용하는 대화 구간을 보여준 뒤 이에 대한 청자나 시청자의 반응을 도출하는 것이다. 청자의 이해를 평가하는 것은 특히 까다로운 절차에 해당한다. 이러한 평가를 위해서는 청자의 주어진 화제에 대한 배경 지식이나 목표 언어에 대한 현재의 듣기 능력 등이 모두 고려되어야 한다.

2단계: 실험 단계

연령, 언어 능력, 교육적 배경을 통해 선정된 두 집단에게 2가지의 조건에서 프레젠테이션 자료 중 일부를 제시하였다. (a) 조건과 (b)조건은 각각 시선의 응시(gaze), 자세, 제스처를 사용하는 화자를 보여주는 비디오와 목소리만 녹음한 녹음 자료이다. 이상적으로는 청자에게 통계적 분석에 적합하게 충분한 양의 자료를 보여주거나 동일한 장면을 여러 유형의 청자들에게 제시하여 직접 분석이 가능하도록 함으로써 연구의 결과를 일반화할 수 있는 것이다. 자료 추출을 위해 피험자들에게 이해 수준을 표시하도록 요청하였다. 이해 수준에 대한 평가는 간단한 리커트 척도(0=완전히 이해하지 못함, 5=완전히 이해함)나 글이나 노트의 형태로 변형하여 회상 검사를 통해 실시할 수 있다. 리커트 척도가 갖는 이점은 대상이 실제로 자신이 이해하고 있는 바를 명확히 설명하기 위해 별도의 글쓰기 능력에 의존하지 않아도 된다는 것이다.

3단계: 결과 분석

(a) 조건에서 청자의 이해 수준이 더 높다면 연구 가설은 지지될 것이다. 또한 이러한 경향과 관련된 추가 분석으로 언어 기능, 제스처 그리고 시각적 자극과 이해도 간의 상관관계를 제시할 수 있을 것이다.

제4부

연구 자원들과 추가 정보

제8장
연구의 경계와 범위

이 장에서는

• 말하기 연구와 타 응용언어학 분야 간의 관계에 관한 내용을 다룰 것이다.

• 다른 학문 분야의 새로운 경향을 바탕으로 한 구어 연구를 제시할 것이다.

8.1. 도입

이 책의 많은 부분에서 언급하였던 것처럼, 언어학 분야 및 응용언어학 분야에서 '통합적 언어 능력으로서의 말하기'에 관한 연구는 현저하게 적었었다. 그러므로 이 책에서 말하기 연구의 전반적인 상황을 제시하기 위해, 말하기 기능에 관한 서로 다른 다양한 분야와 다양한 수준의 연구를 한데 모으고자 했다. 말하기에 대한 통합적 이론은 그 자체로 화용론에서 코퍼스 언어학, 언어 심리학, 음성학에 이르기까지 상호 연관된 여러 학문 분야를 통합하면서도 이들과 분명하게 구분된 '무엇'이어야 한다. 이 두 영역은 언어학에서 잘 알려져 있고 융성한 영역으로, 다수의 다른 이론들과 마찬가지로 모든 맥락과 영역에서 구어 담화에 대한 통합적 이론을 제공하지는 못한다 하더라도 각각 말하기와 관련하여 언급할만한 것이 있다.

우리는 아직 그런 이론을 가지고 있지 않으며, 이 책의 다른 절에서 왜 말하기가 언어학과 응용언어학에서 이러한 모호한 중요도를 가지는지에 관해 부분적으로 다루었다. 담화 분석, 대화 분석, 화용론, 코퍼스 언어학과 신경언어학과 관련된 연구로부터 드러나기 시작한 구어 형식에 관한 통찰의 증가는 이러한 주제를 연구하도록 분명히 요구하겠지만, 언어학의 연구 결과를 좀 더 교육학적으로 유용하게 사용할 필요성이 있다는 것을 의미한다.

이번 장은 특별히 말하기 능력에 관한 연구와 관련이 있는 학문 중 일부를 살펴 보고, 이러한 각 학문 분야의 통찰이 담화 연구와 어떻게 연관될 수 있는지 살펴보고자 한다. 구어 방식에 관한 연구가 음운론, 문법과 구문론과 같은 언어 연구의 좀 더 전통적인 측면뿐만 아니라 세계 문화, 민족지학적 문제, 사회적 문제, 심리학, 생리학에 대한 연구가 되면, 처음에는 구어 자료에 대한 연구 범위의 확대가 지나치게 광범위해 보일지도 모른다. 그러나 필자는 언어 능력 연구와 말하기 능력 연구 사이의 차이를 밝혀야 할 필요성이 있음을 이 책을 통해 주장하고 있다. 이는 기존의 언어 연구에서 강력하게 텍스트 기반 접근법에 근거를 둔 담화의 개념을 넘어서서 최근의 학문 간 통찰에서 이끌어 낸 개념으로 바꿈으로써 가능할 것이다.

다음으로, 말하기 연구의 기반을 확대하는 것은 문어 양식에 관한 연구 태도와 비교했을 때 극단적으로 보이지는 않는다. 문식성(literacy)과 관련된 연구 중 특별히 비판적 언어학(critical linguistics)에서는 쓰기 수행 과정에서 반영되는 사회문화적인 요인의 역할에 대해 오랫동안 인정해 왔다. 이것은 아마도 화법(speech)을 단지 자연스럽고 일차적인 언어의 형태(speech as primary form of)로 개념화하기 때문에 문어 형태와는 다소 다르게 취급되고, 더 나아가 역설적으로 화법 능력 (faculty)에 대한 우리의 이해를 방해한 결과로 생각된다.

8.2. 말하기와 민족지학적·비교문화적 연구

광범위한 수준에서, 담화 연구는 발화자의 문화적 기대를 반영해야 한다. 대화에서의 규칙이나 규범에 대한 이해뿐만 아니라, 말의 의미나 각각의 단어에 대한 해석은 (일반적으로 무의식 중에) 근본적인 문화적 전제의 수용에 의해 영향을 받는다.

언어 행위에 영향을 미치는 문화 간의 잠재적 차이를 더 잘 인지하는 것은 담화 연구에 보다 큰 통찰과 민감성을 불어 넣을 수 있다. 예를 들어, 담화 속도, 억양, 중단 및 자기 수정, 휴지 두기와 침묵하는 태도는 모두 구어 방식에 대한 흥미를 갖는 연구자들이 조사하게 될 영역에 해당한다. 누군가의 담화와 언어 공동체 안에서 그러한 측면(사회문화적 요소(cultural factors)의 영향)이 하나의 해석을 갖게 되면, 다른 환경 속에서 언어 행위와 관련된 요소들이 의미하는 바와 나타내고자 하는 효과는 조금 달라질 것이다. 즉, 침묵은 어떤 문화에서는 불쾌하거나 심지어 무례한 행동으로 해석되지만 또 다른 문화에서는 전혀 문제 없는 행동이거나 공경하는 행동으로 해석되기도 한다. 이러한 문제들에 관한 인식은 담화 연구자들에게 통찰을 제공할 수 있다. 그러나 더 중요한 것은 연구 과정에서 담화 현상을 다루는 데 있어서 우리가 관여하는 언어 구성체에 대한 근본적인 질문을 제기할 수 있다는 것이다. 실제 담화 자료를 활용하여 수행된 조사들은, 특히 양적 기반 조사인 경우, 폭넓은 문화적이고 민족지학적(ethnographic)인 맥락을 완전히 이해하지 못하면 담화에서의 부적절한 요소를 통해 연구 문제에 대한 답을 찾게 될지도 모른다. 민족지학적 영역과 화용론에 관한 연구는 구어 방식, 대화 행위, 사회 행동 간의 관계에 관한 광범위한 질문들과 명확하게 관련이 있다.

8.3. 말하기와 언어심리학

언어심리학 연구는 뇌, 언어, 행동 간의 관계에 초점을 둔다. 예를 들어, '개인 언어는 어떻게 정서적 요인이나 경험적 요인에 영향을 받는가?' 와 같이, 담화 행위에 대한 다양한 심리적 동기보다는 계획 및 전달 수준에서 심리적 과정과 담화 행동 사이의 관련성을 연구하는 경향이 있었다. 언어심리학자들이 관심을 갖는 담화의 양상은 문법, 기억(memory) 및 언어 처리 과정 간의 관계와 좀 더 이론적인 관점에서의 언어 생성과 이해에 관련된 다양한 수준 및 체계 또는 뇌와 언어 습득 간의 관계와 같은 실용적인 주제를 중심으로 다룬다.

8.4. 말하기와 신경언어학

신경언어학은 언어 처리 과정의 생물학적이고 신경학적인 원리에 연구의 초점을 둔다는 점에서 언어심리학과 다르다. 이와 같이, 7장의 끝에서 요약된 것과 같은 담화의 근본적인 측면에 관한 연구는 신경언어학적 틀에서 연구되었다. 오래되고 평판이 좋은 연구 전통에도 불구하고, 어떻게 심리 또는 신경언어학이 주류 응용언어학 및 언어 교육에 미치

는 영향은 거의 없었는가에 주목하는 것은 흥미롭다. 그러나 이 분야와
언어 병리학 또는 언어 치료 간의 강한 관련성은 존재한다.

8.5. 말하기와 코퍼스 언어학

비교적 최근까지, 언어학에서 코퍼스 연구의 대부분은 문어 형태의 증
거를 수집하는 데에 기반을 두었었다. 그리고 전체적으로 문어 방식에
편중되어 있었다. 이는 담화 자료를 전사하는데 많은 시간과 노력이 요
구되는 특징 때문이다. 특히 전자 문서 및 스캐닝의 시대에, 문어 자료
를 캡처하는 것이 상대적으로 쉽다는 것과 비교했을 때, 그 특징은 더
잘 드러난다. 그러나 담화 자료에 관한 관심의 증가 및 개인용 컴퓨터와
인터넷 등 과학 기술의 발달(technological advances)로 인해, 구어
자료에 기반을 둔 많은 프로젝트들이 생산되고 있어, 연구자들의 접근
도가 높아졌다.

또한, 특정 출판사와 다양한 코퍼스들의 생산 사이에 강력한 관계
가 형성된다. 예를 들어, Collins와 코빌드 코퍼스(Cobuild Corpus)
(http://titania.cobuild.collins.co.uk/boe.info.html) 또는 롱맨
(Longman)과 영국 국립 코퍼스(the British National Corpus), 케임
브리지 및 노팅엄 영어 담화 코퍼스 프로젝트 (CANCODE, Cambridge
and Nottingham Corpus of Discourse in English) 등이 있다.

구어 코퍼스 연구는 구어 형식에 관한 많은 통찰을 던져주지만, 담화
에 관한 통합된 이론이나 접근법에 대한 시각에서 코퍼스 언어학에 관
한 연구는 항상 생산된 원본 그대로의 말하기/듣기 경로 및 전체적인 담
화의 맥락으로부터 담화 자료의 표본을 분리하는 경향이 있다. 최근 부

각되기 시작한 멀티미디어 코퍼스의 발전은 이 문제를 다룰 수 있을 지도 모른다. 또한 의사소통 측면에서 이들이 갖는 복잡하고 풍부한 자원들을 통해 정당한 구어 형식과 관련한 모형(model)의 활로를 개척할 수 있을 지도 모른다. 시선, 몸짓, 운율, 구문 및 어휘와 같은 여러 가지 요인들이 연결된 자료를 동시에 제공할 수 있는 코퍼스 분석은 읽기와 쓰기에서 벗어난 모형을 제공해야만 한다.

8.6. 말하기와 새로운 첨단 기술

최근 몇 년 간 빠르게 변화하는 신기술의 발전으로 인해 구어와 문어 방식 간의 전통적인 범위가 모호해지거나 변경되기도 했다. 텍스트부터 음성 소프트웨어, 음성 인식(speech recognition), 로봇 공학, 모바일 기기와 통신까지 다양한 범위에 이르는 여러 가지 갈래가 있다. 많은 연구의 목적은 사용자들이 그들이 다른 사람에게 하는 것과 거의 같은 방식으로 컴퓨터에게 말할 수 있도록 하고 기계가 지침을 수행할 수 있도록 하는 것이다. 인간과 기계 사이의 담화 과정(human-machine speech)을 다루는 주요 응용 프로그램들은 군사 응용 프로그램이나 신체적 기능이 부족한 사람들을 지원하는 것뿐만 아니라 콜센터 자동화, 인터넷 검색까지 포함한다. 교육 공동체의 활용은 더딘 경향이 있지만, 21세기의 처음 10년 동안 모바일 폰 기업들은 모바일 기기를 통해 영어 학습을 제공하기 시작했고, 이러한 프로그램은 특히 중국과 같이 영어 교육에 대한 수요가 대면 교육 시스템의 공급을 초과하는 시장에서 인기가 있게 되었다.

제9장
연구 자원들

이 장에서는

- 연구자들을 위해 엄선한 연구 자원(research resources)들을 제공할 것이다.
- 표 형식으로 연구 과정의 개요를 제시할 것이다.

9.1. 전통적인 도서 자원들

다음의 응용언어학 분야의 주요 학술지(journals)들은 구어 방식 자체가 아니라. 음성 언어의 다양한 측면에 대한 관련 자료를 모두 포함한다. 이러한 제목을 자동 알림 시스템에 추가하고 음성 언어에 대한 개인적인 연구 관심사와 관련된 주요 키워드의 목록을 정기적으로 살펴볼 필요가 있다.

- International Journal of the Sociology of Language
  http://www.degruyter.de/journals/ijsl/

- International Review of Applied Linguistics in Language Teaching (IRAL) http://www.degruyter.de/journals/iral/

• Journal of Applied Linguistics
http://applij.oxfordjournals.org/

• Journal of Politeness Research: Language, Behaviour, Culture
http://www.degruyter.de/journals/jpr/detail.cfm

• Journal of Pragmatics
http://www.elsevier.com/wps/find/journaldescription.cws_home/505593/description#description

• Journal of Sociolinguistics
http://www.wiley.com/bw/journal.asp?ref=1360-6441

• Language
http://muse.jhu.edu/journals/language
• Language & Communication
http://www.elsevier.com/wps/find/journaldescription.cws_home/616/description#description

• Language Learning
http://www.tandf.co.uk/journals/rllj

• Linguistics
http://www.linguistics-journal.com/index.php

• System

http://www.elsevier.com/wps/find/journaldescription.cws_
home/335/ description#description

• TESOL Quarterly

http://www.tesol.org/s_tesol/seccss.asp?CID=209&DID=1679

• The Modern Language Journal

http://mlj.miis.edu/

좀 더 분명하게 담화와 관련된 학술지들은 다음과 같다.

• Computer Speech and Language

http://www.elsevier.com/wps/find/journaldescription.cws_
home/622808/ description#description

• Dialogue and Discourse

http://www.dialogue-and-discourse.org/

• Gesture

http://www.benjamins.com/cgi-bin/t_seriesview.cgi?series=Gest

• International Journal of Speech Technology

http://www.springer.com/engineering/signals/
journal/10772?detailsPage= editorialBoard

- International Journal of Speech, Language & the Law

  http://www.equinoxjournals.com/ojs/index.php/I7SLL

- Journal of Phonetics

  http://www.elsevier.com/wps/find/journaldescription.cws_
  home/622896/ description#description

- Journal of the International Phonetic Association

  http://journals.cambridge.org/action/displayJournal?jid=IPA

- Language and Speech

  http://www.asel.udel.edu/lgsp/

- Phonology

  http://journals.cambridge.org/action/displayJournal?jid=pho

- Pragmatics

  http://www.elsevier.com/wps/find/journaldescription.cws_
  home/505593/ description#description

- Research on Language & Social Interaction

  http://rolsi.lboro.ac.uk/

- Speech Communication

  http://www.elsevier.com/wps/find/journaldescription.cws_
  home/505597/ description#description

• Text & Talk

http://www.degruyter.com/journals/text/detailEn.cfm

• Voice & Speech Review

http://www.vasta.org/publications/voice_and_speech_review/
usr.html

9.2. 사회와 조직

영국 영어 교사 협회의 특수연구회(SIG)인 국제영어교사협의회
(IATEFL)의 일반적인 연구와 발음에 관한 내용은 다음에서 찾을 수
있다.

- *http://resig.iatefl.org/*
- *http://www.reading.ac.uk/epu/pronsig_new.htm*

국제영어교사 양성과정 협회(TESOL Inc)는 미국에 기반을 두고 영어
교육 및 연구에 몰두하는 협회이며 다음 웹 사이트에서 찾을 수 있다.

- *http://www.tesol.org/s_tesol/index.asp.*

말하기와 듣기에 대해 특별한 관심 분야가 있는 협회는 다음과 같다.
- *http://www.soundsofenglish.org/SPLIS/*
검색어: 'TESOL inc', 'TESOL inc pronunciation'

다음 나열된 목록은 구어 양식과 관련된 여타의 학회들이다. 학회 전

체명을 인터넷으로 검색하면 최근 웹페이지에 접속할 수 있을 것이다.

• 미국 방언 학회 (American Dialect Society)
http://www.americandialect.org/

• 통역 번역 연구소(Institute of Translation and Interpreting)
http://www.iti.org.uk/indexMain.html

• 국제 임상 음성학 및 언어학 협회(International Clinical Phonetics &
Linguistics Assoc)
http://www.ucs.louisiana.edu/~mjb0372/ICPLA.html

• 국제 음성 협회(International Phonetic Association)
http://internationalphometicassociation.org/

• 국제 음성학 학회(International Society of Phonetic Science)
http://www.isphs.org/

• 전산 음운론 특수연구회(Special Interest Group for Computational
Phonology (SIGPHON))
http://salad.cs.swarthmore.edu/sigphon/

• VUIDS – 음성 사용자 인터페이스 디자이너들(Voice User Interface
Designers)
http://www.signalprocessingsociety.org/technical-committees/
list/sl-tc/spl-nl/2009-04/vuids/

9.3. 온라인 자원들

인터넷의 발전은 음성 자료에 대한 접근이 점점 더 쉬워지고 있음을 의미한다. 9.4절에 설명된 코퍼스(corpora)뿐만 아니라 소리 기록(sound archive) 자료들은 다음 사이트에서 이용할 수 있으며, 대부분은 다운로드 가능한 사운드 파일을 제공하거나 연구용으로 녹음된 자료를 제공할 수 있다.

• 호주 영화 관련 사운드 아카이브(The Australian Film related sound archive)

http://www.screensound.gov.au/index.html

(주로 영화와 예술에 관한 것이지만 인터뷰 자료 포함)

• (영국) 국립 사운드 아카이브(The (British) National Sound Archive)

http://www.bl.uk/reshelp/findhelprestype/sound/index.html

(정치사를 포함한 일반 및 구술 역사 자료)와 영국 억양 및 방언에 대한 자료:

http://www.bl.uk/reshelp/findhelprestype/sound/accents/accents.html 또는

http://sounds.bl.uk/BrowseCategory.aspx?category=Accents-and-dialects

• 미시간 주립 대학교 음성 도서관(The Michigan State University voice library)

http://vvl.lib.msu.edu/index.cfm (20세기의 모든 미국 대통령 목소리 샘플에 대한 웹 액세스 포함)

• 이 글의 작성 당시, BBC는 영국인들 음성의 단면적 샘플들의 다운로드를 포함하여 영어의 진화에 대한 훌륭한 사이트를 제공하고 있었다.

http://www.bbc.co.uk/radio4/routesofenglish/index.shtml

• 스탠포드 대학의 사운드 레코딩 모음

http://www-sul.stanford.edu/depts/ars/index.html

• 미국 시라큐스 대학의 펠퍼 오디오 아카이브

http://libwww.syr.edu/information/belfer/

• 매우 다양하고 다운로드 가능한 구어체 영어 샘플들이 다음에 의해 제공된다.

http://www.alt-usage-english.org/audio_archive.shtml

• 미국 의회 도서관은 다음 링크를 통해 사운드 아카이브로의 접속을 제공한다.

http://www.loc.gov/index.html

• 영어 이외의 다양한 언어로 된 메타 사이트(다른 웹 자원들과 링크가 그룹화된 사이트)는 'LinguistList'를 통해 찾을 수 있다.

http://linguistlist.org/sp/GetWRListings.cfm?WRAbbrev=Lang
Analysis#wr27

• 미국과 영국 영어의 차이점에 대한 작업을 포함한 EFL(외국어로서의 영어) 환경으로 접속하는 사운드 클립과 사운드 아카이브를 포함하는 사이트는 다음과 같다.

http://eleaston.com/

9.4. 담화 코퍼스들

최근 웹 상에서 접근 가능한 구어 코퍼스가 많아지고 있다. 예를 들어, ICAME 웹사이트(*http://icame.uib.no/icame-www.html*)는 아래의 말하기 데이터가 포함된 코퍼스의 CD-ROM 버전을 판매하고 샘플 파일을 제공한다.

- 런던 룬드 코퍼스(London Lund Corpus)

- 랭커스터/IBM 구어 영어 코퍼스(Lancaster/IBM Spoken English Corpus, SEC)

- 런던 십대 언어의 코퍼스(Corpus of London Teenage Language, COLT)

- 웰링턴 구어 코퍼스(Wellington Spoken Corpus) (New Zealand)

- 국제 영어 코퍼스 – 동아프리카 컴포넌트(The International Corpus of English – East African component)

Aethelstan 사이트(*http://www.athel.com/cspa.html*)에서는 전문적이고 학술적인 구어 상호 작용의 코퍼스를 샘플링하고 관련된 소프트웨어를 구매하는 것 또한 가능하다. http://info.ox.ac.uk/bnc/의 더 일반적인 구어 데이터는 영국 국립 코퍼스(British National Corpus)에서 찾을 수 있다.

인간-컴퓨터 상호작용의 다른 측면과 음성 인식에 대한 연구들을 지원하기 위해 만들어진 많은 음성 코퍼스가 있다. 예를 들어, '벅아이 음성 코퍼스(Buckeye Speech Corpus)' *http://vic.psy ohio-state.edu/*를 참고할 수 있다.

오리건 주립 대학 과학 기술원의 '음성 언어 이해 센터'는 아이들의 음성과 다양한 억양과 언어를 포함하는 전문화된 코퍼스를 만든다. *http://www.cslu.ogi.edu/corporalcorpCurrent.html.* 또한 이 센터는 이러한 코퍼스를 작업할 수 있는 무료 '툴킷'을 제공한다.

다양한 언어에서 음성 코퍼스 또한 증가하여 이를 쉽게 사용할 수 있다.

• 중국어:

http://www.lancs.ac.uk/fass/projects/corpus/LCMC/

http://corpora.tapor.ualberta.ca/wenzhou/

• 러시아어:

http://www.ruscorpora.ru/en/index.html(1930년대부터 2007년까지 구어 러시아어의 하위 코퍼스 포함)

• 로망스어 (이탈리아어, 프랑스어, 포르투갈어, 스페인어):

http://lablita.dit.unifi.it/coralrom/index.html

• 웨일스어:

http://www.language-archives.org/item/oai:talkbank.org-BilingBank-Bangor-Siarad

힌트로 온라인 자원들을 검색할 때 사용하는 '음성+코퍼스'라는 검색어는 일반적인 코퍼스 언어학보다 음성 인식 분야에서 더 많은 결과를 가져올 수 있다. 음성 인식 분야의 '구어 코퍼스'를 검색하는 측면은 더 효과적일 것이며 '구어 코퍼스[언어명]'는 당신이 말하는 거의 모든 언어의 코퍼스로 연결할 것이다. 그럼에도 불구하고, 이 중에 많은 것들이 광범위한 응용 언어 분석보다는 자동 음성 인식을 위해서 만들어질 것이다.

9.5. 음성 인식 및 텍스트 음성 변환 자원들

• 음성 인식을 사용하여 장애 학생을 돕기 위한 아이디어 및 자원들은 다음 사이트에서 확인할 수 있다.

http://www3.edc.org/spk2wrt/lab.html

• 인공 음성을 만들려는 시도의 역사는 다음 사이트에서 확인할 수 있다.

http://www.ling.su.se/stafflhartmut/kemplne.htm

• 7개 언어로 된 텍스트 음성 변환(TTS) 엔진의 예시는 다음 사이트에서 확인할 수 있다.

http://wwaw.nextup.com/TextAloud/

• '텍스트 음성 변환(Text to speech)'이라는 용어를 검색하면 입력된 텍스트로부터 음성 출력을 낼 수 있는 수많은 상용 사이트와 무료 사이트를 찾아갈 수 있다. 작성 당시의 예는 다음과 같다.

http://www.voiceforge.com/

http://www.squidoo.com/text-speech-programs

http://www.talkingonline.com/

http://www.abc2mp3.com/

9.6. 온라인 발음 및 억양 자원들

• 많은 수의 유용한 사이트가 다음에 사이트에 나열된다.

http://www.sunburstmedia.com/PronWeb.html

• 영국 제도 내 서로 다른 억양의 예시를 제공하는 사이트는 다음과 같다.

http://www.phon.ox.ac.uklfiles/apps/old_IViE/

• 보통 미국인들의 담화에서 나타나는 축약형에 대한 음성 파일을 재생하는 데 유용하며 탐색이 쉬운 사이트는 다음과 같다.

http://www.spokenamericanenglish.com/

• 말하기 사전은 자유롭게 사용할 수 있는 것과 같이 일반적이다.

http://www.howjsay.com/

http://www.fonetiks.org/

• 선생님과 학생 모두를 위한 많은 온라인 토론 사이트, 네트워크와 링크된 자원들이 많이 있다.

http://www.englishclub.com/pronunciation/index.htm http://www.bbc.co.uk/worldservice/learningenglishlgrammar/pron/

특별히 '발음 + 비디오'라는 용어로 검색하면 온라인 비디오에서 발음의 다양한 측면을 보여주는 풍부한 소스들을 확인하게 될 것이다.

9.7. 구어 담화에 관심이 있는 응용언어학자를 위한 기타 사이트

• 응용언어학자를 위한 훌륭한 일반 웹 사이트는 다음과 같다.
http://www.linguistlist.org/

• 다음 사이트로부터 다양한 토론 그룹을 검색하거나 참여할 수 있다. 예를 들어, 다음과 같은 담화단체: http://linguistlist.org/lists/ join-list. cfm?List=24 또는 언어와 문화: http://linguistlist.org/lists/ioin-list. cfm?List=46

• 언어 교육 및 연구 정보 센터 (CILT)는 다음에서 포럼과 '가상 언어 센터'를 제공한다.
http://www.linguanet.org.uk/

• 매쿼리 대학교의 담화, 듣기 및 언어 연구 센터는 다음 사이트에서 방문할 수 있다.
http://www.shlrc.mq.edu.au/

• 민족 언어학 및 대화 분석에 대한 온라인 참고문헌 목록이 다음 사이트에 있다.
http:/www2.fmg.uva.nl/emca/

• 비즈니스 상황 담화의 자원들은 다음 사이트에서 확인할 수 있다.
http://www.cambridgeesol.org/teach/bec/bec_higher/speaking/
index.htm

• 교육 자원들 뿐만 아니라, 교육 및 학습 담화에 관한 일반적인 조언은 다
음 사이트에서 확인할 수 있다.
http://eleaston.com/speaking.html

• 매우 유용한 팁, 기술 및 뉴스 사이트는 다음에서 확인할 수 있다.
http:/www.everythingesl.net/

• 대화 생성을 위한 무료 게임 링크가 있는 재미있는 사이트는 다음에서 확
인할 수 있다.
http://www.englishbanana.com/

　힌트로, 온라인 자원들을 검색할 때 이 영역에서의 결과는 매우 다양
할 수 있으며 매우 많은 수의 반송 페이지를 생성할 수도 있다. 따라서
'발음 + 어휘 + 영어' 또는 '발음 억양 + 질문'과 같이 두 개 또는 세 개
의 검색어를 조합하여 시작하는 것이 좋다.

9.8. 나만의 구어 담화 프로젝트로의 전환

　〈그림 9.1과 9.2〉는 응용언어학의 분야에서 실무자와 연구자 또는 연
구자들 간의 복잡한 관계의 일부를 보여준다.

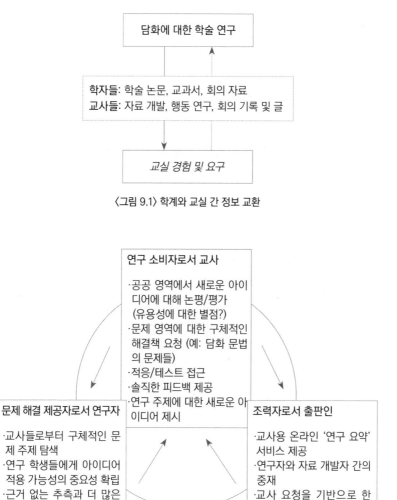

〈그림 9.1〉 학계와 교실 간 정보 교환

〈그림 9.2〉 교사, 연구자, 출판인 간 정보 교환을 위한 순환 과정 예시

담화 데이터에 있어 연구원의 보편적인 문제

- 담화 자체의 이론은 거의 없다.
- 응용언어학에서 독자적으로 담화를 연구한 연구자는 거의 없다.
- 응용언어학 이론에서 '담화'는 종종 '언어'와 융합되어 왔고 이는 연구 프로젝트의 정확한 범위를 구어 형태의 언어로 고정시키는 데 어려움이 생길 수 있다.

담화 연구자의 추가 문제

문제 1 나의 조사 대상은 무엇인가?
- 소리?
- 구조나 형식?
- 담화?

문제 2 나는 어떤 이론적 배경을 사용할 수 있는가?
- 담화 생성 이론?
- 담화 처리 이론?
- 담화 분석 또는 대화 분석의 틀?

문제 3 언어 교육학을 위하여, 목표가 되는 구어 형식은 무엇인가?
- 어떤 방언을 가르쳐야 하는가?
- 정확성이 있는 모델이 만약 있다면, 사용할 것인가?
- 실용적 행동이나 문화적 행동이 있는 모델을 사용할 것인가?

문제 4 나의 데이터를 조사하는 가장 적합한 연구 방법은 무엇인가?
- 양적 연구와/혹은 실험적 연구?
- 질적 연구와/혹은 통합적 연구?

9.9. 연구를 위한 아이디어

9.9.1. 직업에 대한 개인적 경험

연구 주제는 당신의 직업 생활에서 맞닥트리는 문제, 질문이나 도전으로부터 올 수 있다. 현업 종사자로서 이것은 학생 여러분의 화법 능력 숙달, 그들 사이에서의 상호작용의 역동성, 주어진 시점에서 누가 말해야 하는지에 대한 혼란, 화자 역동성이나 대화에 대하여 그들 스스로가 당신에게 한 질문과 연관될 수 있다.

연구의 초기 단계에는 손에 연구 질문 수첩을 지니고 다니며, 작업

〈인용 9.1〉 구어적 학술 담화에서 야기된 문제에 대하여

영어 원어민이 아닌 교사들의 구어적 학술 담화을 둘러싼 의사소통 문제는 미 대학들에서 자라나는 관심사이다. 본 논문은 University of Florida의 한국인, 중국인 대학원생 18명의 비디오 촬영된 교수 시연 분석의 부분적 결과들을 제공한다. 이 분석은 통합적 담화 체계에서 이행된 것이며, 말하자면 언어적 집단의 다양한 수준들의 밀접성을 고려하였다는 것이다.

—Tyler, Jeffries & Davies, 1988: 101

일의 막바지에는 이런 것들에 대한 당신의 의문점들과 생각들을 적어 내려가는 것이 유용하다는 점을 알게 될 것이다. 이것은 연구 질문들을 해결하는 데에 좋은 원천이 될 것이며 이러한 연구 질문들을 촉발시킨 실생활의 질문들을 되돌아보고 연구 프로젝트 개발의 동기를 촉진할 것이다.

작업 맥락에서 경험했던 문제들로부터 가져온 이런 주제의 연구들 사례는 Tyler, Jeffries & Davies(1988)에서 찾아볼 수 있다.

독자에게 연구를 제공하는 것과 관련하여, 이러한 종류의 실생활 문제들은 절박감과 자료들에 대한 호기심을 제공하며 보고서나 기사의 소개 섹션들에 있어 특히 도움이 될 수 있다.

9.9.2. 직업에서의 새로운 국면

연구 주제를 위한 영감(inspiration for research topics)은 또한 직업 전체에 영향을 미치는 것으로 보이는 교실 바깥의 더 넓은 주제들로부터 올 수도 있다.

당신이 쫓고자 하는 전반적인 주제는 의사소통적인 교실 안에서 교사의 변화하는 역할이나 이것이 교사의 발언에 어떻게 반영되는 것인지일 것이다. 교사 발전 면에서 당신은 교사 트레이너들이 어떻게 초보 교사들과 관련이 있으며 (교사 트레이너들이) 그들의 상호작용들의 민족지학적 설문을 어떻게 수행하는지를 조사하고자 할 것이다. 일반적으로, 이런 종류의 주제들은 대부분 그들이 보아온 폭넓은 주제들이 그들의 직업적 삶을 바꾸는 이내에서 발화 기술을 반영하고자 하는 숙련된 전문가 교사들에게 적합하다.

　왜 구어적 담론 작업에 있어서 언어 교사들이 걱정을 해야 되나? 아마
도 학습자의 교육과정이 담화 분석의 소개를 진술해줌으로써 증대될 필요
가 있어서는 때문은 아닐 것이다. 담화가 어떻게 조직되어야 할지 언어 교
사들이 걱정해야만 하는 진짜 이유는 그들이 하고 있는 것의 효과성을 판
단하는 데에 더 도움 되기 때문이다. 만일 교사가 자연적 대화가 포함하는
것이 무엇인지 알고 있다면, 그 또는 그녀는 그들의 학습자가 목표 언어의
효과적인 화자가 되는 데 있어 필요로 하는 담화 기술을 개발하는 데 있어
성공적인지 아닌지 가늠하는 데 우위를 점할 것이다.

—Hoey, 1991: 66

9.9.3. 사회적이거나 실용적인 주제들

　연구를 위한 주제들은 대화의 규범과 관련된 대단히 일반적인 자료들
로부터 유발될 수 있다. 연구 논문을 서면으로 소개하는 초기 단계에서,
연구자들이 그들의 전문적인 주제를 비전문가들이 이해할 수 있을 만
큼의 실제 문제들과 연관시키는 것과 그들이 고려중인 특정 분야의 학
술 주제의 단서를 사용하는 것은 상당히 흔한 일이다.

9.9.4. 출간된 연구와 이론

　초보 연구자들을 위한 질문들의 대단히 보편적인 원천은 이미 존재
하는 저작물과 이론이다. 이것은 아마 어떤 학자가 동료 학자들과 관련
성을 갖는 것으로서 어떤 주제를 제공할 때 가장 빈번한 기술일 것이다.

정상 수준에 있는 대부분의 영어 원어민 화자들은 감사 표현을 '감사합니다(thank you).'라는 단어로 연상한다. 그러나 그들은 기저에 있는 복잡한 규칙들과 화자와 청자 양측을 만족시키는 태도로 감사를 표현하기 위해 요구되는 상호 관계를 눈치채지 못한다.

-Eisenstein & Bodman, 1993: 64

〈인용 9.4와 9.5〉를 참조하라. 초보 연구자들을 위하여, 이전 연구와 당신의 연구 사이의 명백한 연관성을 제공하는 것은 당신이 하고있는 것이 다른 누군가의 연구를 단순히 반복하지 않는다는 것을 확실히하기 위해 당신의 주제 속에 상당히 많은 배경 연구를 수행했다는 것을 보여주는 것이다. 이런 이유를 위하여 증명되지 않은 연구자는 더 경험 많은 학자들보다 훨씬 많은 수의 레퍼런스를 그들의 문헌 리뷰에 첨부해야 할지도 모른다.

연구의 주된 목적이 이전 저작물들을 기반으로 삼으려는 지점에 연구자는 참신함과 제공되고 있는 저작물의 재미를 보여주는 것에 특별히 신경 써야 한다. 즉, 만일 연구의 목적이 실생활의 문제를 해결하거나 직업에서의 성취의 영향을 조사하려는 것이 아니라면, 저작물의 가치는 다른 방향으로 인정받아야 한다. 전통적으로 학술 환경에서 어떤 연구의 적절성은 (어떻게 현장에서의 이전 저작물들로부터 발전하여 커졌는지 보여줌으로써 인정받을 수 있으며, 이전에 완료된 저작물 간의 관련성에 있어 어떤 요구나 간극을 충족시킨다. 연구 주제를 위한 아이디어들을 탐색하기 위해 좋은 장소는, 그러므로 당신 스스로의 저작물의 배경으로서 읽은 글의 논고/마무리 섹션에 있다. 진부하게도, 학술적 글

우리 연구를 위한 또 다른 초점은 미국인들과 일본인들이 어떻게 서로
다른 신분과 이러한 화술 행위를 수행하는지에 대해 있다. 미국인들이 비
교적으로 신분을 더 적게 의식하는 반면에 일본인은 사회적 지위를 아주
의식한다는 것이 일반적으로 알려져 있기 때문에 이러한 질문이 제기되었
다. 예를 들어 Ide(1989)가 주장하기를… 유사하게, Matsumoto(1989)
가 주장하기를…

-Takehashi & Beebe, 1993: 139

비원어민 화자 중간언어로의 이전 연구들은 옳고 vs 그른 목적 언어
형식들 간에서의 다양성에 대한 초점이 지배적이었다. (Tarone, 1975,
1988; Tarone & Parrish, 1988; Schachter, 1986; Ellis 1986, 1987;
Ellis & Roberts, 1987; Preston, 1989) 우리는 이러한 중간언어 다양
성의 연구들과, 이 논문의 주제인 목적 언어 가변성의 연구들을 서로 구
분해야만 한다.

-Haynes, 1992: 43

쓴이는 그들의 현재 저작물의 제한사항들에 대해 인지하고 있다는 것을
이 영역에서 이후의 저작물이 나올 수 있다는 점을 언급함으로써 보여줄
것이며, 이것은 당신이 스스로의 주제에 집중하는 데 도움을 줄 것이다.

9.10. 연구 기술 정리

이 섹션은 당신에게 연구 과정에서의 몇몇 실용적인 절차들과 어떻게 찾아낸 것을 명확하게 제공하는지에 대한 짧은 요약을 제공한다.

9.10.1. 연구 질문

연구를 형상화하는 가장 보편적인 방법은 전체로서 프로젝트의 주된 요점을 요약해주는 오직 아주 중요한 질문에서 찾아내는 것뿐이다. 〈표 9.1〉은 독자들이 이전 챕터들에 제공된 몇몇 글을 읽고 난 뒤 갖게 되며, 이후 저작물을 위한 새롭고 개괄적인 주제가 될 수 있는 중요한 질문들의 예시들을 몇 가지 제공한다.

〈표 9.1〉 이전 저작물들에서 발전한 개괄적인 연구 질문들

글	가능한 추가적 질문들
Liberman (1998)	Liberman이 전제한 것처럼 '쓰기/읽기에 대한 말하기의 생물적 이점'이 존재하는가?
Thompson & Couper-Kuhlen (2005)	화자와 청자가 무엇을 대화의 단위로 간주하는지 그 밖에 어떻게 조사할 수 있는가? 당신은 그들의 접근방식을 L2 수행에 적용할 수 있겠는가? 그리고 그것이 당신에게 무엇을 말해주는가?
Morton (2009)	이 결과물들은 건축 현장에서 왔으며 학생 수행물들을 살핀 것이다. 실제 맥락에서의 전문 건축가들에 의해 수행된 전문적 수행물들과 이것들은 어떻게 다른가? 만일 그것들이 매우 다르다면, 이것이 우리에게 시사하는 바는 무엇이며, 교육과정 설계를 위한 함의는 무엇인가?

9.10.2. 연구의 주기

연구의 절차가 주기적이라는 것을 기억하는 게 도움이 된다. 즉, 최종 뼈대가 세워지고 연구가 수행되기 전까지는 숙달된 연구자는 열린 선택지를 유지할 것이며, 필요한 단계들이 '젤(gel)'이 되기 전까지는 이미 존재하는 아이디어에 상당히 '유동적인' 태도로 새로운 지식들을 추가할 것이다.

우선순위들과 과업들은 주기 속에서 현재 연구자가 있는 단계가 어디인지에 따라 다를 것이며, 좋은 연구는 드물게 복잡하지 않으며, 문제가 없고 선형적인 절차를 갖는다(〈표 9.2〉).

〈표 9.2〉 연구의 주기

연구 순환	초기 단계	중간 단계	최종 단계
생각(주제)	스스로를 위하여 프로젝트의 범위를 규정하라.	범위와 주제를 재규정하고, 초안을 재작성하라.	당초 목적과 관련하여 결과물들의 범위를 확인하고 검토하라.
↓	↓	↓	↓
탐색	기반 읽을거리들; 관련있는 연구 질문들을 설정하기; 시험 연구 수행하기.	주제를 조사하기 위해 연구 활동을 수행하라. 설문 실시하기, 자료, 심화된 읽을거리들과 논의 분석하기.	최종 레퍼런스들을 찾아라. 레퍼런스들을 확인하라. 참고문헌을 완성하라.
↓	↓	↓	↓

생각(청중)	당신 저작물의 평가자들(감독관, 논문 심사위원, 학회 독자층)에 비추어 주제, 개요와 범위를 고려하라 .	양식의 일관성을 목적으로 하며 단골 독자층이 되게 하는 장[Chap.]이나 부분[Section]의 초안을 작성하라. 당신만큼 작업의 세부 사항까지 익숙한 사람은 없다는 점을 명심하라.	연구 지문의 최종 초안을 검토하기: 당신의 연구 진행과정을 겪어보지 못한 독자들에게 말이 통할까? 논리와 당신 생각들의 연속을 보여주는 명확한 연결 부분이 존재하는가? 당신의 소개와 개요를 작성하라.
↓	↓	↓	↓
제출	프로포설[proposal]이나 개요의 형태로 중요한 생각들을 제시하라.	동료 리뷰자, 감독 리뷰자, 학회/세미나, 기타 등등에 초안을 제시하라.	최종안을 제출하라(일반적으로 심지어 제출 이후에도 논평들의 마지막 순환이나 미미한 변화들은 있을 수 있다).

9.10.3. 발표하기와 결과물들에 대한 논평하기와 결론 내리기

〈표 9.3〉 자료 해설 및 그것의 다양한 기능들의 예시

연구 문서에서의 결과물 또는 자료 논평(data commentary) 부분의 기능	앞선 장에서의 사례-연구 기사들의 예
자세한 정보로 독자를 위치시키거나, 유도하기 위한 것.	'표 2와 3은 네 역할극 전체에 걸친 참가자들의 이러한 다른 질문 유형들의 빈도를 요약한다.' (Burns et al., 2008: 329)
중요한 정보로 독자의 관심을 유도하기 위한 것(어떠한 평가적 언어도 없이 단순하게 자료를 반복하는 것이 아니라).	'예상했던 대로, 두 파트너 서로는 가시적 상태의 작업공간에서는 숨겨진 상태의 작업공간에서보다 거의 단어를 사용하지 않았다. 놀랍지도 않게, 감독관은 인부들보다 네 배 이상을 사용했다.' (Clark & krynch, 2004: 67)
자료에 직접적으로 연관 있는 결론을 끌어내려 시작하기 위한 것	'이러한 결과들은 배우 성향과 말하기-몸짓 경연의 특정 페어[parings]의 과정에 있어 관련 있는 뚜렷한 뇌 부위가 있음을 나타낸다.' (Strauube et al., 2010: 389)

9.10.4. 결론 도출하기

〈표 9.4〉 결론의 특성들과 흔한 실수들

새로운 생각/정보를 포함하는가?	✘
논의의 주요 요점에서나 결과물에서의 반복을 포함하는가?	✔
독자에게 '납득'시켜야만 하는 최고의 아이디어에 중점을 두는가?	✔
강점이든 약점이든 상관없이, 모든 요점에 대한 전반적 요약을 제공하는가?	✘
원래의 연구 문제와 명확하게 연계되어 있는가?	✔
응답된 연구 질문들과 얼마나 차이점이 있는지에 대한 느낌을 제공하는가?	✔
연구 과정의 어떤 문제나 제한사항을 숨기는 것이 있는가?	✘
연구의 제한사항과 가능한 차후의 연구에 대해 말해주는가?	✔
연구 텍스트에 명확한 최종 의미를 부여하는가?	✔

용어 사전

인접 쌍(Adjacency pair)

이것은 담화보다 일반적인 대화 분석에서 나온 용어이다. 이론 언어학자들은 분리된 문장, 담화와 대화에 관심이 있을 수 있는 반면에, 분석가들은 서로에 대한 의견을 검토한다. '인접 쌍'이라는 용어는 다른 하나가 없는 특이한 대화구조 속에서 서로 관련이 있다. 영국 표준대화에서는 인사말 쌍('안녕'-'안녕'; '어떻게 지내니?'-'잘 지내.') 또는 감사를 표하는 교환('고마워'-'내가 더 고마워'; '정말 고마워'-'나도 고마워')와 같은 예문이 있다.

회피(Avoidance)

회피는 예를 들어 학습자가 사용하는 양식 범위를 테스트하거나 분석하는 것에 사용되는 용어이다. 학습자는 생산 과정에서 매우 정확할 수 있지만 제한된 양식 범위 내에서 작동한다. 대조적으로, 다른 학습자는 상당한 수의 오류를 발생시킬 수 있으나, 좀 더 복잡한 구조 범위에서 기능한다. 앞에서 언급하고 있는 일에 대한 기술적인 설명은 '회피'이다.

맞장구(Backchannel)

이 용어는 대화 분석과 담화 분석에서 나온 용어이다. 이것은 듣는 사람이 대화 중에 말하는 사람에게 주는 언어 및 비언어적 피드백을 가리킨다(예로, '네', '음' 또는 '알았어').

구절(Circumlocution)

일반적으로 완곡한 표현은 아이디어(아마도 모욕을 일으킬 수 있는 매우 명백한 구절을 피하기 위한)를 표현하기 위한 확장되고, 긴 관행이거나, 우회적인 방법이다. 응용언어학에서 용어는 목표 언어로 단어를 모르는 학습자의 생각을 표현 할 수 있는 능력과 관련하여 의사소통 전략 조사에서 파생된다.

담화표지자(Discourse marker)

이 단어는 화자가 청중(또는 필자)에게 알리기 위해 사용하는 단어나 구이다. 단어나 구는 그 자체로 거의 의미가 없지만, 화제의 구조('알았어', '좋아', '지금') 또는 화자의 의견('응', '그럼', '좋아')과 관련하여 청자에게 참조점을 제공한다.

생략(Ellipsis)

연설과 글쓰기 둘 다에서 발견되었지만, 전자와 관련해서는 덜 연구되었다. 표준문장에는 문장의 '전체' 표현으로 나타나는 특정 문법적 요소가 포함되어 있다. 영어로 우리는 아마도 주어+동사+목적어를 기대하는데, 타동사는 주어졌다. 다른 언어들은 일반적으로 주제 요소를 생략한다. 그러나 일반적으로 예상하는 요소가 생략되면 이 프로세스를 '생략'이라고 한다. 따라서, '준비 됐니?' 대신에 화자가 '너는 준비 됐니?'라고 말하거나, 누군가가 '나는 한다!' 대신에 '한다!'라고 대답하는데, 둘 다 주제와 부동사의 줄임표를 사용하고 있다. 말하는 언어를 배우는 사람은 자연스럽게 줄임표를 사용할 수 있게 되어서 지나치게 형식적이거나 숙고하지 않게 되는 것이 중요하다. 그러나 이것은 패턴이 덜 복잡한 서면 형태와 관련하여 가르치는 것이 훨씬 더 쉽다. 언어에서 줄임표와 관련된 문제는 기초 전체 구조가 얼마나 명확하고 분석에 이용할 수 있는가이다.

표면(겉면) (Face)

이것은 화용론 분야에서 기술적으로 평범하게 사용되는 표현이다. '표면을 잃는 것'이라는 용어는 다른 사람의 눈에서 존경을 잃었다는 것을 의미한다. 대부분의 문화권에서 상당한 양의 대화의 교환은 예의바른 관습이 충족되도록 하는데, 이것은 대화상대가 불편하지 않다고 생각하게 만든다. 이미지 관리는 이것이 가장 분명히 일어나는 대화의 부분을 묘사하는 데 사용되는 용어이다. 예를 들어, 영국 문화에서 연설자들은 대화를 더 발전시키기 전에 건강에 대해 질문하거나 날씨에 대해 이야기 하는 것을 알 수 있다. 특히 어렵거나 당혹스러운 주제를 제기해야 하는 경우 주제를 다루기 전에 상황을 평가하기 위해 꽤 정교한 이미지 관리를 수행해야 할 수 있다. 문화마다 체면이 다르며, 이미지 관리 작업은 서로 다른 언어로 된 매우 다른 방법과 재원을 통해 수행된다.

공식적 언쟁/발언(Formulaic exchange / utterance)

언어에 대한 인간의 능력의 특징 중에 하나는 언어가 허용하는 창의성의 수준에 있다. 그러나 모든 언어가 새롭고 완전히 독특한 것은 아니다. 대화 언쟁의 많은 부분은 매우 예측 가능하지만, 문화와 문화 그리고 언어와 언어에 따라 다를 것이다. 예를 들어, 대화의 시작과 종료는 일반적으로 연설자들이 거의 인식하지 못하는 패턴을 따르지만, 이것이 만약에 깨지면, 혼란과 잘못된 의사소통을 야기할 것이다. 특히 논의의 기능, 예를 들어 음식이나 음료를 제공하는 것(여러분의 문화에서 당신들은 거절하지만, 두 번째로 제공되는 것을 기대하는 것)이나 칭찬을 주고받는 것(당신은 당신이 존경하는 것을 무의식적으로 폄하합니까?)의 패턴을 강하게 확립하는 경향이 있다. 이 패턴들은 매우 전통적이기에 공식적인 교환이나 표현으로 알려져 있다.

대화자/대화상대(Interlocutor)

이것은 언어 송신자/수신자(청자/작가, 청취자/독자)를 위한 더 전문적인 용어이다. 이 단어는 단어에 양방향 통신을 포함되어 있기에 메시지의 방향을 지정할 필요가 없으므로 매우 유용한 용어이다.

억양(Intonation)

이 연설의 흐름 속에서의 측면은 음의 높이, 강조와 속도, 그리고 많은 언어에서 어떤 것이 영향이 있는지에 대한 조합을 통해 고립될 수 있다.

L1

제1언어

L2

제2(혹은 다른)언어

메타언어(Metalanguage)

이 건은 언어와 언어 과정에 대해 이야기 할 때 사용되는 언어이다. 화자들은 표준 대화에 참여할 때 보통 대화 과정에 대해 언급하거나 언어를 추상적으로 의논하지 않는다. 두 명의 화자가 서로에게 '좋은 아침', '좋은 아침' 또는 '안녕', '어떻게 지내니?'라고 말할 수 있지만, 그들은 이것을 드물게 '인사'의 한 쌍 또는 대화 시작의 두 개의 '시작 부분', 하나의 '교환' 또는, '상호작용', '돌다' 또는 '움직이다'와 같이 생각하지 않는다. 이렇게 말하는 사람의 언어를 설명하는 모든 방법이 메타언어의 예이다.

음소론/음소 조직(Phonemics)

의미 있는 소리에 대한 연구는 언어에서는 대조적이다. 예를 들어, 영어에서는 한 단어의 음소 위치에 따라 두 개의 다른 /I/ 소리가 존재하지만, 음소 위치에 따라 한 단어 ('Little'이라는 단어를 말하면 단어의 시작 부분에서는 '밝은' /I/ 소리가 들리고 마지막에는 '어두운' /I/ 소리가 들린다.)와 다른 단어를 구분하는 데 사용하지 않는 두 개의 /I/ 소리가 있다. 반대로 영어에서 두 개의 'th'소리인 /θ/(thin)과 /ə/(these)는 예를 들어, teeth-teethe, wreath-wreathe와 같이 한 단어를 다른 단어와 구별하기 위해서 사용한다.

음성학(Phonetics)

언어의 소리에 대한 연구. 이 연구에서 초점은 서로 관련된 소리의 흐름을 음향 분광분석법이나 음운 기호를 통한 소리의 분석에 있다.

음운 체계/음운론(Phonology)

단어의 소리가 바뀌는 문맥에서 언어의 음향구조에 관한 연구는 다른 언어들의 또는/그리고의 관계에 대한 역사적인 발전을 통해서 나타난다.

화용론(Pragmatics)

담화 분석 연구에서 *실용적*이고, *문화적*이며, *맥락*과 같은 단어들을 '담화 분석 연구'와 '화용론'의 차이점에서 꽤 자주 보게 될 것이고 궁금해할지도 모른다. 전자의 경우, 초점은 생산되는 언어의 실제 단어, 구, 말모듬, 그리고 이러한 어구가 어떻게 상호작용하여 전형적인 패턴을 형성하는가에 더 강하게 초점을 맞춘다. 후자의 경우 많은 종류의 지식, 생각 또는 의사소통에서 행동하게 되는 청자들의 합의에 초점이 맞추어지고, 이것을 '화용론 지식'이라고 가끔 언급한다.

운율체계(Prosody)

단어를 전달하지만 단어와 절의 경계를 넘어 엄격히 기본적인 언어의 소리가 의미하는 언어의 흐름이다. 음의 높이, 음량 그리고 리듬 모두 운율체계의 언어 시스템의 일부이다.

서비스 접점(Service encounter)

담화 분석에서 은행, 우체국, 또는 매표소에서의 만남과 같은 무역과 비즈니스 서비스를 중심으로 하는 구어체 장르를 설명하는 용어이다.

사회언어학(Socio-linguistics)

언어학의 한 가지이며, 특히 언어 사용과 사회적 영향 사이의 상호작용에 관심이 있는 언어학의 분야이다. 담화 분석가들은 대화 내에서 상호작용의 패턴에 관심이 있는 반면에, 사회언어학자들은 개인이나 집단의 연설이 사회적, 경제적, 또는 지리적 요인에 의해 어떻게 영향을 받는가에 관심이 있다.

음성인식(Speech recognition)

컴퓨터 또는 다른 비인간적인 통신장치가 인간과 이해하고 상호작용하는 과정을 말한다.

음성 합성(Speech synthesis)

컴퓨터 시스템을 통해 인간의 말을 흉내 내는 과정이다.

언어 치료/병리학(Speech therapy / pathology)

장애 또는 어린이에게 있어서, 발달의 특정한 단계에서 기대되는 수준 이하의 연설은 언어치료의 도움을 필요로 할 수 있다. 언어 병리학은 사고, 질병, 또는 다른 정신적 외상의 결과에서 나타나는 언어 능력의 문제에서 사용되는 경향이 있다.

구절(Suprasegmental)

이것은 음성학의 용어이다. 언어의 모음과 자음 소리뿐만 아니라 음의 높이, 강조, 억양과 같이 동시에 발생하는 의미 있는 요소들이 있다. 이것들은 연구된 다른 요소들의 경계를 넘어 기능하기 때문에 초분절음이라고 알려진다.

T 단위(T-unit)

이것은 '생각의 구성단위'를 의미한다. 이에 대한 정의는 여러 가지 있지만, 두 가지의 주요영역은 식자율/읽기성 연구 및 구어 장르 연구로 해당된다. 이 개념은 때때로 절과 문장 단위를 정의하기 어려울 때 유용한 것으로 간주한다. 구어 분석에서는 음조를 사용하고 t 단위의 끝을 표시하기 위해 늘임표를 사용하는 것으로 다소 느슨한 정의인 '하나의 생각을 표현하는 단어 그룹'이 강화된다.

텍스트 분석(Text analysis)

이것은 담화 분석과 비슷한 분야이다. 후자는 구어체계에 더 관심을 가지는 반면에 이름에서 알 수 있듯이 텍스트 분석은 문어의 연장된 확장과 그것들이 어떻게 결합되는가에 관한 것이다. 두 분야 모두 절의 수준을 벗어난 요소들 사이에서 언어 패턴과 관계의 공통 관심사를 공유한다.

주고받기(Turn taking)

청자가 다른 사람과 서로 상호작용하는 과정이다. 담화나 대화 분석에 있어서 적은 양의 작업인 청자들이 정확히 말하거나 정확히 듣는 것에서 관심을 가지고 있다.

참고문헌

Aarts, B. and Meyer, C. (eds) (1995). The Verb in Contemporary English: theory and description. Cambridge: Cambridge University Press.

Abercrombie, D. (1967). Elements ofGeneral Phonetics. Edinburgh: Edinburgh University Press.

Anderson, B. (2007). Pedagogical rules and their relationship to frequency in the input: observational and empirical data from L2 French. Applied Linguistics. 28(2): 286-308.

Anthony, E. M. (1963). Approach, method, and technique. ELT Journal. 63-67.

Auer, J. (1959). An Introduction to Research in Speech. New York: Harper and Brothers.

Auer, P. (2009). On-line syntax: thoughts on the temporality of spoken language. Language Sciences. 31: 1-13.

Bachman, L. F. (1990). Fundamental Considerations in Language Testing. Oxford: Oxford University Press.

Bachman. L. F. (2005). Building and supporting a case for test use. Language Assessment Quarterly. 2(1): 1-34.

Bakhtin, M. M. (1986). The problem of speech genres. (Trans. McGee, V. W.) In C. Emerson and M. Holquist (eds), Speech Genres and Other Late Essays. Austin: University of Texas Press, pp. 62-102.

Baldwin, T., Beavers, J., Bender, E.M., Flickinger, D., Kim, A. and Oepen, S. (2005). Beauty and the Beast: what running a broad-coverage precision grammar over the BNC taught us about the grammar - and the corpus. In S. Kepser and M. Reis (eds), Linguistic Evidence: empirical, theoretical and computational perspectives (Studies in Generative Grammar). Berlin: Walter de Gruyter & Co., pp. 49-70.

Barbieri, F. and Eckhardt, S. E. B. (2007). Applying corpus-based findings to form- focused instruction: the case of reported speech. Language Teaching Research. 11(3): 319-346.

Bargiela-Chiappini, F., Nickerson, C. and Planken, B. (2007). Business Discourse. Basingstoke: Palgrave Macmillan.

Barron, A. (2005). Variational pragmatics in the foreign language classroom. System. 33(3): 519-536.

Beaucousin, V., Lacheret, A., Turbelin, M., Morel, M., Mazoyer, B. and Tzourio-Mazoyer, N. (2007). FMRI study of emotional speech comprehension. Cerebral Cortex. 17(2): 339-352.

Benson, P., Chik, A., Gao, X., Huang, J. and Wang, W. (2009). Qualitative research in language teaching and learning journals 1997-2006. The Modern Language Journal. 93(1): 79-90.

Berg, T. (1997). The modality-specificity of linguistic representations: evidence from slips of the tongue and the pen. Journal of Pragmatics. 27(5): 671-697.

Berg, T. and Hassan, A. (1996). The unfolding of suprasegmental representations: a cross-linguistic perspective. Journal of Linguistics. 32: 291-324.

Biber, D. (1988). Variation across Speech and Writing. Cambridge: Cambridge University Press.

Biber, D. (2006). University Language: a corpus-based study of spoken and written registers. Amsterdam: John Benjamins.

Biber, D. and Barbieri, F. (2007). Lexical bundles in university spoken and written registers. English for Specific Purposes. 26: 263-286.

Biber, D. and Reppen, R. (2002). What does frequency have to do with grammar teaching? Studies in Second Language Acquisition. 24: 199-208.

Biber, D., Conrad, S., Reppen, R., Byrd, P. and Helt, M. (2002). Speaking and writing in the university: a multidimensional comparison. TESOL Quarterly. 36(1): 9-48.

Biber, D.,Conrad, S. M., Reppen, R.,Byrd, P., Helt, M.,Clark, V.,Cortes, V., Csomay, E. and Urzua, A. (2004). *Representing Language Use in the University: analysis of the TOEFL 2000 spoken and written academic language corpus.* Princeton, NJ: Educational Testing Service.

Biber, D., Johansson, S., Leech, G., Conrad, S. and Finegan, E. (1999). *Longman Grammar of Spoken and Written English. Harlow: Longman.*

Blake, C. (2009). Potential of text-based internet chats for improving oral fluency in a second language. *The Modem Language Journal. 93(2): 227-240.*

Boxer, D. and Cohen, A. D. (2004). *Studying Speaking to Inform Second Language Learning. Clevedon: Multilingual Matters.*

Brazil, D. (1994). *Pronunciation for Advanced Learners of English. Cambridge: Cambridge University Press.*

Brazil, D. (1995). *A Grammar of Speech. Oxford: Oxford University Press.*

Brown, G. and Yule, G. (1983). *Teaching the Spoken Language: an approach based on the analysis of conversational English. Cambridge: Cambridge University Press.*

Brown, H. D. (1994). *Teaching by Principles: an interactive approach to language pedagogy. Englewood Cliffs, NJ: Prentice Hall Regents.*

Burns, A. and Joyce, H. (1997). *Focus on Speaking. Sydney: National Center for English Language Teaching and Research, Macquarie University.*

Bums, A. and Moore, S. (2008). Questioning in simulated accountant-client consultations: exploring implications for ESP teaching. *English for Specific Purposes. 27: 322-337.*

Butler, F. A., Eignor, D., Jones, S., McNamara, T. and Suomi, B. K. (2000). *TOEFL 2000 speaking framework:a working paper. TOEFL Monograph Series 20. Princeton, NJ: Educational Testing Service.*

Bybee, J. (2006). From usage to grammar: the mind's response to repetition. *Language. 82(4): 529-551.*

Bygate, M., Skehan, P. and Swain, M. (2001). Researching Pedagogic Tasks: second language learning, teaching, and testing. New York: Longman.

Cambridge ESOL.(2009a). Speaking Test Assessment Focus. http://www.cambridgeesol.org/exams/general-english/sji/speaking-assessment.html (accessed July 2009).

Cambridge ESOL. (2009b). Examples of Speaking Performances at CEF Levels A2 to C2. University of Cambridge ESOL Examinations Research and Validation Group.

Carlo, J. L. and Yoo, Y. (2007).'How may I help you?' Politeness in computer-mediated and face-to-face library reference transactions. biformation and Organization. 17: 193- 231.

Carter, R., Hughes, R. and McCarthy, M. (2000). Exploring Grammar in Context. Cambridge:Cambridge University Press.

Carter, R. and McCarthy, M. (1995). Grammar and the spoken language. Applied Linguistics. 16(2): 141-158.

Carter, R. and McCarthy, M. (1997). Exploring Spoken English. Cambridge: Cambridge University Press.

Carter, R. and McCarthy, M. (2006). The Cambridge Grammar of English. Cambridge: Cambridge University Press.

Chafe, W. and Danielewicz, J. (1987). Properties of spoken and written language. In R. Horowitz and S. J. Samuels (eds), Comprehending Oral and Written Language. San Diego, CA: Academic Press, pp. 83-113.

Chapman, S. and Routledge, C. (eds) (2009). Key Ideas in Linguistics and the Philosophy of Language. Edinburgh: Edinburgh University Press.

Cheng, W. and Tsui, A. B. M. (2009). 'Ahh ((laugh)) well there is no comparison between the two I think': How do Hong Kong Chinese and native speakers of English disagree with each other? Journal of Pragmatics. 41: 2365-2380.

Chomsky, N. (1965). Aspects of the Theory of Syntax. Cambridge, MA: MIT Press.

Clark, H. H. and Krych, M. A. (2004). Speaking while monitoring addressees for understanding. Journal of Memory and Language. 50: 62-81.

Clark, H. H. and Wasow, T. (1998). Repeating words in spontaneous speech. Cognitive Psychology. 37(3): 201-242.

Conrad, S. (2000). Will corpus linguistics revolutionize grammar teaching in the 21st century? TESOL Quarterly. 34(3): 548-560.

Coplan, R. J. and Weeks, M. (2009). Shy and soft-spoken: shyness, pragmatic language, and socio-emotional adjustment in early childhood. Infant and Child Development. 18(3): 238-254.

Cornbleet, S. and Carter, R. (2001). The Language of Speech and Writing. London: Routledge.

Croisilie, B., Brabant, M. J., Carmol, T., Lepage, Y., Aimard, G. and Trillet, M. (1996). Comparison between oral and written spelling in Alzheimer's disease. Brain and Language.54(3): 361-387.

Cross, D. (1992). A Practical Handbook of Language Teaching. Hemel Hempstead: Prentice Hall.

Cunningham, S. and Moor, P. (1992). Everyday Listening and Speaking. Oxford: Oxford University Press.

Curl, T. S. (2006). Offers of assistance: constraints on syntactic design. Journal of Pragmatics. 38: 1257-1280.

Darling, A. L. (2005). Public presentations in mechanical engineering and the dis\-course of technology. Communication Education. 54(1): 20-33.

Dat, B. (2003). Materials for developing speaking skills. In B. Tomlinson (ed.), Developing Materials for Language Teaching. London: Continuum, pp. 375-393.

Davies, A. (2008). Textbook trends in teaching language testing. Language Testing. 25(3): 327-347.

Derwing, T. M. (2008). Curriculum issues in teaching pronunciation to second lan\-guage learners. In: J. G. Hansen Edwards and M. L. Zampini (eds), Phonology and Second Language Acquisition. Amsterdam: John Benjamins, pp. 347—370.

Derwing, T. M. and Monro, M. J. (2005). Second language accent and pronunciation teaching: a research-based approach. TESOL Quarterly. 39(3): 378-397.

DIUS. (2009). Adult ESOL core curriculum. Speak to Communicate, Entry level 3. Department of Innovation, Universities and Skills. (http://www.dcsf.gov.uk/curriculum_esol/tree/speaking/speaktocommunicate/e3/) accessed July 2009.

Dörnyei, Z. (2007). Research Methods in Applied Linguistics: quantitative, qualitative, and mixed methodologies. Oxford: Oxford University Press.

Douglas, D. (1997). Testing speaking ability in academic contexts: theoretical consid\-erations. TOEFL Monograph Series. Princeton, NJ: Educational Testing Service.

Douglas, D. (2000). Assessing Languages for Specific Purposes. Cambridge: Cambridge University Press.

Douglas, D. (2004). Discourse domains: the cognitive context of speaking. In D. Boxer and A. D. Cohen (eds), Studying Speaking to Inform Second Language Learning. Bristol: Multilingual Matters Ltd., pp. 25-44.

Drew, P. and Heritage, J. (1992). Talk at Work. Cambridge, England: Cambridge University Press.

Eisenstein, M. and Bodman, J. (1993). Expressing gratitude in American English. In G. Kasper and S. Blum-Kulka (eds), Interlanguage Pragmatics. New York: Oxford University Press.

Ellis, A. W., Burani, C., Izura, C., Bromiley, A. and Venneri, A. (2006). Traces of vocabulary acquisition in the brain:evidence from covert object naming. Neuroimage. 33(3): 958-968.

Ellis, R. (1986). Understanding Second Language Acquisition. Oxford: Oxford University Press.

Ellis, R., Basturkmen, H. and Loewen, S. (2002). Doing focus-on-form. System. 30: 419-432.

ETS. (2008). iBT/Next Generation TOEFL Test ETS Independent Speaking Rubrics, https:// www. ets. org/Media/ Tests/TOEFL/pdf/lndependent_Speaking_ Rubrics_2008.pdf (accessed June 2009).

ETS (2009). The TOEFL®iBT: Improving Your Speaking Skills. http://www. ets. org/portal/ site/ets/menuitem. 1488512ecfd5b8849alibi 3bc3921509/?vgnext oid=6328e282afl 78010VgnCVM10000022f95190RCRD&vgnextchannel=fc af215790d68010VgnV CM10000022f95190RCRD (accessed 13 June 2009).

Fitch, W. T., Hauser, M. D. and Chomsky, N. (2005). The evolution of the language faculty: clarifications and implications. Discussion/Cognition. 97: 179-210.

Florez, M. C. (1999). Improving adult English language learners' speaking skills. Report for National Clearinghouse for ESL Literacy Education (NCLE). Washington, DC: National Clearinghouse for ESL Literacy Education.

Folse, K. S. (2006). The Art of Teaching Speaking. Mahwah, NJ: Lawrence Erlbaum.

Ford, C. E., Fox, B. A. and Thompson, S. A. (2002). Constituency and the grammar of turn increments. In Cecilia E. Ford, Barbara A. Fox and Sandra A. Thompson (eds), The Language of Turn and Sequence. Oxford: Oxford University Press, pp. 14-38.

Fowler, C. A. (2008). The FLMP STMPed. Psychonomic Bulletin & Review. 15(2): 458-462.

French, P. and Local, J. (1983). Turn-competitive incomings. Journal of Pragmatics. 7: 17-38.

Fulcher, G. (2003). Testing Second Language Speaking. London: Pearson Longman.

Gammidge, M. (2004). Speaking Extra. Cambridge:Cambridge University Press.

Gan, Z., Davison, C. and Hamp-Lyons, L. (2009). Topic negotiation in peer group oral assessment situations: a conversation analytic approach. Applied Linguistics. 30(3):

Gattegno, C. (1976). The Common Sense of Teaching Foreign Languages. New

York: Educational Solutions.

Gimson, A. C. (1978). *A Practical Course of English Pronunciation*. London: Edward Arnold.

Goodwin, C. (1981). *Conversational Organisation: interaction between speakers and hearers*. New York: Academic Press.

Grabe, E. and Low, E. L. (2002). Durational variability in speech and the Rhythm Class Hypothesis. In C. Gussenhoven and N. Warner (eds), *Papers in Laboratory Phonology7*. Cambridge: Cambridge University Press.

Grosjean, F. (1983). How long is the sentence? Prediction and prosody in the on-line processing of language. *Linguistics*. 21: 501-529.

Grosjean, F. and Hirt, C. (1996). Using prosody to predict the end of sentences in English and French: normal and brain-damaged subjects. *Language and Cognitive Processes*. 11(1): 107-134.

Guardian. (2008). Wanted:English speakers with fluency in sarcasm. *The Guardian newspaper*, Tuesday 29 January 2008, http://www.guardian. co.uk/education.2008/jan29/furthereducation.teflaccessed 15 May 2009.

Gunn, B. (trans.) (1906). *The Instruction of Ptah-ho-tep and the Instruction o Kegemni: the oldest books in the world*. London: John Murray.

Halliday, M. A. K. (1989). *Spoken and Written Language*. Oxford:Oxford University Press.

Hammerly, H. (1991). *Fluency and Accuracy: towards balance in language teaching and learning*. Bristol, PA: Multilingual Matters Ltd.

Hamp-Lyons, L. (1997). Washback, impact and validity: ethical concerns. *Language Testing*. 14:295-303

Hamp-Lyons,L. The impact of testing practices on teaching: ideologies and alternatives. In J. Cummins and C. Davison (eds), *International Handbook of English Language Teaching*. New York: Springer.

Hargreaves, R. and Fletcher, M. (1979). *Making Polite Noises*. London: Evans.

Hatch, E. (1992). *Discourse and Language Education. Cambridge: Cambridge University Press.*

Haynes, L. A. (1992). *The development of speaking/writing variability in narratives of non-native English speakers. Issues in Applied Linguistics.3(1): 43-67.*

Heritage, J. and Maynard, D. W. (eds) (2006). *Communication in Medical Care: interaction between primary care physicians and patients. Cambridge: Cambridge University Press.*

Hewings, M. (2004). *Pronunciation Practice Activities Book and Audio CD Pack: a resource book for teaching English pronunciation. Cambridge: Cambridge University Press.*

Hincks, R. (2010). *Speaking rate and information content in English lingua franca oral presentations. English for Specific Purposes. 29: 4-18.*

Hoey, M. (1991). *Some properties of spoken discourses. In R. Bowers and C. Brumfit (eds), Applied Linguistics and English Language Teaching. Oxford: Modern English Publications in association with The British Council.*

Horowitz, R. (2006). *Talking Texts: bow speech and writing interact in school learning. London: Routledge.*

Howatt, A. P. R. (1985). *A History of English Language Teaching. Oxford: Oxford University Press.*

Howatt, A. P. R. and Widdowson, H. G. (2004). *History of English Language Teaching ELT,2nd edn. Oxford: Oxford University Press.*

Hu, G. and Lindemann, S. (2009). *Stereotypes of Cantonese English, apparent native/non-native status, and their effect on non-native English speakers' perception. Journal of Multilingual and Multicultural Development. 30(3): 253-269.*

Hughes, R. (1996). *English in Speech and Writing: investigating language and literature. London: Routledge.*

Hughes, R. (2004). *Testing the visible, literate biases in oral language testing. Journal of Applied Linguistics. 1(3): 295-309.*

Hughes, R. (2010). Researching speaking. In B. Paltridge and A. Phakiti (eds), Continuum Companion to Research Methods in Applied Linguistics. London: Continuum. Hughes, R. and McCarthy, M. (1998). Sentence grammar and discourse grammar. TESOL Quarterly. 32(2): 263-287.

Hyland, K. (2009). Teaching and Researching Writing, 2nd edn. Harlow: Longman. IELTS (2007). IELTS: International English Language Testing System Handbook. IELTS (2009). IELTS Speaking Band Descriptors (Public). http://www.ielts.org/PDF/ UOBDs_SpeakingFinal.pdf

Jefferson, G. (2004). Glossary of transcript symbols with an introduction. In G. H. Lerner (ed.), Conversation Analysis: studies from the first generation. Amsterdam/ Philadelphia: John Benjamins, pp. 13-31.

Jenkins, J. (2000). The Phonology of English as an International Language. Oxford: Oxford University Press.

Jenkins, J. (2006). The spread of EIL: a testing time for testers. ELT Journal. 60(1): 42-50. Johns, T. (1991). From printout to handout: grammar and vocabulary learning in the context of data-driven learning. English Language Research Journal. 4: 27-45. Johnson, M. and Tyler, A. (1998). Re-analysing the OPI: how much does it look like natural conversation? In R. Young and A. Weiyn He (eds), Talking and Testing: discourse approaches to the assessment of oral proficiency. Amsterdam and Philadelphia: John Benjamins Publishing Company, pp. 27-51.

Kaplan. (2009). Kaplan IELTS 2009-2010 Edition. New York: Kaplan Publishing. Keller, E. and Warner, S. T. (1988). Conversation Gambits. Hove: Language Teaching Publications.

Klein, W. and Purdue, C. (eds) (1992). Utterance Structure: developing grammars again. Amsterdam and Philadelphia, PA: John Benjamins Publishing Co.

Knowles, G. (1990). The use of spoken and written corpora in the teaching of language and linguistics. Literary and Linguistic Computing. 5: 45-48.

Komos, J. (2006). Speech Production and Second Language Acquisition. London:

Routledge.

Krashen, S. D. (1981). Second Language Acquisition and Second Language Learning. Oxford: Pergamon.

Krashen, S. D. (1982). Principles and Practice in Second Language Acquisition. Oxford: Pergamon.

Krashen, S. D. (2008). Language education: past present and future. RELC Journal. 39(2): 178-187.

Kumaravadivelu, B. (2006). Understanding Language Teaching: from method to post-method. London: Routledge.

Kvarnström, S. and Cedersund, E. (2006). Discursive patterns in multiprofessional healthcare teams: nursing and health care management and policy. Journal of Advanced Nursing. 53(2): 244-252.

Lam, P. W. Y. (2010). Discourse particles in corpus data and textbooks: the case of well. Applied Linguistics. 31(2): 260-281.

Lee, Yong-Won (2006). Dependability of scores for a new ESL speaking assessment consisting of integrated and independent tasks. Language Testing. 23(2): 131-166.

Lennon, P. (1990). Investigating fluency in EFL: a quantitative approach. Language Learning. 40(3); 387-417

Levelt, W. J. M. (1989). Speaking: from intention to articulation. Cambridge, MA and London: MIT Press.

Lewis, M. (1982). Partners 3: more demanding pair work practices. Hove: Language Teaching Publications.

Liberman, A. M. (1997). How theories of speech affect research in reading and writing. In B. A. Blachman (ed.), Foundations of Reading Acquisition and Dyslexia: implications for early intervention. Mahwah, NJ: Lawrence Erlbaum Associates, pp. 3-19.

Liberman, A. M. (1998). When theories of speech meet the real world. Journal of

Psycholinguistic Research. 27(2): 111-122.

Liberman, A. M. (1999). The reading researcher and the reading teacher need the right theory of speech. Scientific Studies of Reading: The official journal of the Society for the Scientific Study of Reading. 3(2): 95-113.

Liberman, I. Y.,Shankweiler, D. and Liberman, A. M. (1989). The alphabetic princi\-ple and learning to read. In D. Shankweiler and I. Y. Liberman (eds), Phonology and Reading Disability: solving the reading puzzle. Ann Arbor: University of Michigan Press.

Lindquist, H. and Mair, C. (2004). Corpus Approaches to Grammaticalization in English. Amsterdam: John Benjamins.

Lloyd James, A. (1940). Speech Signals in Telephony. London: Pitman and Sons.

Lotto, A. J., Hickok, G. S. and Holt, L. L. (2008). Reflections on mirror neurons and speech perception. Trends in Cognitive Sciences.13(3): 110-113.

Lougheed, L. (2006). Barron 's How to Prepare for the IELTS. U.S.: Barrons Education Series Inc.

Low, E. L. and Grabe, E. (1995). Prosodic patterns in Singapore English. In K. Elenius and P. Banderud (eds), Proceedings of the 13th International Congress for Phonetic Sciences, Stockholm, 3, pp. 636-639.

Lumley, T. and O'Sullivan, B. (2005). The effect of test-taker gender, audience and topic on task performance in tape-mediated assessment of speaking. Language Testing. 22(4): 415-437.

Luoma, S. (2004). Assessing Speaking. Cambridge: Cambridge University Press.

Lynch, T. and Anderson, K. (1992). Study Speaking: a course in spoken English for aca\-demic purposes. Cambridge:Cambridge University Press.

McCarthy, M. (1991). Discourse Analysis for Language Teachers. Cambridge: Cambridge University Press.

McCarthy, M. (1998). Spoken Language and Applied Linguistics. Cambridge: Cambridge University Press.

McCrum, R. (2006). So, what's this Globish revolution? http://www.guardian. co.uk/tbeobserver/2006/dec/03/features.review37 accessed 16 May 2009.

McEnery, A., Xiao, R. and Tono, Y. (2005). Corpus-based Language Studies. London: Routledge.

McLaughlin, B. (1987). Theories of Second-language Learning. London: Edward Arnold.

McMurray, B., Samelson, V.M., Lee, S.H. and Tomblin, J.B. (2010). Individual differ\-ences in online spoken word recognition: implications for SLI. Cognitive Psychology. 60(1): 1-39.

McNamara, T. (2001). Language assessment as social practice: challenges for research. Language Testing. 18: 333-349.

Maniwa, K., Jongman, A. and Wade, T. (2009). Acoustic characteristics of clearly spoken English fricatives. Journal of the Acoustic Society ofAmerica. 125 (6): 3 962—3973. Marsi, E., Busser, B.,Daelemans, W., Hoste, V., Reynaert, M. and Bosch., A. van den. (2002). Combining information sources for memory-based pitch accent placement. In 7tb International Conference on Spoken Language Processing (Denver, CO, 2002), 1273-1276.

Meeuwesen, L., Tromp, F., Schouten, B. C. and Harmsen, J. A. M. (2007). Cultural differences in managing information during medical interaction:how does the physician get a clue? Patient Education and Counseling. 67: 183-190.

Meroni, L. and Crain. S. (2003). How children avoid kindergarten paths. Proceedings of 4th Tokyo Conference on Psycholinguistics. Hitsuji Shobo. Tokyo, Japan.

Meyer, C. F. (1995). Coordination ellipsis in spoken and written American English. Language Sciences. 17: 241-269.

Mindt, D. (2002). What is a grammatical rule? In L. E. Breivik and A. Hasselgren (eds), From the COLT'S Mouth ... and Others:language corpora studies in honour of Anna-Brita Stenstrom. Oxford University Press, pp. 197-212.

Moore, C. (2007). The spread of grammaticalized forms: the case of be+supposed to.

Journal of English Linguistics. 7(35): 117-131.

Mori, J. (2007). Border crossings? Exploring the intersection of second language acquisition, conversation analysis, and foreign language pedagogy. The Modem Language Journal. 91(5): 849-862.

Morton, J. (2009). Genre and disciplinary competence: a case study of contextualiza- tion in an academic speech genre. English for Specific Purposes. 28(4).

Mushin, I. and Gardner, R. (2009). Silence is talk: conversational silence in Australian Aboriginal talk-in-interaction. Journal of Pragmatics. 41: 2033-2052.

Nariyama, S. (2004). Subject ellipsis in English. Journal of Pragmatics. 36(2): 237—264. Nation, I. S. P. and Newton, J. (2008). Teaching EFL/ESL Listening and Speaking. London: Routledge.

Nelson, G. (1997). Cleft constructions in spoken and written English. Journal of English Linguistics. 25: 340-348.

Nelson, G. L., Mahmood, A. and Nichols, E. (1996). Arabic and English compliment responses: potential for pragmatic failure. Applied Linguistics. 17(4): 411-432. Nestor, M. and Vogel, I. (2007). Prosodic Phonology. The Hague: Mouton de Gruyter. O'Connell,D. C. and Kowal, S. (2009). Transcription systems for spoken discourse. In S. D'Hondt,J.

Östman, and J. Verschueren (eds), The Pragmatics of Interaction. Amsterdam: John Benjamins, pp. 240-254.

Oiler, J. W., Jr. (1983). Evidence for a general language proficiency factor: an expectancy grammar. In J. W. Oiler, Jr. (ed.), Issues in Language Testing Research. Rowley, MA: Newbury House, pp. 3-10.

O'Malley,J. M. and Valdez Pierce, L. (1996). Authentic Assessment for English Language Learners: practical approaches for teachers. New York: Addison Wesley.

Ono, T. and Thompson, S. A. (1995). What can conversation tell us about syntax? In

Philip W. Davis (ed.), Descriptive and Theoretical Modes in the Alternative Linguistics. Amsterdam:John Benjamins, pp. 213-271.

O'Sullivan, B. (2000). Exploring gender and oral proficiency interview performance. System. 28: 1-14.

Özçaliᵒkan, S. and Goldin-Meadow, S. (2005). Gesture is at the cutting edge of early language development. Cognition. 96(3): 101-113.

Paltridge, B. and Phakiti, A. (eds) (2010). Continuum Companion to Research Methods in Applied Linguistics. New York/London: Continuum.

Partala, T. and Surakka, V. (2004). The effects of affective interventions in human-computer interaction. Interacting with Computers.16(2): 95-309.

Pickering, L. (2006). Current research on intelligibility in English as a Lingua Franca. Annual Review of Applied Linguistics. 26: 219-233.

Pike, K. L. (1945). The Intonation of American English. Ann Arbor, MI: University of Michigan Publications.

Prabhu, N. S. (1987). Second Language Pedagogy. Oxford: Oxford University Press.

Prodromou, L. (2008). English as a Lingua Franca: a corpus based analysis. London: Continuum.

Quintilian. (2006). Institutes of Oratory.L. Honeycutt (ed.), (J. S. Watson, Trans.). Retrieved Jan. 19, 2010, from http://honeyl.public.iastate.edu/quintilian/ (Original work published 1856).

Richards, J. C. and Rodgers, S. T. (2001). Approaches and Methods in Language Teaching. Cambridge: Cambridge University Press.

Riggenbach, H. (1998). Evaluating learner interactional skills: conversation at the micro level. In R. Young and A. Weiyun He (eds), Talking and Testing: discourse approaches to the assessment of oral proficiency. Studies in Bilingualism, 14. Amsterdam and Philadelphia: John Benjamins, pp. 53-(57.

Rignall, M. and Furneaux, C. (1997). Speaking (English for Academic Study series). Hemel Hempstead: Prentice Hall.

Rivers, W. M. and Temperley, M. S. (1978). *A Practical Guide to the Teaching of English as a Second or Foreign Language.* New York: Oxford University Press.

Rost, M. (2002). *Teaching and Researching Listening.* Harlow: Longman.

Riihlemann, C. (2006). Coming to terms with conversational grammar 'dislocation' and 'dysfluency'. *International Journal of Corpus Linguistics.* 11(4): 385-409.

Salter, C., Holland, R., Harvey, I. and Henwood, K. (2007). 'I haven't even phoned my doctor yet/ the advice giving role of the pharmacist during consultations for medi\-cation review with patients aged 80 or more: qualitative discourse analysis. *British Medical Journal.* 2007 May 26; 334(7603): 1101.

Samuda, V. and By gate, M. (2008). *Tasks in Second Language Learning.* Basingstoke: Palgrave Macmillan.

Sarwark, S., Smith, J., MacCullam, R. and Cascallar, E. C. (1995). *A Study of Characteristics of the SPEAK Test.* RR94-47. Princeton, NJ: Educational Testing Service.

Schegloff, E. A. (1981). Discourse as an interactional achievement: some uses of 'uh huh' and other things that come between sentences. In D. Tannen (ed.), *Analysing Discourse: text and talk.* Washington, DC: Georgetown University Press, pp. 71-93.

Schegloff, E. A. (1987). Recycled turn beginnings:a precise repair mechanism in conversation's turn-taking organisation. In G. Button and J. R. Lee (eds), *Talk and Social Organisation.* Clevedon: Multilingual Matters, pp. 70—85.

Seidlhofer, B. (2001). Pronunciation. In R. Carter and D. Nunan (eds), *The Cambridge Guide to Teaching English to Speakers of Other Languages.* Cambridge: Cambridge University Press.

Sheridan, T. (1781). *A Rhetorical Grammar of the English Language (reprinted 1969).* Menston, UK: The Scholar Press.

Shin, D. H. (1989). Effect of formal vs. informal environments and Krashen's

Monitor Model. Unpublished Master's thesis, University of Birmingham, Birmingham, West Midlands.

Shohamy, E. (2001). *The Power of Tests: a critical perspective on the uses of language tests.* London: Pearson.

Simpson, J. (2006). *Differing expectations in the assessment of the speaking skills of ESOL learners. Linguistics and Education. 17: 40-55.*

Sinclair, J. and Coulthard, M. (1975). *Towards an Analysis of Discourse: the English used by teachers and pupils.* London: Oxford University Press.

Skehan, P. (2007). *Language instruction through tasks. In J. Cummins and C. Davison (eds), International Handbook of English Language Teaching. New York: Springer, pp. 289-301.*

Snedeker, J. and Trueswell, J. (2001). *Unheeded cues: prosody and syntactic ambiguity in mother-child communication. Paper presented at the 26th Boston University Conference on Language Development.*

Snedeker, J. and Trueswell, J. (2004). *The developing constraints on parsing decisions: the role of lexical biases and referential scenes in child and adult sentence process\-ing. Cognitive Psychology.49(3): 238-299.*

Speer, S. J. and Ito, K. (2009). *Prosody in first language acquisition - acquiring into\-nation as a tool to organize information in conversation. Language and Linguistics Compass. 3(1): 90-110.*

Stenström, A-B. (1990). *Lexical items peculiar to spoken discourse. In J. Svartvik (ed.), The London—Lund Corpus of Spoken English: description and research. Lund Studies in English 82. Lund: Lund University Press, pp. 137-176.*

Straube, B., Green, A., Jansenc, A., Chatterjeeb, A., and Kircherc, T. (2010). *Social cues, mentalizing and the neural processing of speech accompanied by gestures. Neuropsychologia. 48: 382—393.*

Svartvik, J. (ed.) (1990). *The London-Lund Corpus of Spoken English: description and research. Lund Studies in English 82. Lund: Lund University Press.*

Svartvik, J. (1991). *What can real spoken data teach teachers of English? In J. E. Alatis (ed.), Georgetown University Round Table on Languages and Linguistics 1991. Washington, DC: Georgetown University Press, pp. 555-566.*

Sweet, H. (1900). *The Practical Study of Languages: a guide for teachers and learners. New York: Henry Holt and Company.*

Szczepek-Reed, B. (2007). *Prosodic Orientation in English Conversation. Basingstoke: Palgrave Macmillan.*

Takehashi, T. and Beebe, L. M. (1993). *Cross-linguistic influence in the speech act of correction. In G. Kasper and S. Blum-Kulka (eds), Interlanguage Pragmatics.New York: Oxford University Press, pp. 138-157.*

Tan, A. A. and Molfese D. L. (2009). *ERP correlates of noun and verb processing in preschool-age children. Biological Psychology. 80(1): 46-51.*

Taylor, L. (2006). *The changing landscape of English: implications for language assessment. ELT Journal. 60(1): 51-9.*

Taylor, L. and Falvey, P. (2007). *IELTS Collected Papers: research in speaking and writing assessment. Cambridge: Cambridge University Press.*

ten Have, P. (2007). *DoingConversation Analysis. London: Sage Publications.*

Thompson, S. A. and Couper-Kuhlen, E. (2005). *The Clause as a locus of grammar and interaction. Language and Linguistics. 6(4): 807-837.*

Thornbury, S. and Slade, D. (2006). *Conversation: from description to pedagogy. New York: Cambridge University Press.*

Tribble, C. and Jones, G. (1990). *Concordances in the Clasroom: a resource book for teachers. Harlow: Longman.*

Tyler, A. E., Jeffries, A. A. and Davies, C. E. (1988). *The effect of discourse structur\-ing devices on listener perceptions of coherence in non-native university teachers' spoken discourse. World Englishes. 7(2): 101-110.*

Underhill, N. (1987). *Testing Spoken Language: a handbook of oral testing techniques. Cambridge: Cambridge University Press.*

Uppstad, P. H. and Tonnessen, F. E. (2007). The notion of 'phonology' in dyslexia research: cognitivism and beyond. Dyslexia. 13: 154-174.

Ur, P. (1996). A Course in Language Teaching: practice and theory. Cambridge: Cambridge University Press.

Usó-Juan, E. and Martínez-Flor, A. (eds) (2006). Current Trends in the Development and Teaching of the Four Language Skills. Berlin: Mouton de Gruyter.

Vachek, J. (1966). Some remarks on writing and phonetic transcription. In E. Hamp, F. Householder and R. Austerlitz (eds), Readings in Linguistics. 2. Chicago:University of Chicago Press.

Vachek, J. (1973). Written Language: general problems and problems of English. The Hague: Mouton.

Van Avermaet, P., Colpin, M., van Gorp, K., Bogaert, N. and van den Branden, K. (2007). The role of the teacher in task-based language teaching. In K. van den Branden (ed.) Task-Based Language Education: from theory to practice. Cambridge: Cambridge University Press, pp. 175-196.

Van den Branden, K. (ed.) (2006). Task-Based Language Education: from theory to practice. Cambridge: Cambridge University Press.

Viney, P. and Viney, K. (1996). Handshake: a course in communication. Oxford: Oxford University Press.

Wallwork, A. (1997). Discussions A-Z, Intermediate: a resource book of speaking activities. Cambridge: Cambridge University Press.

Walsh, S. (2006). Talking the talk of the TESOL classroom. ELT Journal. 60(2): 133-141.

Watanabe, M., Hirose, K., Den, Y. and Minematsu, N. (2008). Filled pauses as cues to the complexity of upcoming phrases for native and non-native listeners. Speech Communication. 50: 81-94.

Webber, P. (2005). Interactive features in medical conference monologue. English for Specific Purposes. 24(2): 157-181.

Wennerstrom, A. (2001). The Music of Everyday Speech. New York: Oxford.

찾아보기

지은이

레베카 휴즈(Rebecca Hughes)

레베카 휴즈(Rebecca Hughes)는 18년간 영국 노팅엄 대학교(University of Nottingham)의 응용 언어학과 교수로 재직하였고, 2000년부터 2010년까지 약 10년간 이 대학의 영어교육센터(CELE)의 책임자로 활동하였다. 2017년 이후부터 현재까지 노팅엄 대학교의 말레이시아 캠퍼스에 소재하고 있는 The School of Media, Languages and Cultures(SMLC) 전공의 명예 교수로 재직하고 있다. 그녀는 국제 고등교육과 관련하여 영국 문화원(British Council)의 학교, 기술, 사회 및 고등 교육을 위한 영국 문화위원회의 주요 이사로 활동했고, 2017년부터 현재까지, Learning and Teaching국제 바깔로레아 기구(International Baccalaureate Organization)의 교수 학습 분야의 총책임자(Chief Officer)로 활동하고 있다. 그녀는 고등교육 분야뿐 아니라 국제화 교육 분야에서 영어 교육 프로그램과 코스 개발에 영어 교육 프로그램을 개발하는 역할을 담당하였다. 주요 연구 분야는 제2언어 말하기와 쓰기 등의 표현 영역의 교수 학습 및 평가와 TESOL, 응용언어학(Applied Linguistics) 등이다. 주요 저서로는 『English in Speech and Writing: Investigating Language and Literature(2005)』, 『Spoken English, TESOL and Applied Linguistics(2006)』, 『Spoken English, TESOL and Applied Linguistics(2006)』, 등이 있다.

옮긴이

최숙기(Choi Sook Ki)

한국교원대 국어교육과 교수. 제1언어 및 제2언어 평가 및 교수법에 관심을 두고 연구하고 있고, 저서로『읽기 교육 방법론』이 있고 공저로『쓰기 지도 방법』,『독서교육론』,『교실 수행 평가의 올바른 방향』등의 논저가 있다.

박영민(Park Young Min)

한국교원대학교 국어교육과 교수. 국어과교육과정, 쓰기 지도 방법, 쓰기 평가 방법에 관심을 두고 연구하고 있으며, 공저로『쓰기 지도 방법』,『작문교육론』,『독서교육론』, 공역으로『작문 교육 연구의 주제와 방법』등의 논저가 있다.

말하기 지도와 말하기 연구의 방법
Teaching and Researching Speaking(Second Edition)

© 글로벌콘텐츠, 2019

1판 1쇄 인쇄__2019년 03월 21일
1판 1쇄 발행__2019년 03월 31일

지은이__Rebecca Hughes
옮긴이__최숙기·박영민
펴낸이__홍정표

펴낸곳__글로벌콘텐츠
　　　　등록__제 25100-2008-24호

공급처__(주)글로벌콘텐츠출판그룹
　　　　대표__홍정표 디자인__김미미 기획·마케팅__노경민 이조은 이종훈
　　　　주소__서울특별시 강동구 풍성로 87-6 전화__02-488-3280 팩스__02-488-3281
　　　　홈페이지__www.gcbook.co.kr

값 22,000원
ISBN 979-11-5852-237-7 93370